应用技能型院校“十三五”规划教材

立体化校企合作财经教材

财经法规与会计职业道德习题集

立体化校企合作财经教材编委会

吴霙斐　杨艳 / 主编

立信会计出版社

LIXIN ACCOUNTING PUBLISHING HOUSE

图书在版编目(CIP)数据

财经法规与会计职业道德习题集 / 立体化校企合作财经教材编委会，吴霙斐，杨艳主编. —上海：立信会计出版社，2019.8(2021.9 重印)

ISBN 978-7-5429-6239-3

Ⅰ.①财… Ⅱ.①立…②吴…③杨… Ⅲ.①财政法—中国—高等学校—习题集②经济法—中国—高等学校—习题集③会计人员—职业道德—高等学校—习题集 Ⅳ.①D922.2-44②F233-44

中国版本图书馆 CIP 数据核字(2019)第 166282 号

策划编辑　王斯龙
责任编辑　王斯龙
封面设计　南房间

财经法规与会计职业道德习题集

Caijing Fagui yu Kuaiji Zhiye Daode Xitiji

出版发行	立信会计出版社		
地　　址	上海市中山西路 2230 号	邮政编码	200235
电　　话	(021)64411389	传　　真	(021)64411325
网　　址	www.lixinaph.com	电子邮箱	lixinaph2019@126.com
网上书店	http://lixin.jd.com		http://lxkjcbs.tmall.com
经　　销	各地新华书店		

印　　刷	浙江临安曙光印务有限公司		
开　　本	787 毫米×1092 毫米	1/16	
印　　张	11.5		
字　　数	280 千字		
版　　次	2019 年 8 月第 1 版		
印　　次	2021 年 9 月第 5 次		
印　　数	12401—14500		
书　　号	ISBN 978-7-5429-6239-3/D		
定　　价	26.50 元		

立体化校企合作财经教材编委会

（按姓氏笔画排名）

preface 前言

“财经法规与会计职业道德”是会计类专业的核心课程，为了使教师在教学时突出重点，学生在学习时简单易行、事半功倍，在编写本书时着重体现以下三点。

1. 紧贴政策，与时俱进

本书严格按照2019年最新施行的个人所得税法、全面营改增等最新税收政策编写，在重印时会随着会计税收政策的修订而及时修订，并在相关配套资源中予以体现。

2. 精选习题，详尽解析

本书体现应用技能型院校所要求的专业课程知识体系和能力要求，每章均有强化训练，在最后有6套综合模拟试卷，且附有详细的参考答案及解析，便于学生学习。

3. 理实一体，知行合一

为培养应用技能型人才，本书除了涉及基础理论知识部分，还配有大量案例分析题，有利于学生全面、系统地掌握所学知识，培养学生分析和解决问题的能力，真正做到知行合一。

本书由无锡城市职业技术学院吴霙斐、杨艳担任主编，还有一些同志对本书的编写提供了帮助，在此无法一一列出，谨向他们表示诚挚的谢意。

本书由多年从事财经法规与会计职业道德教学的教师执笔，在编写过程中结合了自身的成功经验，能使学生在学习过程中少走弯路，让更多的学生能自主巩固和掌握所学知识。

由于编者水平有限，本书尚存疏漏之处，恳请读者批评指正。

编　者

Contents 目录

第一章　会计法律制度

本章知识框架

- 会计法律制度
  - 一、会计法律制度的概念与构成
    - 1. 会计法律制度的概念（★）
    - 2. 会计法律制度的构成（★★）
  - 二、会计工作管理体制
    - 1. 会计工作的行政管理（★★）
    - 2. 会计工作的自律管理（★）
    - 3. 单位内部的会计工作管理（★★）
  - 三、会计核算
    - 1. 会计核算的总体要求（★★）
    - 2. 会计核算的其他要求（★★）
    - 3. 会计凭证（★★★）
    - 4. 会计账簿（★★）
    - 5. 财务会计报告（★★）
    - 6. 会计档案管理（★★★）
  - 四、会计监督
    - 1. 单位内部会计监督（★★★）
    - 2. 会计工作的政府监督（★★★）
    - 3. 会计工作的社会监督（★★★）
  - 五、会计机构与会计人员
    - 1. 会计机构的设置（★★★）
    - 2. 会计工作岗位的设置（★★★）
    - 3. 会计工作交接（★★★）
    - 4. 会计专业技术资格与职务（★★）
  - 六、法律责任
    - 1. 法律责任概述（★★）
    - 2. 违反会计制度规定的法律责任（★★★）
    - 3. 其他会计违法行为的法律责任（★★★）

本章强化训练

一、单项选择题

1. 根据《会计法》的规定，有权制定会计部门规章的政府部门是（　　）。
A. 国务院　　B. 国务院财政部门
C. 国务院各业务主管部门　　D. 省级人民政府财政部门

2. 代理记账机构所持有的代理记账许可证书的核发机关是（　　）。
A. 县级以上市场监督管理部门　　B. 县级以上税务部门
C. 县级以上财政部门　　D. 县级以上审计部门

3. 下列关于会计人员工作交接的表述中，不符合法律规定的是（　　）。
A. 会计人员调动工作必须办理工作交接手续
B. 会计人员因病暂不能上班需有人代理的可视情况决定是否办理工作交接
C. 一般会计人员办理交接的，必须由会计机构负责人监交
D. 会计机构负责人办理交接的，由单位负责人监交

4. 企业会计准则体系是（　　）。
A. 会计行政法规　　B. 会计法律　　C. 会计部门规章　　D. 地方性会计法规

5. 《会计法》适用的行政处罚包括（　　）。
A. 通报　　B. 行政拘留　　C. 责令停产停业　　D. 拘役

6. 在我国，会计档案定期保管的，其保管期限最长的是（　　）年。
A. 1　　B. 3　　C. 5　　D. 30

7. 根据《会计法》的规定，各单位对外报送的会计报表格式应由（　　）统一规定。
A. 单位主管部门　　B. 省级财政部门　　C. 县级财政部门　　D. 财政部

8. 《企业内部控制基本规范》自（　　）执行。
A. 2007 年 7 月 1 日　　B. 2009 年 7 月 1 日
C. 2008 年 7 月 1 日　　D. 2010 年 7 月 1 日

9. 企业会计日记账保管期限为（　　）年。
A. 5　　B. 10　　C. 30　　D. 35

10. 会计法规规定，一张原始凭证所列的支出需要由两个以上的单位共同负担的，应当由（　　）。
A. 第二个负担费用的单位保管该原始凭证
B. 保存该原始凭证的单位开具原始凭证分割单给其他应负担的单位
C. 两个单位推定负责人保管该原始凭证
D. 报销人（经手人）保管该原始凭证

11. 《企业会计制度》是由（　　）发布的。
A. 财政部　　B. 全国人民代表大会
C. 国务院　　D. 全国人民代表大会常务委员会

12. 从外单位取得的原始凭证，必须（　　）才能证明其法律有效性。
A. 注明用途　　B. 加盖填制单位公章

C. 注明填制的年度　　D. 有填制人的签名

13. 原始凭证应由(　　)审核。

A. 销售人员　　B. 会计机构、会计人员

C. 采购人员　　D. 经办人员

14.《会计法》规定的会计主管人员是指(　　)。

A. 会计机构负责人

B. 会计机构中的主管会计

C. 未设总会计师的单位分管会计工作的行政副职

D. 总会计师

15. 有关会计岗位说法中，不正确的是(　　)。

A. 岗位的多少由单位自行决定　　B. 贯彻内部牵制原则

C. 只能一人一岗　　D. 定期轮换

16. 在下列账目中，出纳人员可以登记的是(　　)。

A. 收入明细账　　B. 费用明细账

C. 固定资产明细账　　D. 债权债务明细账

17. 下列违反《会计法》规定的是(　　)。

A. 某企业将财会科与企管科合并

B. 在行政科设置了会计人员并指定符合条件的会计主管人员

C. 某单位委托一名无业人员代理记账

D. 某公司任命一名从事会计已 5 年并具有助理会计师资格的人员为会计科长

18. 下列关于实行计算机记账的描述中，正确的是(　　)。

A. 因为脱离了手工账，可以不必遵守会计基础工作规范的各项要求

B. 采用计算机记账，不用保存打印出的纸质会计档案，用硬盘保存即可

C. 所使用的会计核算软件可根据需要改动，不必完全符合国家统一的会计制度

D. 采用计算机记账，更需要建立内部控制制度及电算化管理制度

19. 会计档案的保管期限从(　　)算起。

A. 会计档案形成时　　B. 会计档案装订时

C. 会计年度终了后的第一天　　D. 会计档案经审计后

20. 在下列有关会计处理方法的表述中，不符合法律规定的是(　　)。

A. 各单位的会计处理方法前后各期应当一致，不得随意变更

B. 确有必要的，应按规定变更会计处理方法

C. 会计处理方法在任何情况下都不得变更

D. 变更会计处理方法时应将变更的原因、情况在财务报告中说明

21. 根据《会计法》的规定，会计工作政府监督的主体是指(　　)。

A. 财政、审计、税务机关　　B. 注册会计师及其会计师事务所

C. 本单位的会计机构和会计人员　　D. 本单位的内部审计机构及其人员

22. 某企业会计人员在审核一张购买的材料的原始凭证时，发现凭证上的单价和金额数字有涂改痕迹，且材料单价也明显高于市场价格。该凭证应当属于(　　)。

A. 不真实的原始凭证　　B. 不合法的原始凭证

C. 不准确的原始凭证　　D. 不完整的原始凭证

23. 本行政区域的会计工作由(　　)地方各级政府财政部门管理。

A. 县级以上　　B. 地级以上　　C. 省级以上　　D. 乡级以上

24. 担任单位会计机构负责人(会计主管人员)的,应当具备(　　)以上专业技术资格或者从事会计工作3年以上经历。

A. 高级会计师　　B. 会计师　　C. 助理会计师　　D. 会计员

25. 企业会计准则第15号为(　　)。

A. 建造合同　　B. 职工薪酬　　C. 固定资产　　D. 借款费用

26. 单位未设立档案机构的,应当在会计机构内部指定专人保管会计档案,但不能指定(　　)兼管会计档案。

A. 主办会计　　B. 总账会计　　C. 材料会计　　D. 出纳会计

27. 下列不属于单位内部会计监督制度的基本要求的是(　　)。

A. 重大经济事项的决策和执行应当明确

B. 对会计资料定期进行内部审计的办法和程序应当明确

C. 会计事项相关人员的职责权限应当明确

D. 建立会计档案管理制度

28. 在会计信息质量要求中,强调同一企业不同时期发生的相同或相似的交易或事项,应当采用一致的会计政策,不得随意变更,这是(　　)。

A. 重要性要求　　B. 可比性要求　　C. 真实性要求　　D. 谨慎性要求

29. 根据《会计法》的规定,对故意销毁依法应当保存的会计凭证、会计账簿、财务会计报告,尚不构成犯罪的,县级以上财政部门除按规定对直接负责的主管人员和其他直接责任人员进行处罚外,对单位予以通报,可以并处罚款。对单位所处的罚款金额最低为(　　)元。

A. 1 000　　B. 2 000　　C. 3 000　　D. 5 000

30. 我国的会计行政法规由(　　)发布。

A. 国家最高权力机关　　B. 国家最高行政机关

C. 主管全国会计工作的行政部门　　D. 主管当地会计工作的行政部门

31. 根据《会计法》的规定,对随意变更会计处理方法的会计人员应处以(　　)。

A. 3 000元以上5万元以下的罚款　　B. 2 000元以上2万元以下的罚款

C. 3 000元以上2万元以下的罚款　　D. 2 000元以上5万元以下的罚款

32. 下列各项中,不属于会计信息质量要求的是(　　)。

A. 真实性　　B. 完整性　　C. 实质重于形式　　D. 重要性

33. 原始凭证是经济业务事项发生时,由(　　)取得或填制的。

A. 会计人员　　B. 经办人员　　C. 业务主管　　D. 负责人

34. 法的时间效力通常包括(　　)。

A. 生效时间和终止时间　　B. 生效时间和溯及力

C. 终止时间和溯及力　　D. 生效时间、终止时间和溯及力

35. 下列会计主体不需要实行会计工作回避制度的是(　　)。

A. 个体工商户、个人独资和外商独资企业

B. 国家机关
C. 国有企业
D. 事业单位

36. (　　)是会计法规体系的最高法律文件。
A.《会计法》　B. 会计法规
C. 国家统一的会计制度　D. 地方性法规

37. 根据《会计法》的规定，主管全国的会计工作的是(　　)。
A. 国务院财政部门　B. 国务院
C. 审计署　D. 国家税务总局

38. 下列各项中，不属于会计档案的是(　　)。
A. 会计移交清册　B. 原始凭证　C. 月度财务计划　D. 记账凭证

39. 在我国，会计档案定期保管的，其保管期限最短的是(　　)年。
A. 1　B. 10　C. 15　D. 20

40. 内部控制(　　)。
A. 是指一个单位内部的管理控制系统
B. 仅指单位最高管理当局用来授权与指挥经济活动的各种方式方法
C. 仅指核算、审核、分析各种信息资料及报告的程序和步骤
D. 仅指对单位经济活动进行综合计划、控制和评价而制定的各项规章制度

41. 下列不属于会计岗位的是(　　)。
A. 出纳岗位　B. 总账岗位
C. 药房收费员　D. 会计电算化岗位

42. 随意变更会计处理方法的行为是(　　)。
A. 违规行为　B. 违反规章行为　C. 错误行为　D. 违法行为

43. 某国有企业厂长授意会计人员将已确认坏账又重新收回的应收账款 5 万元，另立账册作为小金库，根据《会计法》的规定，可以采取的处罚措施是(　　)。
A. 给厂长处分
B. 对厂长处 100 元以上 1 万元以下的罚款
C. 对厂长处 5 000 元以上 5 万元以下的罚款，同时给厂长行政处分
D. 对该企业处 5 000 元以上 10 万元以下的罚款，同时对厂长处 3 000 元以上 5 万元以下的罚款

44. 会计人员进行工作交接，移交人员对移交的会计资料的(　　)负责。
A. 真实性、合法性　B. 及时性　C. 先进性　D. 合理性

45. 账证相符是指会计账簿记录与会计凭证有关内容核对相符。下列各项中，属于账证相符的是(　　)。
A. 银行存款日记账与银行对账单相符
B. 固定资产总分类账与固定资产卡片相符
C. 总分类账与科目汇总表核对相符
D. 汇总记账凭证与记账凭证核对相符

46. 根据《会计法》的规定，有关部门有权代表国家行使会计监督权。下列说法中，正确的

是(　　)。

A. 审计部门有权对各单位的会计资料进行监督检查

B. 税务部门有权对纳税人的会计资料进行监督检查

C. 银行保险监管部门有权对各保险公司和投保人的会计资料进行监督检查

D. 证券监管部门有权对所有股份有限公司的会计资料进行监督检查

47. 下列属于内部会计监督的是(　　)。

A. 财政机关的监督　　B. 税务机关的监督

C. 会计人员对于违法收支不予受理　　D. 审计机关的监督

48. 下列各项中,属于出纳不得从事的工作的是(　　)。

A. 现金收付　　B. 现金日记账的登记

C. 银行存款日记账的登记　　D. 收入、费用明细账的登记

49. 根据《会计法》的规定,担任会计机构负责人的,应当具备一定的专业技术职务资格或一定年限的会计工作经历。该资格和年限为(　　)。

A. 会计师;3 年　　B. 助理会计师;2 年

C. 会计师;2 年　　D. 助理会计师;3 年

50. 财政部门对有线索的违法行为进行检查,通常采用的形式是(　　)。

A. 定期检查　　B. 重点检查　　C. 全面检查　　D. 专项检查

51. 《会计法》明确规定,各单位会计机构内部应当建立(　　)。

A. 会计人员岗位责任制　　B. 稽核制度

C. 会计档案管理制度　　D. 财产清查制度

二、多项选择题

1. 下列各项中,属于依照《会计法》可对单位并处以 5 000 元以上 10 万元以下罚款的行为有(　　)。

A. 未按照规定保管会计资料,致使会计资料损失灭失

B. 伪造会计凭证、会计账簿

C. 编制虚假财务会计报告

D. 隐匿或故意销毁依法应当保存的会计凭证、会计账簿、财务报告等

2. 根据《会计基础工作规范》的规定,会计报表应当根据登记完整、核对无误的会计账簿记录和其他有关资料编制,做到(　　)。

A. 数字真实　　B. 计算准确　　C. 内容完整　　D. 说明清楚

3. 商业银行提供虚假的或者隐瞒重要事实的财务会计报表,并有违法所得的,应(　　)。

A. 处以违法所得 1 倍以上 5 倍以下罚款

B. 处以违法所得 1 倍以上 3 倍以下罚款

C. 处以 10 万元以上 50 万元以下罚款

D. 没收违法所得

4. 实行会计电算化的单位,下列资料中,应当作为会计档案进行管理的有(　　)。

A. 单位的文书档案　　B. 纸质账簿

C. 电子数据　　D. 会计软件

5. 根据《会计法》的规定，下列行为中，尚不构成犯罪的，可以对单位处3 000元以上5万元以下罚款的违法行为有（　　）。

A. 随意变更会计处理方法

B. 变造会计凭证

C. 隐匿会计账簿

D. 未按照规定建立并实施单位内部会计监督制度

6. 会计档案是指记录和反映经济业务事项的重要历史资料和证据，一般包括（　　）。

A. 会计凭证　　B. 会计账簿　　C. 会计制度　　D. 财务计划

7. 下列各项中，属于会计部门规章的有（　　）。

A. 财政部发布的《会计基础工作规范》

B. 国家税务总局发布的《个体工商户建账管理暂行办法》

C. 财政部、国家档案局发布的《会计档案管理办法》

D. 中国会计学会制定的《中国会计学会章程》

8. 根据《会计法》的规定，下列对会计部门规章描述中，不正确的有（　　）。

A. 它是由国务院制定、发布、实施的会计制度

B. 它包括企业会计制度会计人员后续教育等

C. 它制定的依据是《会计法》和《企业会计准则》

D. 它是由国务院财政部门制定、发布、实施的会计制度

9. 单位内部会计控制的方法有（　　）。

A. 不相容职务相互分离控制　　B. 预算控制

C. 财产保全控制　　D. 风险控制

10. 会计工作的自律管理组织主要有（　　）。

A. 中国会计学会　　B. 中国青年会计学会

C. 中国注册会计师协会　　D. 中国资产评估师协会

11. 下列属于登记账簿的基本要求的有（　　）。

A. 必须依据经过审核的会计凭证登记会计账簿

B. 各种账簿要按页次顺序连续登记，不得跳行、隔页

C. 需要结出余额的，应当定期结出余额

D. 登记账簿时，应当将会计凭证编号、日期、业务摘要、金额和其他相关资料逐项记入账内

12. 下列各项中，属于委托代理记账的委托人义务的有（　　）。

A. 协助代理记账机构从业人员填制和审核记账凭证

B. 提供税务资料

C. 对本单位发生的经济业务事项，按规定取得和填制原始凭证

D. 配备专人负责日常货币收支和保管

13. 下列属于会计核算制度的有（　　）。

A.《企业会计准则——基本准则》　　B.《企业会计准则——具体准则》

C.《会计基础工作规范》　　D.《企业会计制度》

14. 下列说法中，不符合《会计法》规定的有（　　）。

A. 原始凭证和记账凭证都必须由会计人员填制
B. 记账凭证应当根据经过审核的原始凭证及有关资料编制
C. 对不真实、不合法的原始凭证，会计人员应予以退回，并要求相关人员作出补充或更正
D. 所有记账凭证都必须附有原始凭证并注明原始凭证的张数

三、判断题

1. 《企业会计准则》和《企业会计制度》都是由国务院发布的，它们都是会计行政法规。（ ）
2. 12月1日，某公司董事会研究决定，公司以后对外报送的财务会计报告由王科长签字、盖章后报出。该公司董事会作出的关于对外报送财务会计报告的决定合法。（ ）
3. 委托人对于代理机构退回的要求按照国家统一的会计制度规定进行更正、补充的原始凭证，应当及时予以更正、补充。（ ）
4. 国务院财政部门主管全国的会计工作，县级以上地方各级政府财政部门管理本行政区域内的会计工作。（ ）
5. 对于账实不符的情况，会计机构、会计人员要查明原因，对于无权自行处理的，应当及时报请会计主管人员作出处理。（ ）
6. 单位的内部控制就是单位的会计控制。（ ）
7. 单位人员公出借款的收据，单位在收回借款时，应一并收回。（ ）
8. 以人民币以外的货币作为记账本位币的单位，其编报的财务会计报告以该币种反映即可，无须折算为人民币。（ ）
9. 单位按规定销毁会计档案时，应由档案部门和财务会计部门共同派员监销。（ ）
10. 主管代理记账业务的负责人必须由具有高级会计师专业技术资格的人员来担任。（ ）
11. 各单位对外报送的财务会计报告应当经过单位负责人、总会计师、会计机构负责人（会计主管人员）和经办会计人员签名并盖章。（ ）
12. 会计核算原则上应当以人民币作为记账本位币。（ ）
13. 按照谨慎性要求，企业可以合理估计可能发生的损失和费用，因此企业可以任意提取各种准备。（ ）
14. 《会计法》规定，财务会计报告应当由单位负责人、主管会计工作的负责人和会计机构负责人（会计主管人员）签名并盖章；设置总会计师的单位，还须由总会计师签名并盖章。（ ）
15. 内部审计是内部控制的一个组成部分，是单位内部会计机构、会计人员对会计资料进行的监督。（ ）
16. 国有企业和大中型企业必须设置总会计师。（ ）
17. 行政处分属于内部行政行为，而行政处罚则属于外部行政行为。（ ）

四、案例分析题

(一) 光明公司 2018 年发生了下列事项：

(1) 1 月，刚刚工作的刘某，被公司从办公室调到财务科任出纳，原出纳张某调到销售科。刘某与张某在办理会计工作交接时，因会计科长出差，由公司临时指定财务科一名会计负责监交工作。交接中刘某发现存在“白条抵库”问题，即打电话向财务科长汇报，财务科长指示他先办理完交接手续，再对“白条抵库”问题逐个查清处理。随后，刘某、张某及监交人在移交清册上签字盖章。

(2) 4 月，公司在进行内部审计时，发现原出纳张某在经办出纳工作期间的有关账目存在一些问题，而接替者刘某在交接时并未发现。审计人员在了解情况时，原出纳张某认为既然已经办理了会计交接手续，自己不应再承担任何责任。

(3) 12 月，刘某在办理报销工作时，发现采购科送来报销的 3 张由供货方开具的发票有更改现象：其中 2 张发票分别被更改了数量和用途，另外 1 张发票被更改了金额；该 3 张发票的更改处均盖有供货方的业务印章。尽管刘某开始有些犹豫，但考虑到 3 张发票已经由本公司总经理、财务科长签字同意，最后均予以报销。

1. 关于刘某与张某办理会计工作交接的手续，下列说法中，错误的有(　　)。

A. 应该由会计机构负责人(会计主管人员)负责监交

B. 财务科的一名会计可以负责监交，只要有签字就可以

C. 刘某发现存在“白条抵库”问题，应由刘某上岗后负责查清处理

D. 刘某发现存在“白条抵库”问题，应由张某负责查清处理

2. 刘某对 3 张更改的发票予以报销的做法，下列说法中，正确的有(　　)。

A. 刘某对 3 张更改的发票予以报销的做法不符合规定

B. 刘某对 3 张更改的发票予以报销的做法符合规定

C. 刘某应对发票的合法性、真实性和有效性进行全面审核

D. 刘某有权拒收不符合规定的发票，不予报销

3. 关于张某的解释理由，下列说法中，正确的有(　　)。

A. 张某已办理交接手续，且接替人员刘某在交接时并没有发现这些问题，故此理由可以理解

B. 张某应该对工作期间的资料存在的问题承担法律责任

C. 会计资料移交后，发现的一切问题由接替人员负责

D. 移交人员对移交的会计资料的合法性、真实性承担法律责任

4. 关于会计工作交接，下列说法中，正确的有(　　)。

A. 一般会计人员办理交接手续，由会计机构负责人(会计主管人员)监交

B. 如所属单位负责人与办理交接手续的会计机构负责人有矛盾，交接时需要主管单位派人会同监交

C. 接管人员应继续使用移交前的账簿，不得擅自另立账簿，以保证会计记录前后衔接，内容完整

D. 移交清册一般应填制一式两份，交接双方各执一份

5. 下列关于原始凭证的说法中，正确的有(　　)。

A. 原始凭证上的金额，是反映经济业务事项情况的最重要数据

B. 原始凭证金额错误的，如随意更改，容易舞弊，不利于确保原始凭证的质量

C. 原始凭证金额错误的，只能由原始凭证出具单位重新开具

D. 原始凭证开具单位对于填制有误的原始凭证负有更正和重新开具的义务，不得拒绝

（二）正大企业是国有独资有限责任公司，2019 年年初发生如下经济事项：

为掩盖 2018 年经营业绩大滑坡的事实，厂长要求会计机构调整报表，遭到会计机构负责人王某的拒绝。厂长遂将王某革职，并调离会计机构，同时任命自己的爱人刘某担任会计机构负责人，专门负责调账事项。刘某原是办公室主任，没有做过会计工作，因此，当王某和刘某自行交接工作时，刘某要求王某写保证书，要王某承诺对以前的会计资料的真实性、完整性负责，被王某拒绝。王某认为工作交接后，会计资料上的任何问题均与她无关。

1. 对于厂长授意他人编制虚假会计资料的行为，相关部门可以对其处以（　　）的罚款。

A. 5 000 元以上 2 万元以下　　B. 5 000 元以上 5 万元以下

C. 3 000 元以上 10 万元以下　　D. 2 000 元以上 5 万元以下

2. 对于厂长打击报复会计人员的行为，如构成犯罪，可对其处以（　　）。

A. 3 年以下有期徒刑或拘役　　B. 2 年以上有期徒刑或拘役

C. 3 年以上 7 年以下有期徒刑　　D. 5 年以下有期徒刑

3. 对受打击报复的王某应采取的补救措施，下列说法中，正确的有（　　）。

A. 恢复王某的原有级别　　B. 消除影响，恢复名誉

C. 恢复王某的原有职位　　D. 赔偿精神损失费

4. 关于刘某担任会计机构负责人，下列说法中，正确的有（　　）。

A. 刘某不可以担任会计机构负责人，因为刘某没有从事会计工作 5 年以上的经历

B. 刘某不可以担任会计机构负责人，因为刘某没有从事会计工作 3 年以上的经历

C. 根据会计岗位定期轮岗的要求，刘某可以担任会计机构负责人

D. 根据会计人员回避制度的规定，刘某不可以担任会计机构负责人

5. 关于会计工作人员交接责任的说法中，正确的是（　　）。

A. 移交人员完成移交工作后，对会计资料不再负责任

B. 移交人员完成移交工作后，对会计资料负全部责任

C. 对移交前由移交人经办的会计工作，若会计资料存在问题应由其负责

D. 对移交前由移交人经办的会计工作，若会计资料存在问题，事后没有发现的，应由接替人员负责

（三）2018 年，某市外商投资企业甲公司发生下列经济事项：

（1）3 月 9 日，经甲公司董事会批准，对外报送了会计师事务所审计的 2017 年度财务会计报告，封面上有总会计师签名，董事长称总会计师对公司财务会计报告的真实性负责。

（2）4 月 15 日，甲公司向乙公司开出一张面额为 15 000 元的支票，用于支付购货款。4 月 18 日，乙公司向银行提示付款，银行发现该支票为空头支票。

（3）6 月 2 日，甲公司因工作需要，由张某接替李某出任公司财务部负责人，在公司人事部门的监交下，张某和李某办理了会计交接手续。

（4）7 月 8 日，甲公司处理一批报废设备收入 10 000 元，公司领导要求不在公司收入账

上反映，并指定会计人员樊某另设账簿，樊某遵照办理。

1. 根据有关规定，下列属于我国财务会计报告的责任主体的是（　　）。

A. 总会计师　　B. 会计机构负责人

C. 会计主管人员　　D. 单位负责人

2. 对于甲公司签发空头支票的行为，中国人民银行可对其处以（　　）元的罚款。

A. 750　　B. 1 000　　C. 300　　D. 2 000

3. 对于甲公司签发空头支票的行为，乙公司可向其要求赔偿的金额为（　　）元。

A. 750　　B. 1 000　　C. 300　　D. 2 000

4. 针对事项(4)的行为，相关部门可对甲公司的领导处以（　　）的罚款。

A. 3 000 元以上 5 万元以下　　B. 3 000 元以上 2 万元以下

C. 2 000 元以上 5 万元以下　　D. 2 000 元以上 2 万元以下

5. 樊某的行为违反了会计职业道德规范（　　）的基本要求。

A. 爱岗敬业　　B. 坚持准则　　C. 参与管理　　D. 强化服务

（四）2019 年 1 月，某国有企业的会计工作发生下列经济事项：

(1) 厂长李某将朋友的女儿张某调入该厂会计科担任出纳，兼管稽核、会计档案保管工作。张某无任何工作经验。

(2) 任命王某为会计机构负责人。王某无任何工作经历。

(3) 该厂档案科销毁会计清册（会计档案中有一些是保管期满但未结清的债权债务原始凭证），准备按规定程序将这些会计档案销毁。

(4) 企业负责人召集本单位的会计工作人员，对上年度的财务支出流水账、凭证等会计资料进行审核，确认无误后，将余额转到新账簿上，并指使将审核过的会计资料予以销毁。

1. 张某调入该厂会计科任出纳事项中，违反《会计法》规定的有（　　）。

A. 张某无工作经验就从事会计工作

B. 张某担任出纳，兼管稽核工作

C. 张某是厂长李某的朋友的女儿，在该厂担任出纳

D. 张某担任出纳，兼管会计档案保管工作

2. 该厂在销毁会计档案时，下列表述中，正确的有（　　）。

A. 销毁会计档案时，应报单位负责人批准

B. 销毁会计档案时，应报会计主管批准

C. 会计档案中保管期满但未结清的债权债务原始凭证不得销毁

D. 会计档案中保管期满但未结清的债权债务原始凭证可销毁

3. 任命王某担任会计机构负责人，根据《会计法》的规定，王某（　　）。

A. 还应当具备注册会计师资格

B. 还应当具备从事会计工作 3 年以上经历

C. 还应当具备会计师以上专业技术职务资格

D. 还应当具备从事会计工作 5 年以上经历

4. 关于企业销毁会计资料的行为，下列说法中，正确的有（　　）。

A. 销毁行为是为了企业的利益，故不构成犯罪

B. 会计资料已审核，且确认无误，故销毁和保留都无所谓

C. 违反了《会计法》的有关规定

D. 违反了《会计档案管理办法》的有关规定

5. 情节严重，构成故意销毁会计凭证、会计账簿、财务会计报告罪的，处罚为（　　）。

A. 对企业负责人处 5 年以下有期徒刑或拘役

B. 对企业负责人处 3 年以下有期徒刑或拘役

C. 对企业负责人处 2 万元以上 20 万元以下的罚金

D. 对企业负责人处 5 万元以上 50 万元以下的罚金

第二章　结算法律制度

本章知识框架

结算法律制度

- 一、现金结算
  - 1. 现金结算的概念与特点(★)
  - 2. 现金结算的渠道(★)
  - 3. 现金结算的范围(★★)
  - 4. 现金使用的限额(★★)
  - 5. 现金收支的基本要求(★★)
  - 6. 建立健全现金核算与内部控制(★)
- 二、支付结算概述
  - 1. 支付结算的概念和特征(★★)
  - 2. 支付结算的主要法律依据(★)
  - 3. 支付结算的基本原则(★★)
  - 4. 支付结算的办理要求(★★)
- 三、银行结算账户
  - 1. 银行结算账户的概念与分类(★★)
  - 2. 银行结算账户管理的基本原则(★)
  - 3. 银行结算账户的开立、变更和撤销(★★)
  - 4. 基本存款账户(★★★)
  - 5. 一般存款账户(★★★)
  - 6. 专用存款账户(★★★)
  - 7. 临时存款账户(★★★)
  - 8. 个人银行结算账户(★★)
  - 9. 异地银行结算账户(★★)
  - 10. 银行结算账户的管理(★★)
  - 11. 违反银行结算账户管理法律制度的法律责任(★★)
- 四、票据结算方式
  - 1. 票据结算概述(★★)
  - 2. 支票(★★★)
  - 3. 商业汇票(★★★)
  - 4. 银行汇票(★★★)
  - 5. 银行本票(★★★)
- 五、银行卡
  - 1. 银行卡的概念与分类(★★)
  - 2. 银行卡账户与交易(★★)
- 六、其他结算方式
  - 1. 汇兑(★★★)
  - 2. 委托收款(★★★)
  - 3. 托收承付(★★★)
  - 4. 国内信用证(★★)
- 七、网上支付
  - 1. 网上银行(★★)
  - 2. 第三方支付(★★)

本章强化训练

一、单项选择题

1. 下列关于￥1 000.04 的中文大写的写法中，正确的是(　　)。
A. 人民币壹仟元零肆分　　B. 人民币壹仟元肆分
C. 人民币壹仟元零零零零肆分　　D. 人民币壹仟元肆分整

2. 为了加强对财政预算外资金的管理，存款人应依法申请在银行开立(　　)。
A. 基本存款账户　　B. 一般存款账户
C. 专用存款账户　　D. 临时存款账户

3. 根据《人民币银行结算账户管理办法》的规定，银行接到存款人的变更通知后，应及时办理变更手续，并在一定期限内向中国人民银行报告，该期限为(　　)个工作日。
A. 2　　B. 4　　C. 6　　D. 8

4. 在票据当事人中，被记名受让票据或接受票据转让的人称为(　　)。
A. 背书人　　B. 被背书人　　C. 收款人　　D. 保证人

5. 下列账户中，属于不得办理现金收付业务的账户是(　　)。
A. 基本存款账户　　B. 临时存款账户
C. 个人银行结算账户　　D. 单位银行卡账户

6. 根据《人民币银行结算账户管理办法》的规定，开户银行在银行结算账户撤销后，对银行结算账户管理档案的保管期限是(　　)。
A. 5 年　　B. 10 年　　C. 15 年　　D. 长期保管

7. 2019 年 4 月 1 日，甲向乙签发了一张见票后 3 个月付款的银行承兑汇票，根据票据法律的相关规定，该汇票提示承兑的最后期限是(　　)。
A. 2019 年 7 月 1 日　　B. 2019 年 4 月 10 日
C. 2019 年 5 月 1 日　　D. 2019 年 6 月 1 日

8. 下列关于单位支付现金的表述中，错误的是(　　)。
A. 单位不得超过库存现金限额支付现金
B. 除因特殊情况，单位不得坐支现金
C. 因特殊情况确需坐支现金的，单位必须事后向开户银行报备
D. 单位应按月向开户银行报送坐支现金的金额和使用情况

9. 适用于支票的付款方式为(　　)。
A. 定期付款　　B. 见票后定期付款
C. 见票即付　　D. 出票后定期付款

10. 下列有关票据承兑的说法中，正确的是(　　)。
A. 定日付款的商业承兑汇票，持票人应当在汇票到期日前向付款人提示承兑
B. 见票后定期付款的汇票，持票人应当自出票日起 10 日内向付款人提示承兑
C. 付款人承兑汇票的，应当在汇票正面或背面记载“承兑”字样和承兑日期并签章
D. 票据承兑后，持票人未在法定期限提示付款的，承兑人的票据责任解除

11. 下列各项中，不属于无效支票的是(　　)。

A. 更改签发日期的支票

B. 更改收款单位名称的支票

C. 中文大写金额和阿拉伯数字金额不一致的支票

D. 由出票人授权补记金额的支票

12. 根据《人民币银行结算账户管理办法》的规定，存款人申请开立、变更、撤销一般存款账户、专用存款账户和临时存款账户必须出具(　　)的证明文件。

A. 专用存款账户开户登记证　　B. 一般存款账户开户登记证

C. 临时存款账户开户登记证　　D. 基本存款账户开户登记证

13. 因采购地点不固定，交通不便，生产或市场急需，抢险救灾，以及其他特殊情况必须使用现金的，开户单位应当向(　　)提出申请，由(　　)签字盖章，经开户银行审核后，予以支付现金。

A. 中国人民银行；单位负责人　　B. 开户银行；财会部门负责人

C. 中国人民银行；财会部门负责人　　D. 开户银行；单位负责人

14. 根据《票据法》的规定，某公司签发汇票所出现的下列情形中使得该汇票无效的是(　　)。

A. 汇票上未记载付款日期

B. 汇票上的金额记载为“不超过 50 万元”

C. 汇票上记载了该票据项下交易的合同号码

D. 签章处加盖了本公司公章，公司负责人仅签名而未盖章

15. 商业汇票出票后，对收款人产生的效力为(　　)。

A. 就票据金额享有付款请求权

B. 基于出票人的付款委托使其具有承兑人的地位

C. 承担保证该汇票承兑和付款的责任

D. 对汇票进行承兑后，即成为汇票上的主债务人

16. 同一持卡人单笔透支发生额，单位卡不得超过(　　)万元人民币。

A. 1　　B. 2　　C. 3　　D. 5

17. 汇票的背书人在票据上记载了“不得转让”字样，但其后手仍进行了背书转让。下列关于票据责任承担的表述中，错误的是(　　)。

A. 不影响承兑人的票据责任

B. 不影响出票人的票据责任

C. 不影响原背书人之前手的票据责任

D. 不影响原背书人对后手的被背书人承担票据责任

18. 甲在将一张汇票背书转让给乙时，未将乙的姓名记载于被背书人栏内。乙发现后将自己的姓名填入被背书人栏内。下列关于乙填入自己姓名的行为效力的表述中，正确的是(　　)。

A. 无效　　B. 有效　　C. 可撤销　　D. 甲追认后有效

19. 根据支付结算法律制度的规定，下列有关汇兑的表述中，不正确的是(　　)。

A. 汇兑分为信汇和电汇两种

B. 汇兑每笔金额起点为 1 万元

C. 汇兑适用于单位和个人各种款项的结算

D. 汇兑是汇款人委托银行将其款项支付给收款人的结算方式

20. 下列关于一般存款账户的表述中，不正确的是（　　）。

A. 一般存款账户是存款人在基本存款账户开户银行以外的银行营业机构开立的银行结算账户

B. 存款人申请开立一般存款账户，应向银行出具开立基本存款账户规定的证明文件、基本存款账户开户登记证等文件

C. 存款人可以通过本账户办理转账结算和现金缴存，但不能办理现金支取

D. 一般存款账户是存款人的主要存款账户

21. 根据《支付结算办法》的规定，票据债务人以外的人，为担保特定债务人履行票据债务而在票据上记载有关事项并盖章的行为称为（　　）。

A. 出票　　B. 背书　　C. 承兑　　D. 保证

22. 下列各项关于支付结算的表述中，错误的是（　　）。

A. 银行在支付结算中充当中介机构的角色

B. 银行不得为任何单位或个人冻结、扣款，不得停止单位、个人存款的正常支付

C. 银行只要以善意且符合规定的正常操作程序进行审查，对伪造、变造的票据和结算凭证上的签章，以及需要交验的个人有效身份证未发现异常而支付金额的，对出票人或付款人不再承担受委托付款的责任，对持票人或收款人不再承担付款责任

D. 使用不符合中国人民银行统一规定格式的结算凭证，银行不予受理

23. 存款人违反规定开立银行结算账户的，对于非经营性的存款人，给予警告并处以（　　）的罚款。

A. 1 000 元　　B. 3 000 元

C. 1 000 元以上 1 万元以下　　D. 1 万元以上 3 万元以下

24. 托收承付是指根据（　　）由收款人发货后委托银行向异地付款人收取款项，由付款人向银行承认付款的一种结算方式。

A. 购销合同　　B. 加工承揽合同

C. 代销合同　　D. 国际货物买卖合同

25. 根据《人民币银行结算账户管理办法》的规定，下列关于银行结算账户管理应当遵守的基本原则的表述中，错误的是（　　）。

A. 个人银行结算账户的存款人只能在银行开立一个基本存款账户

B. 存款人可以自主选择银行开立银行结算账户

C. 银行结算账户的开立和使用必须遵守法律

D. 银行应依法为存款人的银行结算账户信息保密

26. 根据《人民币银行结算账户管理办法》的规定，符合开立一般存款账户条件的，银行办理开户手续，并于开户之日起 5 个工作日内向（　　）备案。

A. 当地省级以上财政部门　　B. 中国人民银行总行

C. 当地县级以上财政部门　　D. 中国人民银行当地分支行

27. 临时存款账户有效期为（　　）。

A. 最长不得超过 2 年　　B. 最长不得超过 1 年

C. 最短不得少于 2 年　　D. 最短不得少于 1 年

28. 根据票据法律制度的规定，支票的下列记载事项中，可由出票人授权补记的是（　　）。

A. 付款人名称　B. 出票日期　C. 收款人名称　D. 出票人签章

29. 根据《支付结算办法》的规定，银行承兑汇票的承兑银行，应当按照（　　）向出票人收取手续费。

A. 票面金额的 0.1‰　　B. 票面金额的 0.3‰

C. 票面金额的 0.5‰　　D. 票面金额的 1‰

30. 根据规定，存款人因主体资格终止后而撤销银行结算账户的顺序是（　　）。

A. 先撤销一般存款账户、专用存款账户、临时存款账户，将账户资金转入基本存款账户后，方可办理基本存款账户的撤销

B. 先撤销基本存款账户、一般存款账户、专用存款账户，将账户资金转入临时存款账户后，方可办理临时存款账户的撤销

C. 先撤销基本存款账户、一般存款账户、专用存款账户，将账户资金转入专用存款账户后，方可办理专用存款账户的撤销

D. 先撤销基本存款账户、专用存款账户、临时存款账户，将账户资金转入一般存款账户后，方可办理一般存款账户的撤销

31. 下列有关单位银行卡账户的资金管理中，不符合《人民币银行结算账户管理办法》规定的是（　　）。

A. 从其基本存款账户转账存入　　B. 从其一般存款账户转账存入

C. 不得办理现金收付业务　　D. 可以办理银行转账业务

32. 甲公司持有一张商业汇票，到期委托开户银行向承兑人收取款项。甲公司行使的票据权利是（　　）。

A. 利益返还请求权　　B. 付款请求权

C. 票据追索权　　D. 票据返还请求权

33. 银行审核支票付款的依据是支票出票人的（　　）。

A. 电话号码　　B. 身份证

C. 支票存根　　D. 预留银行签章

34. 付款人承兑时附有条件，下列说法中，正确的是（　　）。

A. 所附条件不具有汇票上的效力

B. 所附条件满足，承兑方能成立

C. 所附条件满足，承兑人应当承担到期付款的责任

D. 视为拒绝承兑

35. 下列银行汇票，银行不予受理的是（　　）。

A. 未填明实际结算金额和多余金额

B. 实际结算金额小于出票金额

C. 填明实际结算金额但未填明多余金额

D. 填明实际结算金额和多余金额

36. 下列项目中，可以向银行申请签发现金银行汇票的是（　　）。

A. 申请人为单位，收款人为个人　　B. 申请人为个人，收款人为单位

C. 申请人和收款人均为个人　　D. 申请人和收款人均为单位

37. 根据《支付结算办法》的规定，下列各项中，不能行使票据追索权的是(　　)。

A. 承兑人　　B. 收款人　　C. 保证人　　D. 背书人

38. (　　)是银行将款项确已收入收款人账户的凭据。

A. 汇款回单　　B. 收账通知　　C. 银行汇票　　D. 解讫通知

二、多项选择题

1. 下列各项关于￥8 090.70 的中文大写的写法中，正确的有(　　)。

A. 人民币捌仟零玖拾元柒角整　　B. 人民币捌仟零玖拾元零柒角

C. 人民币捌仟零玖拾元零柒角整　　D. 人民币捌仟零玖拾元柒角

2. 下列各项表述中，正确的有(　　)。

A. 票据金额必须以中文大写和阿拉伯数字同时记载且两者必须一致

B. 票据上的记载事项必须符合法律规定

C. 票据的签发、取得和转让必须具有真实的交易关系和债权债务关系

D. 票据必须由当事人本人签章，否则无效

3. 银行结算账户的变更主要包括(　　)的变更。

A. 存款人账户名称　　B. 单位法定代表人

C. 总会计师　　D. 住址

4. 下列有关贷记卡持卡人非现金交易的说法中，不正确的有(　　)。

A. 免息还款期最长为 50 天

B. 贷记卡持卡人选择最低还款额方式还款时，还可以享受免息还款期待遇

C. 贷记卡透支按月计收单利，准贷记卡透支按月计收复利

D. 透支利率为日利率 0.5‰，并根据中国人民银行的此项利率调整而调整

5. 关于票据保证，下列说法中，符合《票据法》规定的有(　　)。

A. 保证的当事人为保证人和被保证人

B. 被保证的汇票，如果没有注明，保证人承担一般保证责任

C. 保证人为 2 人以上的，保证人之间承担连带责任

D. 保证人清偿汇票债务后，可以行使持票人对被保证人及其前手的追索权

6. 关于票据背书，下列说法中，符合《票据法》规定的有(　　)。

A. 用于支取现金的支票不可以背书转让

B. 背书未记载日期的，视为在票据到期日前背书

C. 如果背书不连续，付款人可以拒绝向持票人付款

D. 背书转让可以附任何条件，所附条件也具有票据上的效力

7. 除国家法律、行政法规另有规定外，银行不得受理(　　)业务。

A. 为单位或个人查询账户情况　　B. 为单位或个人冻结款项

C. 为单位或个人扣划款项　　D. 为单位或个人开立账户

8. 对下列资金的管理与使用，存款人可以申请开立专用存款账户的有(　　)。

A. 金融机构存放同业资金　　B. 流动资金借款

C. 社会保障基金　　D. 单位银行卡备用金

9. 下列表述中，正确的有（ ）。
A. 票据的出票日期必须使用中文大写
B. 票据的出票日期未按要求规范填写的，银行可予受理
C. 票据上的阿拉伯小写金额数字不得连写，以便分辨
D. 票据上的中文大写金额数字间应留有一定间隔，以便分辨
10. 下列各项中，中国人民银行各分行可以制定，并报经总行备案或批准后执行的有（ ）。
A. 统一的支付结算制度
B. 统一的支付结算制度的实施细则
C. 单项支付结算办法
D. 各商业银行的具体实施办法
11. 根据《人民币银行结算账户管理办法》的规定，银行结算账户按存款人的不同分为（ ）。
A. 单位银行结算账户
B. 本地银行结算账户
C. 异地银行结算账户
D. 个人银行结算账户
12. 下列各项中，（ ）属于我国目前使用的人民币非现金支付工具。
A. 汇票 B. 本票 C. 支票 D. 信用卡
13. 下列各项中，（ ）属于单位、个人和银行在办理支付结算过程中应遵循的法律法规。
A.《票据法》
B.《票据管理实施办法》
C.《支付结算办法》
D.《人民币银行结算账户管理办法》
14. 根据《支付结算办法》的规定，（ ）为中国人民银行总行的职责。
A. 制定统一的支付结算制度
B. 组织、协调全国的支付结算工作
C. 管理、监督全国的支付结算工作
D. 调解、处理银行之间的支付结算纠纷
15. 根据《人民币银行结算账户管理办法》的规定，下列关于支付结算的各项表述中，正确的有（ ）。
A. 银行账户分为基本存款账户、一般存款账户、临时存款账户和专用存款账户
B. 存款人只能选择一家银行的一个营业机构开立一个基本存款账户
C. 存款人可以通过基本存款账户办理工资、奖金等现金的支取
D. 存款人可以通过一般存款账户办理工资、奖金等现金的支取
16. 下列各项表述中，错误的有（ ）。
A. 票据的金额可以更改
B. 票据的金额不得更改
C. 票据的出票日期不得更改
D. 票据的收款人名称可以更改
17. 根据《人民币银行结算账户管理办法》的规定，企业不得利用银行结算账户进行（ ）。
A. 偷逃税款 B. 逃避债务 C. 套取现金 D. 洗钱
18. 下列各项中，（ ）属于支付结算行为。
A. 货币给付 B. 资金清算 C. 商品采购 D. 商品销售
19. 在办理货币资金支付业务中，支付复核的内容包括（ ）。
A. 货币资金支付申请的批准范围、权限、程序是否正确
B. 货币资金支付的手续及相关单证是否齐备
C. 支付金额的计算是否准确
D. 支付方式、支付单位是否妥当

20. 下列各项中，(　　)属于开户单位现金收支的基本要求。

A. 开户单位不准用不符合国家统一的会计制度的凭证顶替库存现金

B. 不准利用账户替其他单位和个人套取现金

C. 不准编造用途套用现金

D. 不准用单位收入的现金按个人储蓄方式存入银行

21. 下列各项中，(　　)属于企业可以经开户银行批准支付现金的情形。

A. 因采购地点不确定而需支付现金　　B. 因交通不便而需支付现金

C. 因生产或市场急需而需支付现金　　D. 因抢险救灾而需支付现金

22. 申请人在向审批人提交的货币支付申请中应注明的内容包括(　　)。

A. 款项用途　　B. 金额　　C. 预算　　D. 支付方式

23. 办理货币资金支付业务的流程包括(　　)。

A. 支付申请　　B. 支付审批　　C. 支付复核　　D. 办理支付

24. 单位建立的货币资金业务授权批准制度应当包括(　　)。

A. 审批人对货币资金业务授权批准的方式

B. 审批人对货币资金业务授权批准的权限

C. 审批人对货币资金业务授权批准的程序

D. 审批人对货币资金业务授权批准的责任和相关控制措施

25. 各单位应当建立货币资金业务的岗位责任制，明确相关部门和岗位的职责权限。下列各项中，(　　)属于单位应遵循的货币资金业务岗位设置要求。

A. 不相容岗位相互分离　　B. 不相容岗位相互制约

B. 不相容岗位相互监督　　D. 不相容岗位相互轮岗

26. 根据《现金管理暂行条例》的规定，下列关于现金管理的表述中，正确的有(　　)。

A. 开户银行对开户单位收支、使用现金进行监督管理

B. 单位向个人支付现金一般不能超过规定的现金限额

C. 单位可用现金购买办公用品

D. 单位可用现金向个人收购农副产品和其他物资

27. 根据《人民币银行结算账户管理办法》的规定，存款人可以在(　　)开立银行结算账户。

A. 政策性银行　　B. 中国平安保险公司

C. 中国银行　　D. 农村信用合作社

28. 根据《现金管理暂行条例》的规定，下列项目中，可以使用现金支付的有(　　)。

A. 职工工资、津贴

B. 出差人员必须随身携带的差旅费

C. 各种劳保、福利费用，以及国家规定的对个人的其他支出

D. 向个人收购农副产品和其他物资的价款

29. 根据《人民币银行结算账户管理办法》的规定，人民币银行结算账户，是指银行为(　　)开立的办理资金收付结算的人民币活期存款账户。

A. 事业单位　　B. 部队　　C. 自然人　　D. 个体工商户

30. 根据《人民币银行结算账户管理办法》的规定，银行为个人开立银行结算账户时，根据需要还可要求申请人出具的证明文件有(　　)。

A. 户口簿　　B. 驾驶执照　　C. 护照　　D. 单位证明

31. 根据《人民币银行结算账户管理办法》的规定，银行违反规定为存款人多头开立银行结算账户，应给予的处罚有(　　)。

A. 给予警告，并处以5万元以上30万元以下罚款

B. 对该银行直接负责的高级管理人员、其他直接负责的主管人员、直接责任人员按规定给予纪律处分

C. 情节严重的，中国人民银行有权停止对其开立基本存款账户的核准，责令该银行停业整顿或者吊销经营金融业务许可证

D. 构成犯罪的，移交司法机关依法追究刑事责任

32. 根据《人民币银行结算账户管理办法》的规定，银行在银行结算账户的使用中，应给予警告并处以5 000元以上3万元以下罚款的行为有(　　)。

A. 为储蓄账户办理转账结算

B. 违反规定办理个人银行结算账户转账结算

C. 提供虚假开户申请资料，欺骗中国人民银行许可开立基本存款账户、临时存款账户、预算单位专用存款账户

D. 开立或撤销单位银行结算账户时，未按《人民币银行结算账户管理办法》规定在其基本存款账户开户登记证上予以登记、签章或通知相关开户银行

33. 根据《人民币银行结算账户管理办法》的规定，可以申请开立个人银行结算账户的条件有(　　)。

A. 使用支票　　B. 使用信用卡

C. 办理汇兑　　D. 办理定期借记或定期贷记

34. 根据《人民币银行结算账户管理办法》的规定，下列各项中，(　　)属于存款人申请开立基本存款账户的证明文件。

A. 借款合同

B. 当地工商行政管理机关核发的营业执照正本

C. 政府人事部门或编制委员会的批文或登记证书和财政部门同意其开户的证明

D. 个人的居民身份证

35. 根据《人民币银行结算账户管理办法》的规定，开户银行收到存款人的开立基本存款账户申请书时，下列各项中，(　　)属于开户银行对开户申请书填写的事项和证明文件进行审查的方面。

A. 真实性　　B. 完整性　　C. 合规性　　D. 公开性

36. 下列各项中，(　　)属于汇票背书时必须记载的内容。

A. 背书人签章　　B. 背书日期

C. 被背书人名称　　D. 禁止背书的记载

37. 根据《支付结算办法》的规定，下列各项中，(　　)属于支票签发要求。

A. 签发支票应使用碳素墨水或墨汁填写，中国人民银行另有规定的除外

B. 签发现金支票和用于支取现金的普通支票，必须符合国家现金管理的规定

C. 支票的出票人签发支票的金额不得超过付款时在付款人处实有的存款金额

D. 出票人不得签发与预留银行签章不符的支票；使用支票密码的，出票人不得签发支

票密码错误的支票

38. 根据《支付结算办法》的规定，下列各项关于商业汇票提示承兑期限的表述中，正确的有（　　）。

A. 定日付款的汇票，持票人应当在汇票到期日前向付款人提示承兑

B. 见票后定期付款的汇票，持票人应当自出票日起1个月内向付款人提示承兑

C. 出票后定期付款的汇票，持票人应当在汇票到期日前向付款人提示承兑

D. 见票即付的汇票无须提示承兑

39. 根据《票据法》的规定，（　　）既可用于转账，又可用于支取现金。

A. 银行汇票　　B. 银行本票　　C. 商业汇票　　D. 支票

40. 根据《票据法》的规定，下列各项中，（　　）属于支票基本当事人。

A. 签发支票的单位　　B. 签发支票的个人

C. 出票人的开户银行　　D. 收款人

41. 根据《支付结算办法》的规定，出票人签发空头支票的，（　　）有权对出票人罚款或提出赔偿要求。

A. 承兑人　　B. 银行　　C. 存款人　　D. 持票人

42. 根据《支付结算办法》的规定，下列各项中，（　　）属于支票的相对记载事项。

A. 付款地　　B. 付款人名称　　C. 出票地　　D. 出票日期

43. 根据《支付结算办法》的规定，持票人委托开户银行收款时，应做委托收款背书，在支票背面应记载的事项有（　　）。

A. 在背书人签章栏签章　　B. 记载“委托收款”字样

C. 记载背书日期　　D. 在被背书人栏记载开户银行名称

44. 根据《支付结算办法》的规定，银行应予退票的情况有（　　）。

A. 出票人签发空头支票　　B. 出票人签章与预留签章不符

C. 支票上记载非法定记载事项　　D. 使用密码支付地区，支付密码错误的支票

三、判断题

1. 支付结算必须通过中国人民银行批准的金融机构进行。（　　）
2. 单位银行卡账户资金必须由其专用存款账户转账存入。（　　）
3. 银行汇票是即期汇票，商业汇票是远期汇票，但未记载付款日期的商业汇票也视同即期汇票。（　　）
4. 未按中国人民银行统一规定印制的票据是无效票据，不能作为支付的凭证。（　　）
5. 为保障收款人的利益，当付款人开立账户的资金不足以支付收款人所出示的票据或结算凭证时，银行应为其垫付不足资金，并将有关情况及时通知付款人，待付款人开立资金补足后，予以扣除。（　　）
6. 在事实清楚的情况下，银行可以根据任何单位或个人的申请，对其所管理的单位或个人存款账户进行冻结、扣款，停止存款账户的正常支付。（　　）
7. 任何金融机构均可以作为中介机构经营支付结算业务。（　　）
8. 商业银行总行可根据统一的支付结算制度，结合本行情况，制定具体管理实施办法，不必报经其他机关批准就可执行其制定的具体管理实施办法。（　　）

9. 单位在结算凭证上的签章就是该单位的盖章。（ ）
10. 票据债务人可以对不履行约定义务的与自己有直接债权债务关系的持票人进行抗辩。（ ）
11. 所谓要式行为是指法律规定必须依照一定形式的行为。（ ）
12. 委托收款结算方式只在同城使用，异地不可使用。（ ）
13. 票据上有伪造、变造的签章的，票据无效，银行不予受理。（ ）
14. 票据必须由当事人本人签章。（ ）
15. 填写票据结算凭证时，金额大写必须使用汉字。（ ）
16. 票据的签发、取得和转让必须具有真实的交易关系和债权债务关系，不得无偿取得。（ ）
17. 无民事行为能力人或限制民事行为能力人在票据上的签章无效，但不影响其他签章效力。（ ）
18. 票据和结算凭证的金额、出票或签发日期、收款人名称一般不应更改，如需要更改，应在更改处加盖单位或个人签章证明，否则银行不予受理。（ ）
19. 中国人民银行总行及其分行负责核定单位的库存现金限额。（ ）
20. 没有在银行单独开立账户的附属单位可以不实行现金管理。（ ）
21. 单位收到现金收入，只能在收到现金的当日送存开户银行。（ ）
22. 国务院有关部门有权根据国家有关法律法规，制定本部门或本系统的货币资金内部控制规定。（ ）
23. 申请货币资金支付业务时，申请人除要说明货币资金支付业务的款项用途、金额、预算、支付方式等内容外，还需附有效经济合同或相关证明。（ ）
24. 一般情况下，单位不应轮换办理货币资金业务的人员。（ ）
25. 单位需向个人支付款项时，均可以使用现金支付。（ ）
26. 开户单位之间的经济来往必须通过转账方式进行结算。（ ）
27. 开户单位之间的经济往来均可通过现金方式进行结算。（ ）
28. 机关、团体、部队、企业、事业单位和其他单位在银行开立账户，必须依照有关规定收支和使用现金，接受开户银行的监督。（ ）
29. 根据《人民币银行结算账户管理办法》的规定，存款人尚未清偿开户银行债务的，不得申请撤销银行账户。（ ）
30. 存款人必须在注册地或住所地开立银行结算账户。（ ）
31. 根据《人民币银行结算账户管理办法》的规定，银行对 1 年未发生收付活动且未欠开户银行债务的单位银行结算账户，应通知单位自发出通知之日起 30 日内办理销户手续，逾期视同自愿销户，未划转款项作为银行营业外收入处理。（ ）
32. 为保证现金的完全完整，单位应当按规定对库存现金进行定期和不定期的清查，一般采用实地盘点法，对于清查的结果应当编制现金盘点报告单。（ ）
33. 存款人开立各种存款账户应当实行核准制，经财政、税务机关核准后由银行核发开户登记证。（ ）
34. 根据《人民币银行结算账户管理办法》的规定，银行得知存款人主体资格终止情况，存款人超规定未主动办理撤销银行结算账户手续的，银行有权停止银行结算账户的对外

支付。 ( )

35. 根据《人民币银行结算账户管理办法》的规定，存款人发生被注销、被吊销营业执照等主体资格终止后，应于5个工作日内向开户银行提出撤销银行结算账户的申请。 ( )

36. 根据《人民币银行结算账户管理办法》的规定，个体工商户凭营业执照以字号或经营者姓名开立的银行结算账户，纳入个人银行结算账户管理。 ( )

37. 根据《人民币银行结算账户管理办法》的规定，个人银行结算账户具有活期储蓄功能和普通转账结算功能，此外，通过个人银行结算账户还可以使用支票、信用卡等信用支付工具。 ( )

38. 根据《人民币银行结算账户管理办法》的规定，信托基金专用存款账户需要支取现金的，应在开户时报中国人民银行当地分行批准。 ( )

39. 根据《人民币银行结算账户管理办法》的规定，收入汇缴账户除向其基本存款账户或预算外资金财政专用账户划缴款项外，只收不付，不得支取现金。 ( )

40. 根据《人民币银行结算账户管理办法》的规定，一般存款账户、专用存款账户的开立，必须以基本存款账户的开立为前提。 ( )

41. 根据《人民币银行结算账户管理办法》的规定，实行预算管理的事业单位的基本存款账户开户登记证，必须经中国人民银行核准后，才能由开户银行核发。 ( )

42. 根据《人民币银行结算账户管理办法》的规定，存款人因向银行借款需要申请开立一般存款账户时，应出具借款合同。 ( )

43. 根据《企业银行结算账户管理办法》的规定，企业开立、变更、撤销基本存款账户、临时存款账户实行备案制。 ( )

44. 根据《人民币银行结算账户管理办法》的规定，凡是具有民事权利能力和民事行为能力，并依法独立享有民事权利和承担民事义务的法人和其他组织，均可以开立基本存款账户。 ( )

45. 根据《支付结算办法》的规定，支票上可以记载非法定记载事项，但这些事项并不影响支票上的效力。 ( )

46. 根据《支付结算办法》的规定，支票的提示付款期限为出票日起15日。 ( )

47. 根据《支付结算办法》的规定，用于支取现金的支票不能背书转让。 ( )

48. 根据《支付结算办法》的规定，支票的存款账户结清时，存款人必须将全部剩余空白支票自行销毁。 ( )

49. 根据《支付结算办法》的规定，背书是指收款人或持票人为将票据权利转让给他人或者将一定的票据权利授予他人行使，而在票据背面或粘单上记载有关事项并签章的行为。 ( )

50. 票据的出票，是出票人依据《票据法》的规定在原始票据上记载法定事项并签章，作成票据的行为。 ( )

51. 根据《票据法》的规定，票据出票人作出的付款承诺是有条件的，即只在发生某些事情或某些行为时，付款人才必须到期支付规定的款项。 ( )

52. 根据《票据法》的规定，本票的出票人就是付款人。 ( )

四、案例分析题

（一）W 企业 1 月 29 日的银行存款账户余额为 2 万元。当日，一个材料供应商上门到 W 企业催要金额为 10 万元的材料货款。W 企业为了尽快将供应商"打发走"，就向材料供应商开出了一张金额为 10 万元的转账支票。

1. 下列各项中，属于支票基本当事人的有（　　）。

A. 出票人　　B. 付款人　　C. 承兑人　　D. 收款人

2. 下列选项中，属于无效支票的有（　　）。

A. 未表明付款地的支票　　B. 未表明出票地的支票

C. 未表明无条件支付的委托的支票　　D. 未表明"支票"字样的支票

3. 支票的持票人应当自出票日起（　　）日内提示付款。

A. 1　　B. 3　　C. 5　　D. 10

4. 材料供应商有权要求 W 企业赔偿的金额为（　　）元。

A. 1 000　　B. 2 000　　C. 2 500　　D. 5 000

5. 银行有权要求 W 企业罚款的金额为（　　）元。

A. 1 000　　B. 2 000　　C. 2 500　　D. 5 000

（二）2019 年 3 月，乙公司发生下列业务：

（1）3 月 3 日，乙公司向 B 公司购买一批货物，向银行申请"现金银行汇票"用于结算货款。

（2）3 月 7 日，乙公司与 C 公司签订一份电视购销合同。该合同规定：由 C 公司在 10 日内向乙公司提供电视 100 台，共计货款 25 万元。双方约定用银行汇票进行支付。

（3）3 月 15 日，C 公司将 100 台电视交付乙公司，乙公司遂向其开户银行 A 申请签发银行汇票。3 月 20 日，A 银行签发了出票人和付款人为 A 银行、收款人为 C 公司、票面金额为 25 万元、付款期限为 6 个月的银行汇票。但由于疏忽，银行工作人员未记载出票日期。乙公司将该汇票和解讫通知交付 C 公司。此后，C 公司又将该汇票转让给 D 公司。9 月 4 日，D 公司持该汇票向代理付款银行提示付款。

（4）3 月 22 日，乙公司将工会经费存入其在某商业银行开立的专用账户。

1. 银行存款账户按用途划分，可分为（　　）类。

A. 2　　B. 3　　C. 4　　D. 6

2. 下列各项中，属于专用账户使用范围的有（　　）。

A. 因借款或其他结算需要设立的银行结算账户

B. 为社会保障基金、住房基金设立的银行结算账户

C. 为基本建设、更新改造资金设立的银行结算账户

D. 为财政预算外资金、证券交易结算资金、期货交易保证金设立的银行结算账户

3. 下列表述中，不正确的有（　　）。

A. A 银行签发了出票人和付款人为 A 银行、收款人为 C 公司的银行汇票是正确的

B. A 银行签发付款期限为 6 个月的银行汇票是正确的

C. 银行工作人员未记载出票日期，该银行汇票可以背书

D. 将工会经费存入其在商业银行的专用账户符合规定

4. C公司转让汇票的行为属于(　　)。

A. 保证　　B. 出票　　C. 背书　　D. 交付

5. 关于银行汇票的使用,正确的是(　　)。

A. 向B公司购买货物,可以申请使用现金银行汇票

B. 银行汇票只能用于转账,不能用于支取现金

C. D公司持该汇票向代理付款银行提示付款是可以的

D. 填明"现金"字样的银行汇票可以支取现金

(三) 2019年1月18日,荣昌商贸有限责任公司(以下简称荣昌公司)从龙腾公司购进一批货物,同时向龙腾公司开具一张发票,用于货款结算。荣昌公司开具发票时,将付款人填写为"荣晶商贸有限责任公司",出票日期填写为"贰零壹玖年壹月拾捌日",收款人未填写。后经财务部小胡核对,发现付款人名称填写有误,小胡遂将"晶"字改为"昌"字后直接交予龙腾公司。

1. 支票的下列记载事项中,可以授权补记的是(　　)。

A. 付款人名称　　B. 付款地　　C. 出票人签章　　D. 收款人名称

2. 在填写票据的出票日期时,应在其前加"零"的有(　　)。

A. 月为壹、贰　　B. 月为壹拾

C. 日为壹至玖　　D. 日为壹拾、贰拾和叁拾

3. 关于荣昌公司将出票日期填写为"贰零壹玖年壹月拾捌日"的做法,下列表述中,正确的有(　　)。

A. 票据的出票日期必须使用中文大写

B. 该出票日期的填写符合规定

C. 该出票日期的填写不符合规定,应当是"贰零壹玖年零壹月壹拾捌日"

D. 票据出票日期使用小写填写的,银行不予受理

4. 票据(　　)不得更改,更改的票据无效。

A. 金额　　B. 出票日期　　C. 收款人名称　　D. 付款人名称

5. 关于小胡将"晶"字改为"昌"字后直接交予龙腾公司的做法,下列表述中,正确的有(　　)。

A. 这一行为不符合规定,应当重新开具票据

B. 这一行为不符合规定,付款人名称不得更改

C. 这一行为不符合规定,付款人名称可以更改,更改时应当由原记载人在更改处签章

D. 这一行为符合规定

(四) 2017年3月10日,甲公司向银行申领了信用卡,其中一部分作为对管理人员的福利,另一部分公司自用。

1. 下列情况中,可以办理销户的是(　　)。

A. 2017年4月12日,甲公司要求注销自用的信用卡

B. 2017年3月11日,一名员工的信用卡丢失并于当日挂失,4月12日要求注销丢失的信用卡

C. 至 2018 年 6 月 7 日，甲公司自用的信用卡未发生过任何交易

D. 至 2019 年 8 月 30 日，甲公司自用的信用卡未发生过任何交易

2. 关于信用卡资金来源的表述中，正确的是(　　)。

A. 甲公司可以将存款人基本存款账户中的资金转账存入持有的信用卡

B. 甲公司持有的信用卡可以缴存现金

C. 甲公司可以将其销货收入的款项存入持有的信用卡

D. 甲公司管理人员可以将个人的收入及公司的暂时款项存入其持有的信用卡

3. 甲公司的下列做法中，错误的有(　　)。

A. 2017 年 3 月 16 日，甲公司持卡购买一台价值 12 万元的设备

B. 2017 年 3 月 21 日，甲公司将其信用卡转借给其子公司

C. 2017 年 3 月 30 日，甲公司从信用卡上支取现金 5 000 元

D. 2017 年 4 月 1 日，甲公司结算信用卡 3 月份共透支的 15 万元(该公司无综合授信额度)

4. 关于信用卡的表述中，正确的有(　　)。

A. 个人卡的同一持卡人单笔透支发生额不得超过 2 万元

B. 贷记卡的首月最低还款额不得低于其当月透支余额的 3%

C. 信用卡透支利率为日利率 5%

D. 准贷记卡的透支期限最长为 60 天

5. 发卡银行给予持卡人一定的信用额度，持卡人可以在信用额度内先消费、后还款的信用卡是(　　)。

A. 普通卡　　B. 附属卡　　C. 贷记卡　　D. 准贷记卡

第三章　税收法律制度

本章知识框架

- 税收法律制度
  - 一、税收概述
    - 1. 税收的概念与分类(★★)
    - 2. 税法及构成要素(★★)
  - 二、主要税种
    - 1. 增值税(★★★)
    - 2. 消费税(★★★)
    - 3. 企业所得税(★★★)
    - 4. 个人所得税(★★★)
  - 三、税收征收管理
    - 1. 税务登记(★★)
    - 2. 发票开具与管理(★★★)
    - 3. 纳税申报(★★)
    - 4. 税款征收(★★★)
    - 5. 涉税专业服务(★★)
    - 6. 税收检查(★)
    - 7. 税收法律责任(★)
    - 8. 税务行政复议(★★)

本章强化训练

一、单项选择题

1. 最高开票限额是指(　　)。

A. 10 份专用发票开具的税额合计数不得达到上限额度

B. 单份专用发票开具的税额合计数不得达到上限额度

C. 10 份专用发票开具的销售额合计数不得达到上限额度

D. 单份专用发票开具的销售额合计数不得达到上限额度

2. 下列属于未按规定开具发票的行为是(　　)。

A. 未按规定建立发票保管制度　　B. 自行填开发票入账

C. 虚构经营业务活动,虚开发票　　D. 拒绝接受“发票换票证”

3. 单位和个人在(　　)开具发票。

A. 发生经营业务、确认营业收入时　　B. 收到货款时

C. 产品发出时　　D. 合同签订时

4. 根据《税收征收管理法》的规定,经县级以上税务局(分局)局长批准,税务机关可以对符合税法规定情形的纳税人采取税收保全措施。下列各项中,属于税收保全措施的是(　　)。

A. 责令纳税人暂时停业,限期缴纳应纳税款

B. 书面通知纳税人开户银行从其存款中扣缴应纳税款

C. 书面通知纳税人开户银行冻结纳税人的金额相当于应纳税款的存款

D. 依法拍卖纳税人的价值相当于应纳税款的商品,以拍卖所得抵缴税款

5. 已开具的发票存根联和发票登记簿应当保存(　　)。

A. 3 年　　B. 5 年　　C. 15 年　　D. 永久

6. 税务登记不包括(　　)。

A. 开业登记　　B. 变更登记　　C. 核定应纳税额　　D. 注销登记

7. 某小型工业企业是增值税小规模纳税人,2019 年 5 月取得销售收入 12.36 万元(含增值税),购进原材料一批,支付货款 3.09 万元。该企业当月应缴的增值税为(　　)万元。

A. 0.37　　B. 3.09　　C. 2.73　　D. 0.36

8. 下列不属于发票的基本内容的是(　　)。

A. 客户名称　　B. 商品名称　　C. 工商登记号　　D. 联次及用途

9. 甲企业 2017 年 10 月 5 日购买乙企业原材料,尚欠货款 40 万元未归还。2018 年 1 月,甲企业将一幢办公楼作为抵押向银行贷款 50 万元,到期未归还。2018 年 7～12 月又欠缴税款 30 万元。假设 2019 年 1 月,该企业变卖仅有的这幢办公楼并得款 100 万元,按税款优先原则,应(　　)。

A. 先支付税款 30 万元,再归还乙企业货款 40 万元,剩余的 30 万元归还银行贷款

B. 先支付乙企业 40 万元,再归还银行贷款 50 万元,剩余的 10 万元支付欠缴税款

C. 先支付银行贷款 50 万元,再支付欠缴税款 30 万元,剩余的 20 万元归还乙企业货款

D. 先支付税款 30 万元,再归还银行贷款 50 万元,剩余的 20 万元归还乙企业货款

10. 下列各项中,不应缴纳消费税的是(　　)。

A. 名牌服装　　B. 小汽车　　C. 烟　　D. 轮胎

11. (　　)是指国家征税以法律形式预先规定征税范围和征收比例,便于征纳双方共同遵守。

A. 强制性　　B. 固定性　　C. 无偿性　　D. 自愿性

12. 某食品厂为一般纳税人,6 月购入农产品,收购价为 20 000 元,支付运费 6 000 元,并取得了运输公司开具的增值税专用发票,该食品厂可以抵扣的增值税为(　　)元。

A. 2 340　　B. 2 600　　C. 3 260　　D. 3 062

13. 根据《个人所得税法》规定,居民个人工资薪金所得适用(　　)超额累进税率。

A. 3%～50%　　B. 3%～45%　　C. 3%～35%　　D. 3%～40%

14. 关于核定应纳税额,下列说法中,正确的是(　　)。

A. 税务机关核定应纳税额时只能依法选定一种核定方法,并明确告知纳税人

B. 税务机关采用一种方法不足以正确核定应纳税额时,可以同时采用两种以上的方法核定

C. 纳税人对税务机关核定的应纳税额有异议的,税务机关应当提供相关证据,证明定额的合理

D. 经税务机关认定后,纳税人可以调整应纳税额

15. 下列关于增值税的纳税义务发生的时间表述不正确的是(　　)。

A. 视同销售货物的行为为货物移送的当天

B. 采用预收货款方式的为预收货款的当天

C. 进口货物的为报关进口的当天

D. 赊销方式销售货物为合同约定的收款日期当天

16. 根据《税务行政处罚听证程序实施办法(试行)》的规定,当事人或其代理人应当按照税务机关的通知参加听证,无正当理由不参加的,法律后果是(　　)。

A. 不影响听证的进行　　B. 视为放弃听证权利

C. 税务机关另定举行听证的时间　　D. 视为行政处罚成立

17. 法律、行政法规规定负有(　　)的单位和个人为纳税人。

A. 纳税义务　　B. 代扣代缴税款义务

C. 代征税款义务　　D. 代收代缴税款义务

18. 最高开票限额由一般纳税人申请,(　　)税务机关审批。

A. 1 000 万元以上由省级　　B. 100 万元以上由市级

C. 10 万元以上由县级　　D. 由区县级

19. 纳税人遗失税务登记证件的,应当在(　　)日内书面报告主管税务机关,并登报声明作废。

A. 10　　B. 15　　C. 30　　D. 60

20. 下列各项中,属于开具发票时使用文字不正确的是(　　)。

A. 使用中文

B. 外资企业同时使用中文和外文

C. 民族自治地方同时使用中文和民族文字

D. 外资企业只使用外文

21. 纳税人与其关联企业之间的业务往来，应当按照(　　)之间的业务往来收取或支付价款、费用。

A. 同类企业　　B. 关联企业　　C. 独立企业　　D. 非独立企业

22. 申请领购增值税专用发票的单位和个人，除了提供经办人身份证明、税务登记证件或其他有关证明，以及财务印章或发票专用章的印模外，还应当提供加盖有"增值税一般纳税人"确认专用章的(　　)。

A. 发票领购簿　　B. 税务登记证

C. 税务登记证正本　　D. 税务登记证副本

23. 纳税人按照规定的期限办理纳税申报确有困难，需要延期的，应在规定的期限内向税务机关提出书面延期申请，经税务机关核准(　　)。

A. 可以不再申报　　B. 仍应申报　　C. 可以延期申报　　D. 可以分期申报

24. 某企业外购原材料，取得增值税专用发票注明价款为 100 000 元，已入库，支付运费 800 元，则进项税额为(　　)元。

A. 17 043.4　　B. 17 054.6　　C. 13 072　　D. 17 051.8

25. 以下票据中，不属于发票的是(　　)。

A. 火车票　　B. 订货单　　C. 电信业务收据　　D. 电费收据

26. 因税务机关的责任致使纳税人、扣缴义务人未缴或少缴税款的，税务机关在(　　)年内可以要求纳税人、扣缴义务人补缴税款，(　　)。

A. 5；不加收滞纳金　　B. 3；加收滞纳金

C. 3；不加收滞纳金　　D. 5；加收滞纳金

27. 某小轿车生产企业为增值税一般纳税人，本月生产并销售小轿车 300 辆，每辆含增值税的销售价格 16.95 万元，适用消费税税率 9%。该企业本月应缴纳消费税为(　　)万元。

A. 473.9　　B. 283.5　　C. 364.5　　D. 405

28. 根据《增值税暂行条例》的规定，增值税一般纳税人兼营不同增值税税率的货物，未分别核算不同税率货物销售额的，确定其适用增值税税率的方法是(　　)。

A. 适用 3%的征收率　　B. 从低适用税率

C. 适用平均税率　　D. 从高适用税率

29. 我国《发票管理办法》规定，除增值税专用发票以外的其他发票，由(　　)指定的企业印制。

A. 国家税务总局　　B. 省、自治区、直辖市税务机关

C. 地(市)级税务机关　　D. 省财政厅

30. 纳税人未按照规定期限缴纳税款的，税务机关除责令限期缴纳税款外，从滞纳税款之日起，按日加收滞纳税款(　　)的滞纳金。

A. 5‰　　B. 10‰　　C. 0.5‰　　D. 1‰

31. 单位和个人在开具发票时，应在发票联和抵扣联加盖单位(　　)。

A. 业务专用章　　B. 发票专用章　　C. 合同专用章　　D. 证明专用章

32. 甲企业生产规模较小、账册不健全、财务管理和会计核算水平也较低、产品零星、税源分

散，其适用的税款征收方式是(　　)。

A. 查账征收　　B. 查定征收　　C. 查验征收　　D. 定期定额征收

33. 从事生产、经营的纳税人应当自领取税务登记证件之日起(　　)日内，将其财务、会计制度或财务、会计处理办法报送主管税务机关备案。

A. 5　　B. 10　　C. 15　　D. 30

34. 纳税人因有特殊困难而不能按期缴纳税款的，经省以上税务局(分局)批准，可延期缴纳，但最长不得超过(　　)。

A. 3 个月　　B. 6 个月　　C. 1 年　　D. 1 个月

35. 税务稽查局在行使查账权时，经批准可以将以前年度有关的账簿等调回税务稽查局检查，并开付清单，但必须在(　　)内完整归还。

A. 15 天　　B. 1 个月　　C. 3 个月　　D. 6 个月

36. 某企业将一批自产的化妆品作为促销礼品，化妆品生产成本为 7 000 元，无同类产品售价，假设成本利润率为 5%，消费税税率为 30%，则应纳消费税为(　　)元。

A. 2 205　　B. 1 884.62　　C. 3 150　　D. 7 350

37. 《税收征收管理法实施细则》规定，纳税人因住所、经营地点变动，涉及改变税务登记机关的，应当向原税务登记机关申报办理(　　)。

A. 停业、复业登记　B. 变更登记　　C. 注销登记　　D. 报验登记

38. 根据《税收征收管理法》的规定，下列说法中，不正确的是(　　)。

A. 税务机关征收税款时，必须给纳税人开具完税凭证

B. 税务机关扣押商品、货物或其他财产时，必须开付收据

C. 税务机关查封商品、货物或其他财产时，必须开付清单

D. 税务机关扣押商品、货物或其他财产时，必须开付清单

39. 纳税申报的方式中，比较传统的方式是(　　)。

A. 直接申报　　B. 邮寄申报　　C. 数据电文申报　D. 网上申报

40. 税务机关对某些零星、分散的高税率工业产品，通过查验数量，按市场一般销售价格计算其销售收入并据以征税的征收方法是(　　)。

A. 查账征收　　B. 查定征收　　C. 查验征收　　D. 定期定额征收

41. 张某为非居民个人，2019 年 3 月取得劳务报酬 10 000 元，应缴纳个人所得税(　　)元。

A. 200　　B. 590　　C. 1 600　　D. 2 000

42. 税务机关为增值税纳税人代开的专用发票应统一使用(　　)专用发票。

A. 三联　　B. 四联　　C. 五联　　D. 六联

43. 增值税专用发票的基本联次统一规定为三联，其中第三联为(　　)。

A. 存根联　　B. 税款抵扣联　　C. 发票联　　D. 记账联

44. 税务登记的主要内容，主要通过纳税人填写(　　)来体现。

A. 财务报表　　B. 纳税申报表　　C. 税务登记表　　D. 完税凭证

45. 下列各项中，不属于税收的特点的是(　　)。

A. 自愿性　　B. 强制性　　C. 无偿性　　D. 固定性

46. 东强公司将税务机关确定的应于 2019 年 3 月 5 日缴纳的税款 12 万元拖至 2019 年 3 月 25 日缴纳。根据《税收征收管理法》的规定，税务机关依法加收该公司滞纳税款的滞纳

金为( )万元。

A. 0.504　　B. 4　　C. 0.12　　D. 8

47. 采取直接收款方式销售货物的，不论货物是否发出，增值税纳税义务发生时间均为( )。

A. 发货的当天

B. 收到销售款或取得索取销售款凭据的当天

C. 合同约定收款日的当天

D. 货物移动的当天

48. 增值税专用发票开具时限规定，采用( )结算方式的为收到货款的当天。

A. 预收货款　　B. 托收承付　　C. 委托银行收款　　D. 直接收款

49. 下列各项中，不属于流转税类的是( )。

A. 消费税　　B. 增值税　　C. 关税　　D. 车辆购置税

50. 下列关于增值税的纳税义务发生时间的表述中，不正确的是( )。

A. 一般为收讫销售款项或取得索取款项凭据的当天

B. 先开具发票的为开具发票的当天

C. 进口货物，其纳税义务发生时间为报关进口的当天

D. 增值税扣缴义务发生时间为扣缴义务发生的当天

51. 下列纳税人中，可以领购使用增值税专用发票的是( )。

A. 增值税小规模纳税人

B. 增值税一般纳税人

C. 销售的货物全部免征增值税的纳税人

D. 不能向税务机关提供有关增值税税务资料的纳税人

52. 纳税人采取欺骗、隐瞒的手段进行虚假申报或不申报，逃避纳税数额较大并且占应纳税额10%以上的，应追究的法律责任为( )。

A. 处3年以下有期徒刑或拘役，并处罚金

B. 处3年以下有期徒刑或拘役，并处偷税数额5倍以上10倍以下的罚金

C. 处5年以下有期徒刑或拘役，并处偷税数额1倍以上5倍以下的罚金

D. 处7年以下有期徒刑或拘役，并处偷税数额1倍以上10倍以下的罚金

二、多项选择题

1. 下列企业所得中，应缴纳企业所得税的有( )。

A. 转让财产所得　　B. 股息、红利所得

C. 销售货物所得　　D. 利息、租金所得

2. 将个人所得税的纳税义务人区分为居民纳税人和非居民纳税人的标准有( )。

A. 境内有无住所　　B. 境内工作时间

C. 取得收入的工作地　　D. 境内居住时间

3. 下列关于发票开具要求的表述中，不正确的有( )。

A. 单位和个人在发生经营业务，确认营业收入时，才能开具发票。特殊情况下，未发生经营业务也可开具发票

B. 使用电子计算机开具发票，必须报主管税务机关批准，并使用税务机关统一监制的机打发票

C. 发票专用章或财务专用章一律不得在印制发票时套印

D. 任何单位和个人不得转借、转让发票，但可以代开发票

4. 根据《企业所得税法》的规定，在计算企业所得税应纳税所得额时，下列各项中，可以扣除的项目有(　　)。

A. 产品销售成本　B. 期间费用　C. 税收　D. 罚款支出

5. 根据《增值税暂行条例》的规定，下列各项中，应征增值税的有(　　)。

A. 将自产的货物用于投资　B. 将自产的货物分配给股东

C. 将自产的货物用于集体福利　D. 将购买的货物用于个人消费

6. 税务机关依照法律、行政法规的规定征收税款，不得违反法律行政法规的规定有(　　)。

A. 开征或停征　B. 多征或不征

C. 提前征收或延缓征收　D. 摊派税款

7. 《税收征收管理法实施细则》规定，纳税人采取邮寄方式申报纳税的，应当(　　)。

A. 使用统一的纳税申报专用信封　B. 以邮政部门收据作为申报凭据

C. 以寄出的邮戳日期为实际申报日期　D. 使用特快专递邮寄

8. 下列属于中央税的有(　　)。

A. 关税　B. 海关代征的进口环节消费税和增值税

C. 消费税　D. 增值税

9. 按照税法功能作用的不同，将税法分为(　　)。

A. 税收行政法规　B. 税收实体法　C. 税收程序法　D. 国际税法

10. 数据电文纳税申报方式有(　　)。

A. 电话语音　B. 电子数据交换　C. 网络传输　D. 邮政快件

11. 下列各项中，以取得的收入为应纳税所得额直接计算预扣预缴个人所得税的有(　　)。

A. 稿酬所得　B. 偶然所得

C. 股息所得　D. 特许权使用费所得

12. 下列关于发票使用的说法中，正确的有(　　)。

A. 任何单位和个人不得转借、转让、代开发票

B. 未经税务机关批准，不得拆本使用发票

C. 不得自行扩大专业发票使用范围

D. 使用电子计算机开具发票，必须报主管税务机关批准

13. 增值税专用发票的联次包括(　　)。

A. 存根联　B. 发票联　C. 记账联　D. 抵扣联

14. 根据《税收征收管理法》的规定，税务机关在税款征收中，根据不同情况，有权采取的措施有(　　)。

A. 加收滞纳金　B. 追征税款　C. 核定应纳税额　D. 吊销营业执照

15. 下列属于税收法律的有(　　)。

A.《企业所得税法》　B.《税收征收管理法》

C.《个人所得税法》　　D.《增值税暂行条例》

16. 需要办理注销登记的情形包括(　　)。

A. 从事生产经营的纳税人解散

B. 从事生产经营的纳税人撤销

C. 纳税人被工商行政管理机关吊销营业执照

D. 从事生产经营的纳税人破产

17. 构成税法的最基本要素有(　　)。

A. 纳税义务人　　B. 征税对象　　C. 税目　　D. 税率

18. 我国《发票管理办法》规定,发票的(　　)由国家税务总局确定。

A. 内容　　B. 种类　　C. 联次　　D. 使用范围

19. 发票具有(　　)等特征。

A. 合法性和真实性　　B. 时效性

C. 共享性　　D. 传递性

20. 纳税人需要申请办理注销登记的情况有(　　)。

A. 解散　　B. 破产　　C. 撤销　　D. 暂停营业

21. 下列关于非居民企业所得税纳税地点表述中,正确的有(　　)。

A. 在中国境内设立机构、场所的,应当就其所设机构、场所取得的来源于中国境内的所得以机构、场所所在地为纳税地点

B. 发生在中国境外,但与其所设机构、场所有实际联系的所得,以机构、场所所在地为纳税地点

C. 设立机构、场所,但与其所设机构、场所没有实际联系的所得,以机构、场所所在地为纳税地

D. 在中国境内未设立机构、场所的以扣缴义务人所在地为纳税地点

22. 企业开具增值税专用发票的时限为(　　)。

A. 采用预收货款结算方式的,为货物发出当天

B. 采用交款提货结算方式的,为收到货款当天

C. 采用赊销结算方式的,为合同约定的收款日期当天,没有合同的为发货的当天

D. 将货物交付他人代销的,为收到委托人送回货款的当天

23. 采用(　　)结算方式,增值税专用发票开具的时限为发出货物的当天。

A. 托收承付　　B. 分期收款　　C. 委托银行收款　　D. 预收货款

24. 根据《个人所得税法》的规定,下列各项中应当按照工资、薪金所得征收个人所得税的是(　　)。

A. 劳动分红　　B. 年终加薪　　C. 独生子女费　　D. 误餐补助

25. 根据《个人所得税法》的规定,个人发生的下列公益、救济性捐赠支出,准予税前全额扣除的有(　　)。

A. 通过国家机关向红十字事业的捐赠

B. 通过国家机关向农村义务教育的捐赠

C. 通过非营利组织向公益性青少年活动场所的捐赠

D. 直接向贫困家庭的捐赠

26. 工商税类主要包括(　　)。

A. 增值税　　B. 消费税　　C. 资源税　　D. 企业所得税

27. 下列各项中,属于税务违法行政处罚的项目有(　　)。

A. 收缴税务登记证　　B. 停止税款抵扣

C. 停止出口退税权　　D. 收缴未用发票和暂停供应发票

28. 关于所得税税收的特点表述,正确的有(　　)。

A. 征税对象是应纳税所得额

B. 征税数额受成本、费用、利润高低的影响较大

C. 征税对象是收入总额

D. 征税数额受成本、费用、利润高低的影响不大

29. 下列关于增值税的说法中,正确的有(　　)。

A. 增值税是以商品(含应税劳务)在生产过程中产生的增值额作为计税依据向纳税义务人征收的一种流转税

B. 增值税分为生产型增值税、收入型增值税、消费型增值税

C. 增值税的纳税人按其经营规模大小,分为一般纳税人和特殊纳税人

D. 增值税一般纳税人的税率有 13%、9%、6%、0%。

30. 某啤酒厂自产特制啤酒 5 吨用于某地啤酒节,已知其成本为 20 万元,成本利润率为 10%,消费税单位税额为每吨 220 元,该笔业务啤酒厂应缴纳(　　)。

A. 消费税 220 元　　B. 消费税 1 100 元

C. 增值税 37 400 元　　D. 增值税 28 743 元

31. 新办公司申报办理税务登记时,应向税务机关如实提供的证件和资料包括(　　)。

A. 工商营业执照　　B. 公司章程

C. 其他需要提供的有关证件、资料　　D. 组织机构统一代码证书

32. 当事人对(　　)不服的,可以依法申请行政复议,也可以依法向人民法院起诉。

A. 税务机关的处罚决定　　B. 税收强制执行措施

C. 税收保全措施　　D. 纳税申报

33. 生产经营规模小又确无建账能力的纳税人,经批准可以(　　)。

A. 聘请经批准从事会计代理记账业务的专业机构

B. 经税务机关认可的财会人员代为建账和办理账务

C. 按照税务机关的规定,建立收支凭证粘贴簿、进货销货登记簿

D. 使用税控装置

三、判断题

1. 税务机关核定应纳税额的具体程序和方法由国务院税务主管部门规定。(　　)

2. 纳税人有接受税务机关进行税务检查的义务。(　　)

3. 生产经营规模小又确无建账能力的个体工商户,经批准也可以建立收支凭证粘贴簿、进货销货登记簿来代替账簿。(　　)

4. 在我国税收法律关系中,权利主体双方法律地位平等,所以权利与义务也对等。(　　)

5. 我国《发票管理办法》规定，未经税务机关批准，任何单位和个人不得拆本使用发票。（　）
6. 公司需要停业的应当在停业后，向税务机关申报办理停业登记。（　）
7. 税收原则是税收法律制度制定和实施的基本原则，设计税收体系时要坚持效率原则、公平原则。（　）
8. 国债利息收入、符合条件的居民企业之间的股息及财政拨款均为不征税收入。（　）
9. 免税额是指征税对象的数额没有达到规定数额的不征税，征税对象的数额达到规定数额的，就其全部数额征税。（　）
10. 应税消费品若是用外购（或委托加工收回）已缴纳消费税的应税消费品连续生产出来的，在对这些连续生产出来的应税消费品征税时，按当期购入（收回入库）数量计算准予扣除的外购（或委托加工收回）应税消费品已缴纳的消费税税款。（　）
11. 我国《发票管理办法》规定禁止携带、邮寄或运输空白发票出入境。（　）
12. 从事生产经营的纳税人，税务登记内容发生变更的，自工商行政管理机关办理变更登记之日起 10 日内持有关证件向税务机关办理变更税务登记。（　）
13. 某纳税人虽已建账，但税务机关发现其成本资料不全，原始凭证残缺，报表不能真实反映其经营情况，对此，税务局可以核定其应纳税额。（　）
14. 纳税人未按规定办理税务登记证件验证或换证手续的，由税务机关责令限期改正，并处 2 000 元以下的罚款，情节严重的可以处 2 000 元以上 1 万元以下的罚款。（　）
15. 房产税、契税属于财产税类。（　）
16. 纳税人因住所、经营地点变动，不涉及主管税务机关变更的，应先向工商行政管理机关办理变更，再持有关证件，到税务机关办理税务变更。（　）
17. 税收优先于一切无担保债权，包括破产企业的应付工资。（　）
18. 资源税和印花税都采用定额征收方式。（　）
19. 在调查税收违法案件时，可以对涉案的资料记录、录音、录像和复制。（　）
20. 税务机关对尚未办理税务登记的扣缴义务人，可以只在其税务登记证件上登记扣缴税款事项，不再发给扣缴税款登记证件。（　）
21. 纳税人采取电子方式办理纳税申报的，应当按照税务机关规定的期限和要求保存有关资料，并定期书面报送主管税务机关。（　）
22. 个人（包括个体户和自然人）只要发生应税行为，就都应办理税务登记。（　）
23. 从事生产经营的纳税人未按规定的期限缴纳税款，纳税担保人未按照规定的期限缴纳所担保的税款，由税务机关责令限期缴纳，逾期仍未缴纳的，税务机关可直接以书面形式通知其开户银行或其他金融机构从其存款中扣缴税款。（　）

四、案例分析题

（一）A 企业于 2019 年 6 月以每台不含税售价 4 000 元销售冰箱 100 台，采用以旧换新方式销售冰箱 50 台，每台实收 3 500 元，企业按照 575 000 元计入该月销售额。

一般纳税人 B 超市于 2019 年 6 月开具专用发票销售商品，取得不含税销售额 200 000 元；开具普通发票销售商品，取得含税销售额 1 130 000 元。

小规模纳税人 C 于 2019 年 6 月填开普通发票销售货物，销售收入为 51 500 元。

1. A 企业该月应缴纳增值税的销售额为(　　)元。

A. 575 000　　B. 175 000

C. 500 000　　D. 600 000

2. 下列关于销售额确定的说法中,正确的有(　　)。

A. 销货方给予购货方相应的价格优惠或补偿等折扣行为,销货方可按有关规定开具红字增值税专用发票

B. 采取以旧换新方式销售的货物,按照新货物的同期销售价格确定的销售额扣减旧货物的收购价格

C. 采取还本销售方式销售的货物,应该从其销售额中扣除还本支出

D. 采取以物易物的方式销售的货物,双方都应作购销处理

3. 一般纳税人按基本税率计征增值税,基本税率为(　　);小规模纳税人增值税征收率为(　　)。

A. 13%;3%　　B. 16%;5%

C. 17%;5%　　D. 15%;3%

4. B 超市该月应缴纳增值税的销售额为(　　)元。

A. 1 000 000　　B. 1 200 000

C. 1 100 000　　D. 200 000

5. 小规模纳税人 C 该月应缴纳增值税的销售额为(　　)元。

A. 50 000　　B. 34 333

C. 49 047　　D. 60 000

(二) 丽晶公司是增值税一般纳税人,也是一家股份公司,2018 年度发生了下列事项:

(1) 丽晶公司自成立后,尚未发生一笔销售业务,没有收入,且属于国家批准的高新技术企业,享有国家免税政策,因此没有办理纳税申报。

(2) 3 月 16 日,丽晶公司采用托收承付方式销售一批产品,货物于当天发出;3 月 17 日丽晶公司财务人员到银行办理了托收手续。

(3) 4 月初,丽晶公司填开了金额为 20 万元的增值税税款缴纳凭证,税务机关核定的纳税期限截至 2018 年 4 月 15 日,但该公司于 2018 年 4 月 20 日才缴纳该笔税款。

(4) 5 月 9 日,税务机关对丽晶公司进行税务检查,发现该公司有一笔收入未登记入账,致使该公司少缴税款 2 万元。

(5) 6 月 3 日,丽晶公司购买甲公司原材料,尚欠货物 20 万元未清偿。

(6) 7～9 月,丽晶公司欠缴税款 30 万元。

(7) 10 月 12 日,丽晶公司将一台机器设备作为抵押向银行贷款 50 万元,期限为 3 年。

(8) 11 月 15 日,丽晶公司以股份出质,向乙公司借款 10 万元。

1. 对于丽晶公司不办理纳税申报的行为,下列说法中,不正确的有(　　)。

A. 丽晶公司在纳税期间没有应纳税款,不需要办理纳税申报

B. 丽晶公司享受国家免税政策,免税期间不需要办理纳税申报

C. 丽晶公司应当办理纳税申报,逾期未办理,税务机关可以对其处以 3 000 元以下的罚款

D. 丽晶公司应当办理纳税申报，逾期未办理，税务机关可以对其处以 2 000 元以下的罚款

2. 采用托收承付方式，该公司应于（　　）开具增值税专用发票。

A. 3 月 16 日　　B. 3 月 17 日

C. 3 月 18 日　　D. 3 月 19 日

3. 对于丽晶公司延期缴纳税款的行为，税务机关可以对其加收（　　）元的滞纳金。

A. 500　　B. 600　　C. 5 000　　D. 6 000

4. 对于丽晶公司少缴税款的行为，税务机关不应当（　　）。

A. 追缴丽晶公司少缴的税款、滞纳金，并处 2 000 元以上 1 万元以下的罚款

B. 追缴丽晶公司少缴的税款、滞纳金，并处 5 000 元以上 5 万元以下的罚款

C. 追缴丽晶公司少缴的税款、滞纳金，并处不缴或少缴的税款 30%以上 2 倍以下的罚款

D. 追缴丽晶公司少缴的税款、滞纳金，并处不缴或少缴的税款 50%以上 5 倍以下的罚款

5. 如果丽晶公司 3 年后破产，其破产清理的收入应优先清偿（　　）。

A. 甲企业的货款　　B. 欠缴的税款

C. 银行贷款　　D. 乙公司欠款

（三）张某是中国公民，就职于中国境内甲公司，2019 年全年从境内取得如下收入：

（1）工资收入 10 000 元/月，奖金收入 500 元/月，岗位津贴 400 元/月，交通补贴 1 000 元/月，差旅费津贴 800 元/月，专项扣除 1 800 元/月。

（2）受乙公司委托进行软件设计，取得设计费 2 000 元。

（3）购买国债获得利息收入 800 元。

（4）获得保险赔款 1 000 元。

（5）为某出版社做管理培训获得报酬1 000元，在该出版社出版专著获得稿酬10 000 元。

（6）7 月份出租居住用房获得租金收入 2 000 元。

张某需为其第二套房支付房贷，每月支付房贷利息 1 000 元；张某有一个四岁的儿子上幼儿园；张某为独生子女，赡养年逾 60 岁的两位父母。2019 年 6 月，张某住院负担医药费用支出 10 000 元。符合条件的专项附加扣除信息均已申报提交。经约定，子女教育专项附加扣除由张某按扣除标准的 100%扣除。

1. 属于张某的“工资、薪金所得”应税项目的有（　　）。

A. 奖金收入　　B. 岗位津贴　　C. 交通补贴　　D. 差旅费津贴

2. 张某符合条件的专项附加扣除有（　　）。

A. 子女教育专项附加扣除　　B. 大病医疗专项附加扣除

C. 住房贷款利息专项附加扣除　　D. 赡养老人专项附加扣除

3. 张某全年综合所得应缴纳个人所得税是（　　）元。

A. 984　　B. 696　　C. 3 920　　D. 996

4. 张某的下列收入中，免予缴纳个人所得税的是（　　）。

A. 受乙公司委托进行软件设计，取得设计费 2 000 元

B. 购买国债获得利息收入 800 元

C. 获得保险赔款 1 000 元

D. 出租居住用房获得租金收入 2 000 元

5. 张某 7 月份出租住房取得的租金收入应缴纳个人所得税的计算公式为(　　)。

A. 2 000×(1－20%)×20%　　B. (2 000－800)×20%

C. 2 000×(1－20%)×10%　　D. (2 000－800)×10%

第四章　财政法规制度

本章知识框架

- 财政法规制度
  - 一、预算法律制度
    - 1. 预算法律制度的构成(★)
    - 2. 国家预算(★★)
    - 3. 预算管理的职权(★★★)
    - 4. 预算收入与预算支出(★★★)
    - 5. 预算组织程序(★★★)
    - 6. 决算(★★)
    - 7. 预决算的监督(★★)
  - 二、政府采购法律制度
    - 1. 政府采购法律制度的构成(★)
    - 2. 政府采购的概念与原则(★★)
    - 3. 政府采购的功能与执行模式(★★★)
    - 4. 政府采购的当事人(★★★)
    - 5. 政府采购的方式(★★★)
    - 6. 政府采购的监督检查(★)
  - 三、国库集中收付制度
    - 1. 国库集中收付制度的概念(★)
    - 2. 国库单一账户体系(★★★)
    - 3. 财政收支的方式(★★★)

本章强化训练

一、单项选择题

1. 下列选项中，不能作为政府采购当事人中的采购人的有(　　)。

A. 中华人民共和国商务部　　B. 人民教育出版社
C. 中国红十字会　　D. 个人独资企业

2. 经国务院和省级人民政府批准或授权财政部门开设的特殊过渡性专户，用于记录、核算和反映预算单位的特殊专项支出活动，并用于与国库单一账户清算的是(　　)。

A. 小额现金账户　　B. 国库单一账户
C. 预算外资金财政专户　　D. 特设专户

3. 下列各项中，根据《政府采购法》的规定，不属于政府采购应当遵循的原则有(　　)。

A. 公开透明　　B. 公平竞争　　C. 客观实际　　D. 诚实信用

4. (　　)负责对本级各部门、各单位和下级政府的预算执行和决算实行审计监督。

A. 各级政府　　B. 各级人民代表大会常务委员会
C. 各级政府审计部门　　D. 各级人民代表大会

5. 根据《预算法》的规定，下列各项中，属于各级政府在预算调整中应编制的资料是(　　)。

A. 决算方案　　B. 预算调整方案
C. 预算执行情况报告　　D. 预算批复报告

6. 根据《预算法》的规定，下列各项中，负责审查本级总预算草案及总预算执行情况的报告的是(　　)。

A. 各级人民代表大会　　B. 各级人民代表大会常务委员会
C. 各级政府审计部门　　D. 各级政府财政部门

7. 下列选项中，不属于我国国家预算组成部分的是(　　)。

A. 省的总预算　　B. 自治区的预算
C. 中央直属单位的预算　　D. 直辖市的预算

8. 根据《预算法》的规定，下列各项中，(　　)负责对本级各部门决算草案进行审核。

A. 本级人民代表大会　　B. 本级人民代表大会常务委员会
C. 本级政府财政部门　　D. 本级政府审计部门

9. 根据《政府采购法》的规定，下列关于政府采购的表述中，不正确的是(　　)。

A. 政府采购具有保护民族产业的功能
B. 邀请招标是政府采购的主要采购方式
C. 政府采购中，采购人具有审查政府采购供应商资格的权利
D. 政府采购中，采购代理机构具有依法发布采购信息的义务

10. 下列国库单一账户体系中的银行账户中，用于财政直接支付和与国库单一账户清算的账户是(　　)。

A. 财政部门在中国人民银行开设的国库单一账户
B. 财政部门按资金使用性质在商业银行开设的零余额账户

C. 财政部门在商业银行为预算单位开设的零余额账户

D. 财政部门在商业银行开设的预算外资金财政专户

11. 竞争性谈判方式，是指要求采购人就有关采购事项，与不少于（　　）家供应商进行谈判。

A. 2　　B. 3　　C. 4　　D. 5

12.《预算法》在调整社会关系时，强调的是（　　）。

A. 事前调整　　B. 事中调整　　C. 事后调整　　D. 全过程调整

13. 根据《预算法》的规定，下列各项中，（　　）负责定期向国务院报告中央和地方预算执行情况。

A. 全国人民代表大会　　B. 全国人民代表大会常务委员会

C. 国务院统计部门　　D. 国务院财政部门

14. 根据《政府采购法》的规定，下列关于政府采购的表述中，正确的是（　　）。

A. 政府采购只能采用公开招标方式

B. 政府采购只能由集中采购机构代理

C. 政府采购当事人只包括采购人和供应商

D. 采购人进行政府采购使用的是财政性资金

15. 下列各项中，不属于政府采购中供应商权利的是（　　）。

A. 排斥其他供应商参与竞争的权利　　B. 平等地获得政府采购信息的权利

C. 要求采购人保守其商业秘密的权利　　D. 平等地取得政府采购供应商资格的权利

16. 预算单位零余额账户用于财政授权支付和清算。该账户每日发生的支付，于当日营业终了前由代理银行在财政部批准的用款额度内与国库单一账户清算；营业中单笔支付额（　　）万元以上的，应及时与国库单一账户清算。

A. 1 000　　B. 2 000　　C. 3 000　　D. 5 000

二、多项选择题

1. 下列关于预算调整的说法中，正确的有（　　）。

A. 预算调整方案必须提请本级人民代表大会常务委员会审查和批准

B. 预算调整方案由各级全国人民代表大会常务委员会负责具体编制

C. 接受上级返还或补助的地方政府，应当按照上级政府规定的用途使用款项，不得擅自改变用途

D. 政府有关部门以及本级预算安排的资金拨付给下级政府有关部门的专款，必须经过本级政府财政部门同意并办理预算划转手续

2. 根据我国《预算法》的规定，不属于全国人民代表大会预算职权的有（　　）。

A. 批准中央预算和中央预算执行情况的报告

B. 审查和批准中央预算的调整方案

C. 监督中央和地方预算的执行

D. 改变或撤销全国人民代表大会常务委员会关于预算、决算的不适当决议

3. 下列各项中，（　　）属于各级政府编制的预算调整方案应当列明的事项。

A. 调整的原因　　B. 调整的项目

C. 调整的数额　D. 调整的措施

4. 下列各项中，(　　)属于《预算法》规定的地方预算支出。

A. 地方本级支出　B. 地方按照规定上解中央的支出

C. 中央返还地方的支出　D. 中央补助地方的支出

5. 下列各项中，(　　)属于《预算法》规定的与财政部门直接发生预算缴款、拨款关系的企业和事业单位等各单位的预算职权。

A. 编制本单位预决算草案　B. 按照国家规定上缴预算收入

C. 安排预算支出　D. 接受国家有关部门的监督

6. 下列各项中，(　　)属于《预算法》规定的地方各级政府财政部门的职权。

A. 具体编制本级预算、决算草案和预算调整方案

B. 具体组织本级总预算的执行

C. 提出本级预算预备费动用方案

D. 定期向本级政府和上级政府财政部门报告本级总预算的执行情况

7. 下列各项中，(　　)属于《预算法》规定的乡、民族乡、镇人民代表大会的职权。

A. 审查和批准本级预算和本级预算执行情况的报告

B. 监督本级预算的执行

C. 审查和批准本级预算的调整方案和本级决算

D. 撤销本级政府关于预算、决算的不适当决定和命令

8. 下列各项中，(　　)不属于编制各级总预算的责任主体。

A. 各级财政部门　B. 各级人民代表大会常务委员会

C. 各级人民代表大会　D. 各级预算单位

9. 下列各项中，(　　)属于国家预算在经济活动中所发挥的作用。

A. 财力保证作用　B. 调节制约作用　C. 促进投资作用　D. 反映监督作用

10. 下列有关国家预算构成的说法中，正确的有(　　)。

A. 地方预算由省、自治区、直辖市总预算组成

B. 地方各级总预算由本级政府预算和汇总的下一级总预算组成

C. 中央政府预算由中央各部门的预算组成

D. 中央预算包括地方向中央上解的收入数额和中央对地方返还或给予补助的数额

11. 下列货物或服务，可以采用邀请招标方式的有(　　)。

A. 具有特殊性，只能从有限范围的供应商处采购的

B. 技术复杂或性质特殊，不能确定详细规格或具体要求的

C. 采购的货物规格、标准统一，现货货源充足且价格变化幅度小的

D. 采用公开招标方式的费用占政府采购项目总价值的比例过大的

12. 下列各项中，(　　)属于政府采购法律制度体系的构成内容。

A.《政府采购法》　B. 财政部颁布的政府采购规章

C. 政府采购地方性法规　D. 政府采购地方政府规章

13. 下列各项中，(　　)属于政府采购的集中采购模式优点。

A. 取得规模效益　B. 降低采购成本

C. 保证采购质量　D. 便于实施统一的管理和监督

14. 根据《政府采购法》的规定，下列各项中，（　　）属于供应商参与政府采购活动应具备的条件。

A. 具有独立承担民事责任的能力

B. 具有良好的商业信誉和健全的财务会计制度

C. 具有履行合同所必需的设备和专业技术能力

D. 有依法缴纳税收和社会保障金的良好记录

15. 下列各项中，（　　）属于政府采购中采购人应承担的义务。

A. 遵守政府采购的各项法律、法规和规章制度

B. 接受和配合政府采购监督管理部门的监督检查

C. 在规定时间内与中标供应商签订政府采购合同

D. 依法答复供应商的疑问和质疑

16. 下列各项中，（　　）属于国库集中支付方式。

A. 财政直接支付　B. 财政授权支付　C. 财政直接缴库　D. 财政集中汇缴

17. 关于国库单一账户体系中各类账户的功能，下列说法中，正确的有（　　）。

A. 财政部门零余额账户，用于财政直接支付和与国库单一账户支出清算；预算单位零余额账户用于财政授权支付和清算

B. 小额现金账户，用于记录、核算和反映预算单位的零星支出活动，并用于与国库单一账户清算

C. 特设专户，用于记录、核算和反映预算单位的特殊专项支出活动，并用于与国库单一账户清算

D. 预算外资金财政专户，用于记录、核算和反映预算外资金的收入和支出活动，并用于预算外资金日常收支清算

18. 下列关于国库单一账户体系的表述中，正确的有（　　）。

A. 该体系以财政国库存款账户为核心

B. 该体系是各类财政性资金账户的集合

C. 所有财政性资金的收入和支付均在该账户体系中运行

D. 所有财政性资金的存储和清算活动均在该账户体系中运行

19. 下列关于财政直接支付的表述中，不正确的有（　　）。

A. 由中国人民银行向代理银行签发支付指令

B. 由财政部门向中国人民银行和代理银行签发支付指令

C. 代理银行根据财政部门支付指令通过国库单一账户体系将资金直接支付到收款人账户

D. 代理银行根据预算单位支付指令通过国库单一账户体系将资金直接支付到收款人账户

20. 下列关于财政授权支付的表述中，正确的有（　　）。

A. 预算单位按照财政部门的授权，自行向代理银行签发支付指令

B. 代理银行根据预算单位支付指令在财政部门批准的预算单位的用款额度内支付

C. 代理银行通过预算单位基本户将资金支付到收款人账户

D. 代理银行通过国库单一账户体系将资金支付到收款人账户

21. 下列关于预算单位零余额账户的表述中,正确的有(　　)。
   A. 可以办理转账业务
   B. 可以办理提取现金业务
   C. 可以向本单位按账户管理规定保留的相应账户划拨工会经费
   D. 可以向本单位按账户管理规定保留的相应账户划拨住房公积金及提租补贴

三、判断题

1. 预算法律制度是指国家经过法定程序制定的,用以调整国家预算关系的法律、行政法规和相关规章制度。(　　)
2. 凡采购未纳入集中采购目录的政府采购项目,可以自行采购,也可以委托集中采购机构在委托的范围内代理采购。(　　)
3. 竞争性原则是实现采购目标的重要保证。(　　)
4. 预算收入征收部门必须依法及时、足额征收应征收的预算收入。(　　)
5. 根据《预算法》的规定,全国人民代表大会可以改变全国人民代表大会常务委员会关于预算、决算不适当的决议。(　　)
6. 根据《预算法》的规定,与财政部直接发生预算缴款、拨款关系的企业和事业单位等各单位应当编制本单位预算、决算草案,安排预算支出。(　　)
7. 根据《预算法》的规定,中央预算收入是按照分税制财政管理体制,纳入中央预算,地方不参与分享的收入。(　　)
8. 根据《预算法》的规定,各级政府的上年结余,可以在下年用于上年结转项目的支出。(　　)
9. 决算是对年度预算收支执行结果的会计报告。(　　)
10. 国务院于每年 11 月 10 日前向省、自治区、直辖市政府和中央各部门下达编制下一年度的预算草案的指示,提出编制预算草案的原则和要求。(　　)
11. 预算调整是指经批准的中央预算和地方各级预算,在执行中因特殊情况需要增加支出或减少收入,使原批准的收支平衡的预算的总支出超过总收入,或者使原批准的预算中举借债务的数额增加的部分变更。(　　)
12. 根据《预算法实施条例》的有关规定,接受上级返还或补助的地方政府,应当按照上级政府规定的用途使用款项,不得擅自变更用途。(　　)
13. 根据《预算法》的规定,中央预算和地方各级政府预算,应当参考上一年预算执行情况和本年度收支预测进行编制。(　　)
14. 各级政府预算经本级人民代表大会批准之后,本级政府应当及时向本级各部门批复预算。(　　)
15. 全国人民代表大会具有审查和批准中央预算草案的职权。(　　)
16. 对于不具备设立预算条件的乡、民族乡、镇,经省、自治区、直辖市政府确定,可以暂不设立预算。(　　)
17. 地方各级预算中的直属单位是指与本级政府财政部门直接和间接发生预算缴款、拨款关系的企业和事业单位。(　　)
18. 下级政府只有本级预算的,下级政府总预算即指下级政府的本级预算。(　　)

19. 全国人民代表大会具有审查和批准地方预算草案及地方预算执行情况的报告的职权。（　）
20. 政府采购中，诚实信用原则只是要求供应商在提供物品和服务时达到投标时作出的承诺。（　）
21. 政府采购中，采购机构可以向不同的投标人提供不同的信息。（　）
22. 政府采购中，采购的货物规格、标准统一，现货货源充足且价格变化幅度小的政府采购项目，可以采用询价采购方式。（　）
23. 集中采购机构的资格，必须由国务院有关部门或省级人民政府有关部门认定。（　）
24. 政府集中采购目录和采购限额标准由各级政府部门确定并公布。（　）
25. 政府采购方式中，邀请招标是指采购人或其委托的政府采购代理机构以招标公告的方式邀请不特定的供应商参加投标竞争，从中择优选择中标供应商的采购方式。（　）
26. 政府采购中，属于中央预算的政府采购项目，其集中采购目录和政府采购限额标准由全国人民代表大会确定并公布。（　）
27. 政府采购信息应当在省级以上财政部门指定的政府采购信息发布媒体上向社会公开发布。（　）
28. 政府采购中的分散采购是指由各预算单位自行开展采购活动的一种采购组织形式。（　）
29. 政府采购中，对于纳入集中采购目录属于本单位有特殊要求的项目，经省级以上人民政府批准，可以自行采购。（　）
30. 供应商参加政府采购活动必须有依法纳税和社会保障资金的良好记录。（　）
31. 直接缴库是指由征税机关（有关法定单位）按有关法律规定，将所收的应缴收入汇总，缴入国库单一账户或预算外资金财政专户。（　）
32. 财政授权支付是指预算单位按照财政部门的授权，自行向代理银行签发支付指令，代理银行根据支付指令，在财政部批准的预算单位的用款额度内，通过国库单一账户体系将资金支付到收款人账户。（　）

四、案例分析题

（一）国家预算是有计划地管理财政收支的工具，预算组织程序包括预算草案的编制、预算审批、预算执行和预算调整。财政部门在预算组织协调和监督工作中，按照《预算法》的规定，将预算计划管理方式贯穿于预算资金筹集、分配和使用的始终，并通过预算管理工作内容来实现。

1. 下列关于预算草案的叙述中，不正确的有（　）。
   A. 预算草案专指各级政府财政部门编制的未经法定程序审查和批准的预算收支计划
   B. 预算草案专指各级政府财政部门编制的已经法定程序审查和批准的预算收支计划
   C. 预算草案是指各级政府、各部门、各单位编制的未经法定程序审查和批准的预算收支计划
   D. 预算草案是指各级政府、各部门、各单位编制的已经法定程序审查和批准的预算收支计划
2. 下列各项中，属于各级政府编制年度预算草案的依据的有（　）。
   A. 国民经济和社会发展计划、财政中长期计划，以及有关的财政经济政策

B. 本级政府的预算管理职权和财政管理体制确定的预算收支范围
C. 上年度预算执行情况和本年度预算收支变化因素
D. 上级政府对编制本年度预算草案的指示和要求

3. 下列各项中，属于各部门、各单位编制年度预算草案的依据的有（　　）。
A. 法律、法规和本级政府的指示和要求，以及本级政府财政部门的部署
B. 本部门、本单位的职责、任务和事业发展计划
C. 本部门、本单位的定员定额标准
D. 本部门、本单位上年度预算执行情况和本年度预算收支变化因素

4. 根据《预算法》的规定，负责审查和批准中央预算的是（　　）。
A. 全国人民代表大会　　B. 全国人民代表大会常务委员会
C. 国务院　　D. 国务院财政部门

5. 根据《预算法》的规定，负责具体编制预算调整方案的是（　　）。
A. 人民代表大会　　B. 人民代表大会常务委员会
C. 政府税务部门　　D. 政府财政部门

（二）甲事业单位（以下简称甲单位）拟对其办公设备（均未纳入集中采购目录）进行政府采购。其中，A 设备是不具备竞争条件的物品，只能从乙供应商处取得采购货物；根据 B 设备的采购条件，甲单位选择采用邀请招标方式予以采购；根据 C 设备的采购条件，甲单位选择采用竞争性谈判方式予以采购；根据 D 设备的采购条件，甲单位选择采用单一来源方式予以采购。

1. 以下采购方式中，可以作为甲单位政府采购方式的有（　　）。
A. 公开招标　　B. 邀请招标
C. 竞争性谈判　　D. 询价

2. 对于甲单位拟政府采购的 A 设备，应当采用的采购方式是（　　）。
A. 公开招标　　B. 邀请招标
C. 竞争性谈判　　D. 单一来源

3. 以下情形中，甲单位对 B 设备可以采用邀请招标方式采购的有（　　）。
A. B 设备具有特殊性，只能从有限范围的供应商处采购
B. B 设备采用公开招标方式的费用占政府采购项目总价值的比例过大
C. 发生了不可预见的紧急情况，B 设备不能从其他供应商处采购
D. B 设备只能从唯一供应商处采购

4. 以下情形中，甲单位对 C 设备可以采用竞争性谈判方式采购的有（　　）。
A. C 设备招标后没有供应商投标或者没有合格标的或者重新招标未能成立
B. C 设备技术复杂或性质特殊，不能确定详细规格或具体要求
C. C 设备采用招标所需时间不能满足甲单位紧急需要
D. 不能事先计算出 C 设备的价格总额

5. 以下情形中，甲单位对 D 设备可以采用单一来源方式采购的有（　　）。
A. D 设备只能从唯一供应商处采购
B. D 设备具有特殊性，只能从有限范围的供应商处采购

C. 发生了不可预见的紧急情况，D设备不能从其他供应商处采购

D. D设备必须保证原有采购项目一致性或服务配套要求，需要继续从原供应商处添购，且添购资金总额不超过原合同采购金额的10%

第五章　会计职业道德

本章知识框架

- 会计职业道德
  - 一、会计职业道德概述
    - 1. 职业道德的特征与作用(★)
    - 2. 会计职业道德的概念与特征(★★)
    - 3. 会计职业道德的功能与作用(★★)
    - 4. 会计职业道德与会计法律制度的关系(★★)
  - 二、会计职业道德规范的主要内容
    - 1. 爱岗敬业(★★★)
    - 2. 诚实守信(★★★)
    - 3. 廉洁自律(★★★)
    - 4. 客观公正(★★★)
    - 5. 坚持准则(★★★)
    - 6. 提高技能(★★★)
    - 7. 参与管理(★★)
    - 8. 强化服务(★★)
  - 三、会计职业道德教育
    - 1. 会计职业道德教育的含义(★★)
    - 2. 会计职业道德教育的形式(★★)
    - 3. 会计职业道德教育的内容(★★)
    - 4. 会计职业道德教育的途径(★★)
  - 四、会计职业道德建设的组织与实施
    - 1. 财政部门的组织推动(★★)
    - 2. 会计职业组织的行业自律(★)
    - 3. 企事业单位内部监督(★★)
    - 4. 社会各界的监督与配合(★)
  - 五、会计职业道德的检查与奖惩
    - 1. 会计职业道德检查与奖惩的意义(★)
    - 2. 会计职业道德检查与奖惩机制(★)

本章强化训练

一、单项选择题

1. 会计人员在工作中“懒”“惰”“拖”的不良习惯和作风，是会计人员违背(　　)会计职业道德的体现。
A. 爱岗敬业　B. 诚实守信　C. 办事公道　D. 客观公正

2. 会计人员对于工作中知悉的商业秘密应依法保密，不得泄露，这是(　　)会计职业道德原则的具体体现。
A. 诚实守信　B. 廉洁自律　C. 客观公正　D. 坚持准则

3. 下列各项中，要求会计人员熟悉国家法律、法规和国家统一的会计制度，始终保持按法律、法规和国家统一的会计制度的要求进行会计核算，实施会计监督的会计职业道德原则是(　　)。
A. 廉洁自律　B. 坚持准则　C. 客观公正　D. 提高技能

4. (　　)会计职业道德原则要求会计人员树立服务意识，提高服务质量，努力维护和提升会计职业的良好社会形象。
A. 爱岗敬业　B. 客观公正　C. 提高技能　D. 强化服务

5. (　　)既是会计人员必须具备的行为品德，也是会计职业道德的灵魂。
A. 提高技能　B. 坚持准则　C. 客观公正　D. 廉洁自律

6. “常在河边走，就是不湿鞋”这句话体现的会计职业道德要求是(　　)的具体体现。
A. 诚实守信　B. 廉洁自律　C. 坚持准则　D. 提高技能

7. (　　)会计职业道德规范要求会计人员公私分明，不贪不占。
A. 爱岗敬业　B. 诚实守信　C. 廉洁自律　D. 客观公正

8. 某公司为获得一项工程合同，拟向工程发包方的有关人员支付好处费8万元，公司市场部持公司领导的批示到财务部领取该笔款项。财务部经理谢某认为该项支出不符合有关规定，但考虑到公司主要领导已批示，遂同意拨付了款项。下列对谢某做法的认定中，正确的是(　　)。
A. 谢某违反了爱岗敬业的会计职业道德要求
B. 谢某违反了参与管理的会计职业道德要求
C. 谢某违反了廉洁自律的会计职业道德要求
D. 谢某违反了坚持准则的会计职业道德要求

9. 下列要求会计人员在处理业务过程中，严格按照会计法律办事，不为主观或他人意志左右的会计职业道德规范是(　　)。
A. 诚实信用　B. 坚持准则　C. 客观公正　D. 廉洁自律

10. (　　)会计职业道德规范要求会计人员在工作中应实事求是，不偏不倚，保持应有的独立性。
A. 爱岗敬业　B. 诚实守信　C. 廉洁自律　D. 客观公正

11. 下列各项中，关于会计职业道德与会计法律制度的关系的论述错误的是(　　)。
A. 两者在实施过程中相互作用、相互补充

B. 违反会计法律制度，一定违反会计职业道德
C. 会计法律制度是会计职业道德的最低要求
D. 违反会计职业道德，一定违反会计法律制度

12. 下列各项关于会计职业道德和会计法律制度的区别的论述中，正确的是（　　）。
A. 会计法律制度具有很强的他律性，会计职业道德具有很强的自律性
B. 会计法律制度调整会计人员的外在行为，会计职业道德只调整会计人员内在的精神世界
C. 会计法律制度有成文规定，会计职业道德无具体的表现形式
D. 违反会计法律制度可能受到法律制裁，违反会计职业道德只会受到道德谴责

13. 会计法律制度由（　　）来保障实施。
A. 财政部门　　B. 会计行业组织
C. 国家执法机关　　D. 金融机构

14. 以下作为会计职业道德教育的核心内容，并贯穿于会计职业道德教育始终的是（　　）。
A. 会计职业道德观念教育　　B. 会计职业道德规范教育
C. 会计职业道德警示教育　　D. 其他相关教育

15. 下列各项中，不属于会计职业道德范畴的是（　　）。
A. 会计职业道德义务　　B. 会计职业道德良心
C. 会计职业道德荣誉　　D. 会计职业道德保护

16. 下列关于会计职业道德教育的形式，正确的说法是（　　）。
A. 接受教育和自我教育　　B. 正规学历教育和单位培训
C. 岗位轮换和技能培训　　D. 岗位轮换和自我学习

17. 下列各项中，（　　）不属于会计职业道德教育的途径。
A. 会计学历教育　　B. 会计人员继续教育
C. 会计人员自我教育　　D. 会计专业技术资格考试

18. 下列各项中，不属于会计职业道德教育的内容的是（　　）。
A. 形势教育　　B. 专业理论教育　　C. 品德教育　　D. 法制教育

19. 下列各项中，不属于会计职业道德自我教育内容的是（　　）。
A. 职业法制教育　　B. 职业义务教育　　C. 职业荣誉教育　　D. 职业节操教育

20. 会计人员经常会对自己的工作进行评价，对工作中的不足进行评判、剖析，这种自我教育的方式属于（　　）。
A. 自重自省法　　B. 自警自励法　　C. 自我解剖法　　D. 自律慎独法

21. 下列各项中，（　　）是对注册会计师职业道德的特别规定。
A. 爱岗敬业　　B. 诚实守信　　C. 独立　　D. 客观公正

22. 下列各项中，不属于会计职业道德主要作用的是（　　）。
A. 对会计法律制度的重要补充
B. 规范会计行为的基础，是实行会计目标的重要保证
C. 会计人员提高素质的内在要求
D. 对会计职务犯罪严加处罚

23. 广义的职业道德是指从业人员在职业活动中应遵守的（　　）。

A. 基本规章　　B. 工作纪律　　C. 行为准则　　D. 行为方式

24. 狭义的职业道德是指在一定职业活动中应遵循的、体现一定职业特征的和调整一定职业关系的职业行为(　　)。

A. 规章和要求　　B. 准则和规范　　C. 规则和纪律　　D. 纪律和规范

25. 职业道德的本质是由(　　)决定的。

A. 社会实践　　B. 经济基础　　C. 社会经济关系　　D. 上层建筑

26. 职业道德具有职业性、继承性和(　　)的特征。

A. 强制性　　B. 实践性　　C. 合法性　　D. 不变性

27. 下列各项中，属于《公民道德建设实施纲要》中提出的职业道德主要内容的有(　　)。

A. 诚信为本、依法治国、民主理财、科学决策、奉献社会

B. 爱岗敬业、诚实守信、办事公道、服务群众、奉献社会

C. 文明礼貌、助人为乐、爱护公物、保护环境、遵纪守法

D. 爱岗敬业、诚实守信、廉洁自律、客观公正、坚持准则、提高技能、参与管理、强化服务

28. (　　)是做人的基本准则，也是职业道德的精髓。

A. 爱岗敬业　　B. 诚实守信　　C. 办事公道　　D. 奉献社会

29. (　　)既是职业道德的出发点，也是职业道德的归宿。

A. 秉公执法　　B. 有法可依　　C. 服务社会　　D. 奉献社会

30. 会计职业道德是指在会计职业活动中应当遵循的、体现(　　)特征的和调整会计职业的职业行为准则和规范。

A. 会计工作　　B. 会计职业　　C. 会计活动　　D. 会计人员

31. 会计职业道德中的爱岗敬业的“岗”是指(　　)。

A. 税务工作岗位　　B. 会计工作岗位　　C. 审计工作岗位　　D. 管理工作岗位

32. 会计人员热爱会计工作，安心本职岗位，忠于职守，尽心尽力，尽职尽责，这是会计职业道德中(　　)的具体体现。

A. 爱岗敬业　　B. 诚实守信　　C. 提高技能　　D. 强化服务

33. “坚持好制度胜于做好事，制度大于天，人情薄如烟”，这句话体现的会计职业道德内容要求是(　　)。

A. 参与管理　　B. 提高技能　　C. 坚持准则　　D. 强化服务

34. 勤学苦练，不断进取是会计人员遵守(　　)会计职业道德的基本要求。

A. 参与管理　　B. 提高技能　　C. 廉洁自律　　D. 强化服务

35. 会计职业道德的诚实守信基本要求中侧重对注册会计师提出的要求是(　　)。

A. 做老实人、说老实话、办老实事，不搞虚假

B. 保密守信，不为利益所诱惑

C. 执业谨慎，信誉至上

D. 实事求是，不偏不倚

36. (　　)会计职业道德规范要求会计人员在工作中应主动就单位经营管理中存在的问题提出合理化建议，协助领导决策。

A. 提高技能　　B. 参与管理　　C. 坚持准则　　D. 爱岗敬业

37. (　　)是职业道德的基础。

A. 爱岗敬业　B. 诚实守信　C. 办事公道　D. 服务群众

38. 判断会计从业人员是否具有职业道德的首要标准是(　　)。

A. 爱岗敬业　B. 提高技能　C. 诚实守信　D. 客观公正

39. 下列关于会计职业道德表述中,正确的是(　　)。

A. 相对于会计法律制度而言,会计职业道德是对会计从业人员行为的最低限度的要求

B. 会计职业道德对会计人员基本上是非强制执行的,具有很强的自律性

C. 会计职业道德具有强制性

D. 会计职业道德在时间上和空间上对会计人员的影响没有会计法律制度广泛、持久

40. 在现实社会中,道德准则和法律制度是(　　)的。

A. 相互联系　B. 相互排斥　C. 相互制约　D. 完全等同

41. 下列关于会计职业道德与会计法律制度主要区别的说法中,正确的是(　　)。

A. 两者的目标不同　B. 两者的调整对象不同

C. 两者的作用范围不同　D. 两者的职责不同

42. 会计人员在独立工作、无人监督时,仍能坚持自己的道德信念,依据一定的道德原则去行事,坚持准则,不做任何对国家、对社会、对他人不道德的事情。这种自我教育的方法属于(　　)。

A. 自我解剖法　B. 自重自省法　C. 自律慎独法　D. 自警自励法

43. 对会计职业道德进行监督检查的部门主要是(　　)。

A. 纪律检查和监察部门　B. 工商行政管理部门

C. 财政部门　D. 会计行业组织

44. 对会计职业道德进行自律管理与约束的机构是(　　)。

A. 财政部门　B. 会计行业组织

C. 工商行政管理部门　D. 其他组织

45. 在我国,组织和推动会计职业道德建设,并对相关工作依法行政的机构是(　　)。

A. 工商行政管理部门　B. 财政部门

C. 会计行业组织　D. 其他机构

46. 李某捡到1 000元钱,准备采取以下几种方式进行处理,其中符合社会主义道德要求的是(　　)。

A. 将所捡到的1 000元钱以李某个人名义捐给希望工程

B. 找到失主后,要求失主支付500元作为报酬,其余500元还给失主

C. 将所捡到的1 000元钱交给当地派出所

D. 将所捡到的1 000元钱替隔壁住院的烈士家属王大爷支付住院费

47. “对认真执行本法,忠于职守,坚持原则,作出显著成绩的会计人员,给予精神的或物质的奖励”,作出这一规定的会计法律规范是(　　)。

A.《会计法》　B.《会计基础工作规范》

C.《注册会计师法》　D.《总会计师条例》

48. 下列关于道德惩罚与法律惩罚关系的表述中,正确的是(　　)。

A. 道德惩罚可以替代法律惩罚　B. 法律惩罚可以替代道德惩罚

C. 法律惩罚和道德惩罚并行不悖　D. 法律惩罚和道德惩罚相互排斥

49. 会计行业组织对会计人员遵守职业道德情况进行检查，并根据检查结果进行表彰或惩戒。这种机制属于(　　)。

A. 服务机制　　B. 法律机制　　C. 自律机制　　D. 行政管理机制

50. 下列各种观点中，符合会计职业道德要求的是(　　)。

A. 既然《会计法》已明确规定单位负责人应当保证财务会计报告真实、完整，会计人员就应该听领导的，在自己不贪不占的前提下，领导让干什么就干什么

B. 公司生产经营决策是领导的事，会计人员没有必要参与，也没有必要过问

C. 会计人员应保守公司的商业秘密，在任何情况下，都不能向外界提供或泄露单位的会计信息

D. 会计人员应该按照国家统一的会计制度记账、算账、报账，如实反映单位的经济业务活动情况

二、多项选择题

1. 会计职业道德中廉洁自律要求会计人员清正廉洁、遵纪守法及(　　)。

A. 公私分明　　B. 不弄虚作假　　C. 不贪不占　　D. 不为利益所诱惑

2. 会计职业道德中客观公正的要求是会计人员端正态度、依法办事及(　　)。

A. 实事求是　　B. 保持应有的独立性

C. 保持应有的谨慎性　　D. 坚持准则

3. 会计职业道德中强化服务规范对会计人员的要求有(　　)。

A. 强化服务意识

B. 提高服务质量

C. 保持应有的谨慎性

D. 努力维护和提升会计职业的良好社会形象

4. 下列各项中，符合会计职业道德“参与管理”要求的有(　　)。

A. 对企业财务报告进行综合分析，并提交风险预警报告

B. 参加公司重大投资项目的可行性研究分析

C. 分析坏账形成的原因，提出加强授信管理、加快货款回收建议

D. 分析现金流量状况，查找存在的问题，提出改进措施

5. 下列各项中，能体现“提高技能”这一道德要求的有(　　)。

A. 安心工作，任劳任怨　　B. 勤学苦练，刻苦钻研

C. 不断进取，精益求精　　D. 忠于职守，尽心尽责

6. 下列有关会计职业道德“廉洁自律”的表述中，正确的有(　　)。

A. 自律的核心就是自觉地抵制自己的不良欲望

B. 廉洁自律是会计职业道德的内在要求

C. 只有自身廉洁自律，才能抵制他人的不法行为

D. 不能做到廉洁自律，也就很难做到客观公正和坚持准则

7. 下列有关会计职业道德“客观公正”的表述中，正确的有(　　)。

A. 依法办事是会计工作保证客观公正的前提

B. 扎实的理论功底和较高的专业技能是做到客观公正的重要条件

C. 在会计工作中，客观是公正的基础，公正是客观的反映

D. 会计活动的整个过程都离不开客观公正

8. 提高技能既是会计职业道德的基本要求，也是会计人员胜任本职工作的重要条件。下列各项中，属于会计技能内容的有（　　）。

A. 自动更新知识能力　　B. 会计实务能力

C. 职业判断能力　　D. 沟通交流能力

9. 下列各项中，符合会计职业道德"强化服务"要求的有（　　）。

A. 出纳人员对前来报销差旅费的人员耐心解释凭证粘贴要求

B. 会计人员向生产车间工人宣讲会计基础知识，推动了班组核算制度的顺利开展

C. 稽核人员认真检查凭证内容与格式，并就规范领导审批程序提出建议

D. 总会计师和会计机构负责人认真组织财务分析和财务控制，提出推行全面预算管理、促进增收节支、提高经济效益的建议

10. 岗前会计职业道德教育的重点包括（　　）。

A. 会计职业观念　　B. 会计职业规范

C. 会计职业情感　　D. 会计职业品德

11. 会计职业道德观念教育的目的有（　　）。

A. 树立会计职业道德观念

B. 了解会计职业道德对社会经济秩序的影响

C. 了解会计职业道德对会计信息质量的影响

D. 了解违反会计职业道德将受到的惩戒和处理

12. 会计职业道德观念教育的主要途径是会计人员的（　　）。

A. 会计学历教育　　B. 会计继续教育

C. 警示教育　　D. 规范教育

13. 会计继续教育中对会计人员职业教育的内容有（　　）。

A. 形势教育　　B. 专业理论教育　　C. 品德教育　　D. 法制教育

14. 财政部门在开展下列工作时，可将会计人员职业道德情况纳入检查与考核内容的有（　　）。

A. 初级会计师资格考试　　B. 会计执法检查

C. 会计人员评优表彰　　D. 中级会计师资格考试

15. 会计人员如果泄露本单位的商业秘密，可能导致的后果有（　　）。

A. 会计人员的信誉将受到损害　　B. 单位的经济利益将受到损失

C. 会计职业声誉将受到损害　　D. 会计人员将承担法律责任

16. 小王是某代理记账公司提供专业服务的会计人员，其在为客户提供的下列服务中，违背会计职业道德要求的做法有（　　）。

A. 向委托单位提出改进内部会计控制建议

B. 利用专业知识向委托单位提出逃税建议

C. 向委托单位提出合理降低成本建议

D. 为帮助委托单位负责人完成年度业绩，提出将固定资产折旧和银行借款利息挂账处理建议

17. 会计人员自我教育与修养的方法有( )。

A. 自我解剖 B. 自重自省 C. 自警自励 D. 自律慎独

18. 我国在会计专业技术资格考评、聘用中涉及会计职业道德方面要求的有( )。

A. 在考试时增加职业道德方面的内容

B. 规定一些关于会计职业道德规范的否决条款

C. 在评审方面对申报人会计职业道德情况严格审查

D. 在组织考试报名时对会计人员职业道德情况进行检查

19. 下列行为中,规定不能参加高级会计师评审的有( )。

A. 参与偷税 B. 提供虚假财务报告

C. 因为安全问题受到行政处分 D. 没有完成本单位财务预算

20. 下列各项中,属于违反会计职业道德由职业团体通过自律性监管给予惩罚的形式的有( )。

A. 责令限期改正 B. 罚款

C. 取消会计专业技术考试报名 D. 在本行业内进行通报批评

21. 下列各项中,属于企事业单位会计职业道德建设组织与实施内容的有( )。

A. 单位任用合格会计人员

B. 在日常工作中加强会计人员职业道德教育,加强检查

C. 建立和完善内部控制制度,形成内部约束机制

D. 单位负责人要做遵纪守法的表率

22. 关于会计职业道德建设组织与实施,下列说法中,正确的有( )。

A. 社会各界各尽其责,相互配合,齐抓共管

B. 社会舆论监督,形成良好的社会氛围

C. 会计职业组织建立行业自律机制和会计职业道德惩戒制度

D. 财政、税务、工商、审计等部门组织和推动会计职业道德建设

23. 广义的职业道德涵盖了( )之间的关系。

A. 从业人员与服务对象 B. 职业与职工

C. 职业与职业 D. 职业与行业

24. 狭义的职业道德是指( )职业行为准则和规范。

A. 在一定职业活动中应遵循的 B. 体现一定职业特征的

C. 符合一定职业要求的 D. 调整一定职业关系的

25. 下列各项中,属于职业道德特征的有( )。

A. 职业性 B. 实践性 C. 继承性 D. 合法性

26. 下列各项中,属于职业道德的主要内容的有( )。

A. 服务群众 B. 爱岗敬业 C. 遵纪守法 D. 参与管理

27. 下列各项中,体现会计职业道德特征的有( )。

A. 会计人员自身必须廉洁 B. 具有一定的强制性

C. 具有一定的他律性 D. 较多关注公众利益

28. 下列各项中,属于会计职业道德中非强制性要求内容的有( )。

A. 提高技能 B. 强化服务 C. 参与管理 D. 奉献社会

29. 下列各项中,属于会计职业道德规范内容的有(　　)。
A. 廉洁自律　B. 强化服务　C. 提高技能　D. 参与管理

30. 会计职业道德中爱岗敬业的要求是会计人员热爱会计工作及(　　)。
A. 安心本职工作　B. 忠于职守　C. 尽心尽力　D. 尽职尽责

31. 会计职业道德中诚实守信的要求是会计人员做老实人、说老实话、办老实事、执业谨慎、信誉至上、(　　)。
A. 不为利益所诱惑　B. 不弄虚作假
C. 不贪不占　D. 不泄露秘密

32. 忠于职守,尽心尽力,尽职尽责,要求会计人员忠实于(　　)。
A. 服务主体　B. 家人和亲戚朋友
C. 社会公众　D. 国家

33. 下列对参与管理与强化服务的关系表述中,正确的有(　　)。
A. 参与管理是强化服务的一种表现形式
B. 强化服务有利于参与管理
C. 不参与管理,也完全可以提高服务水平和质量
D. 不强化服务,就难以保持参与管理的热情和动力

34. 下列各项中,属于会计职业道德"坚持准则"要求的有(　　)。
A. 严格执行会计法律法规　B. 严格执行与会计相关的经济法律制度
C. 严格执行会计准则　D. 严格执行单位内部会计控制制度

35. ABC股份有限公司会计王某不仅熟悉会计电算化业务,而且对利用现代信息技术手段加强经营管理颇有研究。"非典"期间,王某向公司总经理建议,开辟网上业务洽谈,并实行优惠的折扣政策。公司采纳了王某的建议,当期销售额克服"非典"影响,保持了快速增长。王某的行为体现出的会计职业道德有(　　)。
A. 爱岗敬业　B. 坚持准则　C. 参与管理　D. 强化服务

36. 下列关于会计职业道德调整对象的表述中,正确的有(　　)。
A. 调整会计职业关系
B. 调整会计职业中的经济利益关系
C. 调整会计职业内部从业人员之间的关系
D. 调整与会计活动有关的所有关系

37. 注册会计师职业道德包括的内容有(　　)。
A. 职业品德　B. 职业纪律　C. 专业胜任能力　D. 职业责任

38. 下列关于会计职业道德与会计法律制度关系的论述中,正确的有(　　)。
A. 两者在实施过程中相互作用、相互补充
B. 前者具有自律性,后者具有他律性
C. 两者在内容上相互渗透、相互重叠
D. 前者具有他律性,后者具有自律性

39. 会计职业道德与会计法律制度的区别为(　　)。
A. 两者性质不同　B. 两者作用范围不同
C. 两者表现形式不同　D. 两者实施保障机制不同

40. 会计职业道德教育的形式有(　　)。
A. 接受教育　B. 岗位轮换　C. 自我教育　D. 单位培训

41. 会计职业道德教育形式的接受教育是对会计人员进行以(　　)为核心的正面教育。
A. 职业技能　B. 职业权利　C. 职业责任　D. 职业义务

42. 会计人员自我教育与修养的内容包括(　　)。
A. 提高会计职业道德认识　B. 培养高尚的会计职业道德情感
C. 磨炼坚强的会计职业道德意志　D. 树立坚定的会计职业道德信念

43. 会计职业道德修养的基本环节包括(　　)。
A. 道德认知　B. 道德理想　C. 道德情感　D. 道德行为

44. 对认真执行《会计法》,忠于职守,坚持原则,作出显著成绩的会计人员进行奖励的方式有(　　)。
A. 晋升工资　B. 发放奖金　C. 授予荣誉称号　D. 颁发荣誉证书

45. (　　)对会计职业道德建设的组织和实施需健全制度和机制,齐抓共管,保证会计职业道德建设的各项任务和要求落到实处。
A. 各级财政部门　B. 会计职业团体
C. 社会舆论监督部门　D. 企事业单位

46. 会计职业道德规范的实施途径主要有(　　)。
A. 自我修养与外部监督相结合　B. 宣传教育与检查惩戒相结合
C. 行业自律与政府监督相结合　D. 道德规范与法律监管相结合

47. 下列单位或部门中,可以对违反职业道德的会计人员进行处罚的有(　　)。
A. 财政部门　B. 业务主管部门　C. 行业自律组织　D. 所在单位

48. 下列有关会计职业道德"自律"的表述中,正确的有(　　)。
A. 自律是职业道德的最重要形式
B. 会计职业自律包括会计人员自律和会计行业自律
C. 自律是会计职业道德的最高阶段
D. 自律是指会计人员将会计职业道德原则内化为自己职业追求的道德品格过程

49. 会计人员继续教育中,会计职业道德教育的内容有形势教育、品德教育和法制教育,其中品德教育主要包括(　　)。
A. 会计职业信念教育　B. 会计职业义务教育
C. 会计职业荣誉教育　D. 会计职业节操教育和会计职业尊严教育

50. 建立会计职业道德检查与奖惩机制的现实意义主要体现在(　　)。
A. 有利于督促会计人员在行为上遵守会计职业道德规范
B. 有利于形成抑恶扬善的社会环境
C. 有利于彻底杜绝不遵守会计职业道德的现象
D. 有利于会计人员形成良好的道德情感

三、判断题

1. 会计职业道德主要依靠会计从业人员的自觉性,具有很强的自律性。　(　　)

2. 会计职业道德的形成取决于会计职业的产生,是会计人员在长期的职业活动中逐步形

成和总结出来的，调整会计人员与社会之间、会计人员个人之间、个人与集体之间的职业道德主观意识和客观行为的统一。 （ ）

3. 会计职业道德与会计法律制度的作用范围不同，它侧重于调整会计人员内在的精神世界。 （ ）

4. 会计职业道德的表现形式既有明确的成文规定，也有不成文的规范，存在于人们的意识和信念之中。 （ ）

5. 会计职业道德既有国家法律相应要求，又要求会计人员自觉遵守。 （ ）

6. 会计法律制度是会计职业道德的最低要求。 （ ）

7. 会计职业道德以会计人员享有的权利和义务为标准来判定其行为是否违背职业道德。 （ ）

8. 为民理财的目的就是维护公共利益。 （ ）

9. 爱岗敬业是社会主义职业道德倡导的首要规范。 （ ）

10. 当单位利益与社会公众利益发生冲突时，会计人员应该优先维护社会公众利益。 （ ）

11. 会计职业强化服务的结果，就是奉献社会。 （ ）

12. 注册会计师保持独立性是指注册会计师应当恪守职业良心，保持实质上的独立，而并不要求形式上的独立。 （ ）

13. 会计职业道德与会计法律制度一样，都是以国家的强制力来保障实施的。 （ ）

14. 会计职业道德是对会计法律制度的重要补充。 （ ）

15. 会计行为的规范性主要依赖于会计人员的道德信念和品质来实现。 （ ）

16. 会计职业道德与会计法律制度两者有着共同的目标和相同的调整对象。 （ ）

17. 违反会计职业道德的行为，一定违反会计法律制度。 （ ）

18. 会计职业道德的各种规定是会计职业关系得以维系的最基本条件，是对会计从业人员行为的最低限度的要求。 （ ）

19. 加强理论学习是会计职业道德修养的根本途径。 （ ）

20. 对会计人员开展以会计职业道德规范为主要内容的教育，这是会计职业道德教育的核心内容。 （ ）

21. 财政部门应组织和推动会计职业道德建设，依法行政。 （ ）

22. 会计职业道德是一种职业规范，应由会计行业组织对不遵守会计职业道德的会计人员（会员）进行惩戒，其他部门和单位不宜处理。 （ ）

23. 会计行业的自律机制和会计职业道德惩戒制度是由财政部门组织建立的。 （ ）

24. 中国注册会计师协会是我国注册会计师的行业自律组织，对注册会计师进行自律管理和约束。 （ ）

25. 将会计执法检查与会计职业道德检查相结合是财政部门对会计职业道德进行监督检查的途径之一。 （ ）

26. 会计行业组织对会计职业道德进行自律和约束。 （ ）

27. 变造、伪造会计资料，提供虚假财务会计报告，违反了《公民道德建设实施纲要》的规定。 （ ）

28. 会计职业道德教育的途径主要有接受教育和自我教育。 （ ）

29. 在现阶段，社会处于转型时期，会计职业环境十分复杂，能够按照会计制度办事的会计人员就是十分优秀的会计人员。（　）
30. 会计职业道德情感、会计职业道德意志和会计职业道德信念，要通过内在的自我教育才能实现。因此有效开展会计职业道德教育的唯一途径就是依靠自我教育。（　）
31. 广义的职业道德是指在一定职业活动中应遵循的、体现一定职业特征的、调整一定职业关系的行为准则和规范。（　）
32. 职业道德具有职业性、实践性、继承性等特征。（　）
33. 会计职业道德是会计人员在会计职业活动中应当遵循的职业行为准则和规范。（　）
34. 会计职业道德是会计法律制度正常运行的社会基础和思想基础。（　）
35. 会计法律制度是促进会计职业道德规范形成和遵守的制度保障。（　）
36. 会计职业道德与会计法律制度具有相同的调整对象，但是承担着不同的职责。（　）
37. 会计职业道德允许个人和各经济主体获取合法的自身利益，但反对通过损害国家和社会公众利益而获取违法利益。（　）
38. 会计职业道德具有他律性。（　）
39. 会计职业道德具有广泛的社会性。（　）
40. 会计职业道德具有一定的强制性。（　）
41. 会计职业道德规范中的“坚持准则”就是指坚持按会计准则做账。（　）
42. 会计行业组织在会计职业道德建设中可以依法行政。（　）
43. 诚实守信是做人的基本准则，也是职业道德的精髓。（　）
44. 会计人员“奉献社会”的要求是会计职业道德的出发点和归宿。（　）
45. “常在河边走，就是不湿鞋”体现的会计职业道德规范是廉洁自律。（　）
46. 会计职业道德的“强化服务”就是要求会计人员树立服务意识，提高服务质量，努力维护和提升会计职业的良好社会形象。（　）
47. 实事求是，不偏不倚是体现会计职业道德规范的“诚实守信”原则的要求。（　）
48. 客观公正，即要求会计人员端正态度、依法办事、实事求是、不偏不倚、保持应有的独立性。（　）
49. 会计人员遵循参与管理的职业道德原则，就是要积极主动地参与到企业管理工作中，对企业经营活动作出决策。（　）
50. 会计工作只是记记账、算算账，与单位经营决策关系不大，要求会计人员“参与管理”没有多大实际意义。（　）
51. 会计人员自我教育与修养是会计职业道德教育的一种重要形式。（　）
52. 社会实践是会计职业道德自我教育与修养的根本途径。（　）
53. 加强理论学习是会计职业道德教育自我教育的唯一途径。（　）
54. 会计职业道德检查的目的是为进行会计职业道德奖惩提供依据。（　）
55. 单位负责人应支持并督促会计人员遵守会计职业道德，依法开展会计工作。（　）
56. 会计人员违反会计职业道德必将受到法律惩戒。（　）
57. 会计人员的诚信档案，不仅作为财政部门监管会计人员的依据，也可以向用人单位和社会公众开放。（　）
58. 对会计人员的表彰奖励应注意将物质奖励和精神奖励有机结合起来。（　）

四、案例分析题

（一）某公司因技术改造，资金周转困难，需要向银行贷款3 000万元。公司总经理找来财务主管李某，说："现在公司资金紧张，急需向银行贷款，提供给银行的会计报表一定要漂亮一点，请你负责技术处理一下。"李某开始感到很为难，心想，自己是公司财务主管，对公司的财务状况和偿债能力十分清楚，做这种"技术处理"是很危险的。在总经理的反复"开导"下，李某认为，公司领导对他十分照顾，自己目前的职位就是总经理提拔的，并加了薪，现在公司有难处，应该知恩图报，况且自己身为会计师，做一些"技术处理"应该不会有太多的难点。于是，李某编制了一份漂亮的会计报表，使公司获得银行汇票贷款3 000万元。

1. 会计职业道德观念教育，应包括的内容有（　　）。
   A. 普及会计职业道德基础知识，是会计职业道德教育的基础
   B. 通过宣传教育，使广大会计人员了解会计职业道德知识，树立会计职业道德观念
   C. 违反会计职业道德，将受到惩戒和处罚
   D. 爱岗敬业、诚实守信、廉洁自律、客观公正、坚持准则、提高技能、参与管理、强化服务
2. 会计行为的规范化不仅要以会计法律规范作为保障，还要依赖会计人员的（　　）来实现。
   A.《会计法》掌握程度　　B. 会计知识的更新能力
   C. 会计实务操作能力　　D. 道德信念和道德品质
3. 作为会计主管的李某，违背了（　　）要求。
   A. 坚持准则　　B. 参与管理　　C. 爱岗敬业　　D. 诚实守信
4. 诚实守信的基本要求有（　　）。
   A. 做老实人、说老实话、办老实事　　B. 执业谨慎，信誉至上
   C. 诚实守信，不为利益所诱惑　　D. 不偏不倚，保持应有的独立性
5. 坚持准则的基本要求有（　　）。
   A. 熟悉准则　　B. 掌握准则　　C. 遵循准则　　D. 坚持准则

（二）某区财政部门为加强会计职业道德建设，组织本系统会计人员进行会计职业道德教育。为了使教育工作更具针对性，财政部门就会计职业道德规范的内容等分别与会计人员李丽、赵红、陈强等人座谈。现摘录三人的观点如下：

（1）李丽认为，会计职业道德与会计法律制度两者在作用上相互转变、相互吸收。

（2）赵红认为，会计职业道德与会计法律制度两者的作用范围均为调整会计人员的外在行为，没有区别。

（3）陈强认为，会计职业道德规范的全部内容归纳起来就是一要廉洁自律，二要强化服务，三要诚实守信。

根据上述资料，回答下列问题。

1. 财政部门加强会计职业道德建设的组织推动的形式有（　　）。
   A. 会计职业道德建设与会计专业技术资格考评相结合
   B. 会计职业道德建设与会计专业技术资格聘用相结合
   C. 会计职业道德建设与会计执法检查相结合

D. 会计职业道德建设与会计人员表彰奖励制度相结合

2. 会计职业道德教育的核心内容是(　　)。

A. 会计职业道德观念教育　　B. 会计职业道德警示教育

C. 会计职业道德规范教育　　D. 会计职业道德自我教育

3. 李丽的观点有误,会计职业道德与会计法律制度两者在作用上(　　)。

A. 相互作用、相互促进　　B. 相互转变、相互吸收

C. 相互渗透、相互重叠　　D. 相互补充、相互依托

4. 赵红的观点有误,下列表述中,正确的有(　　)。

A. 会计法律制度侧重于调整会计人员的外在行为和结果的合法化

B. 会计法律制度既不调整会计人员的外在行为,也不调整会计人员内在的精神世界

C. 会计职业道德不仅要调整会计人员的外在行为,还要调整会计人员内在的精神世界

D. 会计职业道德侧重于调整会计人员的内在精神世界和结果的合法化

5. 陈强对会计职业道德规范的认识不全面。会计职业道德规范的主要内容除廉洁自律、强化服务、诚实守信外,还包括(　　)。

A. 爱岗敬业、坚持准则、提高技能、参与管理

B. 爱岗敬业、客观公正、坚持准则、提高技能、参与管理

C. 爱岗敬业、提高技能、客观公正、参与管理

D. 客观公正、坚持准则、参与管理、爱岗敬业

综合模拟试卷一

一、单项选择题(下列各题只有一个正确答案,每题 1 分,共 50 题。不选、错选均不得分。)

1. 不能背书转让的票据是(　　)。

A. 现金支票　B. 转账支票　C. 商业汇票　D. 银行汇票

2. 对记载不准确、不完整的原始凭证,会计人员应当(　　)。

A. 拒绝接受,向领导报告

B. 予以销毁,并报告领导

C. 予以退回,并要求经办人员按规定进行更正、补充

D. 拒绝接受,并不能让经办人员按规定进行更正、补充

3. 下列选项中,不属于支票的基本当事人的是(　　)。

A. 出票人　B. 收款人　C. 付款人　D. 背书人

4. 伪造会计凭证和会计账簿是指(　　)。

A. 在正规账簿之外,设置另外一套账

B. 用涂改的方法改变会计凭证或账簿的真实内容

C. 采用销毁原始凭证的方法隐瞒真实业务内容

D. 以虚假的经济业务事项为前提编制会计凭证或账簿

5. 中国人民解放军总后勤部可以依照《会计法》和国家统一的会计制度制定军队实施国家统一的会计制度的具体办法,报(　　)备案。

A. 国务院　B. 中央军委

C. 国务院财政部门　D. 国家审计部门

6. 银行撤销单位银行结算账户时应在其基本存款账户开户登记证上注明销户日期并签章,同时于撤销银行结算账户之日起(　　)内,向中国人民银行报告。

A. 2 个工作日　B. 2 日　C. 3 日　D. 3 个工作日

7. 开证银行若受理申请人的开证申请,应收取不少于开证金额(　　)的保证金。

A. 20%　B. 30%　C. 40%　D. 50%

8. 我国会计工作管理体制应遵循的原则是(　　)。

A. 统一领导,分工管理　B. 统一领导,分级管理

C. 统一领导,分工负责　D. 统一管理,分类指导

9. 下列各项中,(　　)是做人的基本准则,也是职业道德的精髓。

A. 爱岗敬业　B. 诚实守信　C. 客观公正　D. 奉献社会

10.《会计法》规定,(　　)负责单位内部会计监督制度的组织实施并承担最终责任。

A. 会计机构负责人　B. 总会计师

C. 记账人员　D. 单位负责人

11. 存款人日常经营活动的资金收付只能通过(　　)支取。

A. 基本存款账户　B. 一般存款账户　C. 临时存款账户　D. 专用存款账户

12. 申请人缺少解讫通知要求退款的,出票银行应于银行汇票提示付款期满(　　)后办理。

A. 10 日　B. 30 日　C. 1 个月　D. 3 个月

13. 纳税人已在工商行政管理机关办理变更登记的,应当自工商行政管理机关变更登记之日起(　　)日内,申报办理变更登记。

A. 30　B. 15　C. 45　D. 60

14. 临时存款账户的有效期最长不得超过(　　)。

A. 6 个月　B. 1 年　C. 2 年　D. 5 年

15. 根据《税收征收管理法实施细则》的规定,邮寄申报以(　　)为实际申报日期。

A. 寄出的邮戳日期　B. 到达的邮戳日期

C. 税务机关实际收到的日期　D. 填制纳税申报表的日期

16. 凡有现金收入的单位,其现金收入应于当日及时交存(　　)。

A. 财务部门　B. 开户银行

C. 出纳员保管　D. 单位保险柜

17. 税收征收管理工作的中心环节是(　　)。

A. 税务登记　B. 纳税申报　C. 税款征收　D. 税务检查

18. 某企业每天的零星开支为 6 000 元,根据银行规定,该单位库存现金限额最多为(　　)元。

A. 6 000　B. 12 000　C. 18 000　D. 30 000

19. 某百货商场直接卖给消费者个人化妆品,其发票金额合计 18.08 万元,该消费品的增值税税率为 13%,化妆品消费税税率为 30%,该商场应缴纳消费税为(　　)万元。

A. 16　B. 4.8　C. 5.62　D. 8.8

20. 我国各级预算都要采用(　　)原则。

A. 借贷平衡　B. 浮动盈亏　C. 大致平衡　D. 收支平衡

21. 当经济主体利益与国家利益和社会公众利益出现矛盾时,会计人员应把(　　)放在首位。

A. 经济主体利益　B. 会计人员经济利益

C. 社会公众利益　D. 会计人员家庭经济利益

22. 下列单位中,不能开立基本存款账户的是(　　)。

A. 单位附属独立核算的幼儿园　B. 企业集团下属的分公司

C. 机关　D. 单位附属非独立核算的单位

23. 企业的下列做法符合《会计法》规定的是(　　)。

A. 不得随意改变费用、成本的确认标准或计量方法,虚列、多列、不列或少列费用、成本

B. 会计记录文字只使用少数民族文字,记账本位币同时使用人民币和美元

C. 记账凭证的编号从每季开始起编,账簿设置内外两套账

D. 随意改变资产、负债、所有者权益的确认标准或计量方法,虚列、多列、不列或少列资产、负债

24. 存款人的主办账户是存款人的(　　)。

A. 基本存款账户　B. 一般存款账户　C. 临时存款账户　D. 专用存款账户

25. 下列关于会计职业道德和会计法律制度两者的区别论述中，正确的是（　）。

A. 会计法律制度具有很强的他律性，会计职业道德具有很强的自律性

B. 会计法律制度调整会计人员的外在行为，会计职业道德只调整会计人员内在的精神世界

C. 会计法律制度有成文规定，会计职业道德无具体的表现形式

D. 违反会计法律制度可能受到法律制裁，违反会计职业道德只会受到道德谴责

26. 会计工作的政府监督中，下列无权代表国家对各单位的财务会计工作实施监督的机关是（　）。

A. 财政部门　B. 税务部门　C. 审计部门　D. 市场监督管理部门

27. 会计职业道德修养的最终目的是（　）。

A. 形成正确的会计职业道德认知　B. 培养高尚的会计职业道德情感

C. 树立坚定的会计职业道德信念　D. 养成良好的会计职业道德行为

28. 下列关于在中国境内填写票据和结算凭证的表述中，不正确的是（　）。

A. 票据和结算凭证的中文大写金额数字应用正楷或行书填写，用繁体字填写的也应受理

B. 阿拉伯小写金额数字前面，均应填写人民币符号“¥”

C. 少数民族地区和外国驻华使领馆根据实际需要，金额大写必须使用少数民族文字或外国文字

D. 票据的出票日期必须使用中文大写，小写的银行不予受理

29. 可以对有重大违法嫌疑的被监督单位开立账户的金融机构进行查询的部门是（　）。

A. 国务院财政部门及其派出机构　B. 省级财政部门

C. 市级财政部门　D. 县级财政部门

30. 扣缴义务人未按规定期限解缴的，税务机关除责令限期缴纳外，从滞纳税款之日起，按日加收滞纳税款（　）的滞纳金。

A. 5%　B. 0.5%　C. 0.5‰　D. 0.1‰

31. 一般企事业单位销毁会计档案时，其监督者为（　）。

A. 政府财政部门　B. 会计机构负责人

C. 单位负责人　D. 档案机构和会计机构共同派出的人

32. 纳税人未按规定办理税务登记证件验证或换证的，（　）。

A. 税务机关责令纳税人限期改正，不改正的可以处 2 000 元以下的罚款

B. 情节严重的，处 2 000 元以上 5 000 元以下的罚款

C. 情节严重的，处 2 000 元以上 1 万元以下的罚款

D. 由税务机关注销税务登记

33. 依法建账是会计核算中的最基本要求之一。这里所说的“依法建账”中的“法”是指（　）。

A.《会计法》

B.《会计基础工作规范》

C.《公司法》

D.《会计法》《会计基础工作规范》和其他一些法律、行政法规

34. 根据我国《会计法》的规定，企业在年中开业的会计年度是(　　)。

A. 公历1月1日起至12月31日止　　B. 农历1月1日起至12月31日止

C. 公历开业之日起至12月31日止　　D. 农历10月1日起至次年9月30日止

35. 下列不属于单位、个人和银行办理支付结算必须遵守的原则是(　　)。

A. 不得出租或出借银行账户　　B. 谁的钱进谁的账，由谁支配

C. 银行不垫款　　D. 恪守信用，履约付款

36. 在我国，组织和推动会计职业道德建设，并对相关工作依法行政的机构是(　　)。

A. 工商行政管理部门　　B. 财政部门

C. 会计行业组织　　D. 其他机构

37. 根据增值税专用发票开具时限的规定，采用(　　)结算方式的为收到货款的当天。

A. 预收货款　　B. 托收承付　　C. 委托银行收款　　D. 直接收款

38. 出票银行签发的，由其在见票时按实际结算金额无条件支付给收款人或持票人的票据是(　　)。

A. 商业汇票　　B. 银行汇票　　C. 银行本票　　D. 支票

39. 下列属于银行汇票绝对记载事项的是(　　)。

A. 出票人签章　　B. 付款日期　　C. 付款地　　D. 出票地

40. (　　)会计职业道德原则要求会计人员在工作中应主动就单位经营管理中存在的问题提出合理化建议，协助领导决策。

A. 提高技能　　B. 参与管理　　C. 坚持准则　　D. 爱岗敬业

41. 下列不违反《会计法》的行为是(　　)。

A. 乙企业向不同的会计资料使用者提供了附加针对性财务分析会计报告的说明

B. 甲企业应乙企业的要求，将共同负担的原始凭证的复印件提供给乙企业用于账务处理

C. 丙企业因会计主管出差，将部分未经审核的会计凭证记入账簿

D. 甲企业拟销毁一批保管期满的会计档案，由总会计师在会计档案销毁清册上签署意见后销毁

42. 根据我国《票据法》的规定，票据上的记载事项中，可以更改的事项是(　　)。

A. 票据金额　　B. 出票日期　　C. 付款人名称　　D. 收款人名称

43. 根据我国《会计法》的规定，作为记账凭证的编制依据必须是(　　)的原始凭证和有关资料。

A. 经办人签字　　B. 领导认可　　C. 金额无误　　D. 经过审核

44. 会计工作交接完毕后，(　　)可以不在移交清册上签名或盖章。

A. 会计机构负责人　　B. 监交人

C. 移交人　　D. 接交人

45. 下列选项中，不属于国务院财政部门职权的是(　　)。

A. 具体编制中央预算、决算草案　　B. 具体组织中央和地方预算的执行

C. 组织中央和地方预算的执行　　D. 具体编制中央预算的调整方案

46. 一般情况下，上市公司适用的税款征收方式是(　　)。

A. 查账征收　　　B. 查定征收　　　C. 查验征收　　　D. 定期定额征收

47. 下列关于税收作用的表述中，错误的是(　　)。

A. 税收是国家组织财政收入的次要形式

B. 税收是国家调控经济运行的重要手段

C. 税收具有维护国家政权的作用

D. 税收是国际经济交往中维护国家利益的可靠保证

48. 某小型微利企业经主管税务机关核定，2017 年亏损 20 万元，2018 年盈利 35 万元，该企业 2018 年应缴的企业所得税为(　　)万元。

A. 1.5　　　B. 2.25　　　C. 3　　　D. 3.75

49. 单位内部会计监督制度要求，与经济业务事项和会计事项的审批人员、经办人员、财物保管人员的职责权限应当明确，并相互分离、相互制约的是(　　)。

A. 会计人员　　　B. 审计人员　　　C. 记账人员　　　D. 审核人员

50. 下列款项中，可以使用托收承付方式办理结算的是(　　)。

A. 供销社与国有企业之间的商品交易款项

B. 供销社为国有企业代销商品应支付的款项

C. 集体所有制企业为国有企业提供劳务应收取的款项

D. 集体所有制企业向国有企业赊销商品应收的款项

二、多项选择题(下列各题有两个或两个以上正确答案，每题 2 分，共 10 题。不选、少选、多选或错选均不得分。)

1. 我国预算执行的主体包括(　　)。

A. 中央政府　　　B. 政府部门　　　C. 事业单位　　　D. 国有企业

2. 下列应当办理税务登记的有(　　)。

A. 国家机关

B. 个体工商户

C. 企业在外地设立的分支机构

D. 税法规定应纳税但暂享受免税待遇的单位和个人

3. 纳税人应向原税务登记机关办理注销税务登记的情形有(　　)。

A. 发生解散、破产、撤销及其他情形，依法终止纳税义务的

B. 因生产、经营场所变动涉及改变原主管税务机关的

C. 在营业执照核准的经营期限内需要停业的

D. 被工商行政管理机关吊销营业执照的

4. 根据《会计法》的规定，下列各项中，属于会计人员监督职权的有(　　)。

A. 对违反《会计法》和国家统一的会计制度规定的会计事项，有权拒绝办理或者按照职权予以纠正

B. 发现会计账簿记录与实物、款项及有关资料不相符的，按照国家统一的会计制度的规定有权自行处理的，应当及时处理；无权处理的，应当立即向单位负责人报告，请求查明原因，作出处理

C. 办理企业合并、分立、清算事宜中的审计业务，出具有关报告

D. 监督单位会计核算情况

5. 预算单位零余额账户可以办理的业务有(　　)。

A. 转账、提取现金等结算业务　　B. 向按规定保留的相应账户划拨工会经费

C. 经财政部门批准的特殊款项　　D. 国库单一账户结算

6. 根据《会计档案管理办法》的规定,下列保管期满但不得销毁的会计档案有(　　)。

A. 未结清的债权债务原始凭证　　B. 年度现金流量表

C. 外来原始凭证　　D. 正在建设期间的建设单位的会计档案

7. 单位内部会计控制的主要内容包括(　　)。

A. 货币资金　　B. 成本费用　　C. 担保　　D. 实物资产

8. 可以办理支付结算的金融机构有(　　)。

A. 银行　　B. 城市信用合作社

C. 农村信用合作社　　D. 邮政储蓄机构

9. 结账是在将本期内所发生的经济业务全部登记入账的基础上,按照规定的方法对该期内的账簿记录进行小结,结算出本期发生额合计和余额,并将其余额结转下期或者转入新账。按照不同的会计期间,结账可分为(　　)。

A. 日结　　B. 月结　　C. 季结　　D. 年结

10. 根据《税收征收管理法》的规定,下列情形中,税务机关有权核定其应纳税额的情形有(　　)。

A. 擅自销毁账簿或拒不提供纳税资料的

B. 虽设置账簿,但账目混乱难以查账的

C. 两次偷税被处罚后又偷税的

D. 纳税人申报的计税依据明显偏低,又无正当理由的

三、判断题(每题 0.5 分,共 20 题,正确的打"√",错误的打"×"。不答不得分。)

1. 当事人对税务机关的处罚决定、强制执行措施或税收保全措施不服的,可以依法申请行政复议,也可以依法向人民法院起诉。(　　)

2. 内部审计既是内部控制的一个组成部分,又是内部控制的一种特殊形式。(　　)

3. 小规模纳税人购进货物取得的增值税专用发票可以抵扣进项税额,取得的普通发票不允许抵扣进项税额。(　　)

4. 单位在结算凭证上的签章为该单位的公章加其法定代表人或其授权代理人的签名或盖章。(　　)

5. 一般采购代理机构的资格由国务院有关部门或省级人民政府有关部门认定,主要负责分散采购的代理业务。(　　)

6. 接替人员应当另立新账,保证责任的划分。(　　)

7. 《会计法》规定,虽未被追究刑事责任,但有严重违法违纪行为的会计人员,2 年内不得从事会计工作。(　　)

8. 出纳人员兼管收入的记账工作有违内部稽核制度。(　　)

9. 票据背书时可以使用粘单,但第一位使用粘单的背书人必须将粘单粘接在票据上,并且在汇票和粘单的粘接处签章,否则该粘单记载的内容无效。(　　)

10. 经县级以上税务机关批准，纳税人可以延期缴纳税款。 （ ）
11. 县级以上各级人民代表大会常务委员会有权审查和批准预算的调整方案。 （ ）
12. 财政部门在销毁会计档案时，应当由上级财政部门派员参加监销。 （ ）
13. 银行自开立临时存款账户之日起3个工作日内应书面通知基本存款账户开户银行。 （ ）
14. 社会实践是会计职业道德自我教育与修养的根本途径。 （ ）
15. 保证不得附有条件，如果保证附有条件，则票据无效。 （ ）
16. 地方各级政府预算的编制内容包括上解上级的支出。 （ ）
17. 一般纳税人应按规定时限开具专用发票，不得提前，也不得滞后。 （ ）
18. 会计行政法规只是由国务院制定并发布的。 （ ）
19. 开户银行对已开户1年，但未发生任何业务的账户，应通知存款人自发出通知30日内到开户银行办理销户手续，逾期视同自愿销户。 （ ）
20. 属于中央预算的政府采购项目，其集中采购目录和政府采购限额标准由国务院财政部门确定并公布。 （ ）

四、案例分析题（每个选项2分，共2道大题，20分。答错、不答均不得分。）

（一）A、B、C三方协议共同出资设立振华有限责任公司。3月份，A按规定手续在当地中国工商银行开立了临时存款账户，A、B、C分别存入40万元、30万元、10万元。在验资期间，鉴于设立公司需要活动经费，A在临时存款账户上取出5万元现金。5月20日，振华有限责任公司成立，按规定在中国工商银行开立了基本存款账户（临时存款账户转为基本存款账户），存入70万元，并要求银行于开户当日以转账方式支付给光宏公司30万元用于购置一台设备。6月中旬，振华有限责任公司在中国农业银行、中国建设银行又开立了两个一般存款账户，并决定今后公司职工工资、奖金统一从中国农业银行的一般存款账户中支取。

1. 下列情形中，可以开立临时存款账户的情形有（ ）。
A. 设立临时机构　　B. 异地临时经营活动
C. 注册验资　　D. 基本建设资金的管理与使用

2. 关于A在临时存款账户上取出5万元现金的做法，下列表述中，正确的有（ ）。
A. A不能在临时存款账户上取出5万元现金
B. A可以在临时存款账户上取出5万元现金
C. 注册验资的临时存款账户在验资期间只收不付
D. 注册验资的临时存款账户在验资期间只付不收

3. 企业银行结算账户，自（ ）可办理收付款业务。
A. 1个工作日　　B. 2个工作日　　C. 开立之日　　D. 5个工作日

4. 存款人可以开立（ ）个一般存款账户。
A. 1　　B. 3　　C. 10　　D. 无数

5. 关于振华有限责任公司作出公司职工工资、奖金统一从中国农业银行的一般存款账户中支取的决定，下列表述中，正确的有（ ）。
A. 这一行为符合规定

B. 这一行为不符合规定

C. 支取工资、奖金和现金只能通过基本存款账户办理，一般存款账户不得支取现金

D. 支取工资、奖金和现金可以通过一般存款账户办理

（二）裕华国有服装加工企业，2019 年发生下列事项：

（1）1 月，该企业新领导班子上任后，作出了精简内设机构的决定，将会计科撤并到行政管理办公室（以下简称行政办），同时任命行政办主任张某兼任会计主管人员。会计科撤并到行政办后，会计工作分工如下：原会计科会计继续担任会计；原行政办主任张某的女儿担任出纳工作。行政办主任张某自参加工作后一直从事文秘工作。

（2）3 月，档案科对企业会计档案进行了清理，编制会计档案销毁清册，将保管期已满的会计档案按规定程序全部销毁，其中包括一些保管期满但尚未结清债权债务的原始凭证。

（3）6 月，行政办在例行审核有关单据时，发现一张购买原材料的发票，其"金额"栏中的数字有更改现象，经查阅相关买卖合同、单据，确认更改后的金额数字是正确的，于是要求该发票的出具单位在发票"金额"栏更改之处加盖出具单位印章。之后，该企业予以接受并据此登记入账。

（4）8 月，该企业业务单位因工作需要，要求借阅该企业的会计档案。单位负责人认为该业务单位与本单位业务关系密切，而且和其本人私交甚好，便同意借出 1 天，并办理了登记手续。

1. 关于该企业撤并会计机构、任命会计主管人员、会计工作岗位分工的做法，下列说法中，正确的有（　　）。

A. 该企业根据单位经营管理的需要作出撤并会计机构的决定是正确的

B. 张某可以兼任会计主管人员

C. 张某的女儿不能担任出纳工作

D. 张某的女儿可以担任出纳的工作

2. 关于该企业销毁会计档案的做法，下列说法中，正确的是（　　）。

A. 保管期满的会计档案可以一律销毁

B. 针对保管期满但未结清的债权债务原始凭证不能销毁

C. 档案科可以随意将保管期满且已结清的会计档案销毁

D. 编制会计档案销毁清册后，需要报总会计师批准

3. 关于该企业对购买原材料的发票的处理，下列说法中，正确的有（　　）。

A. 该企业对原材料发票的处理符合法律规定

B. 该企业对原材料发票的处理不符合法律规定

C. 原始凭证上的数字可以更改，在更改处加盖单位印章就可以

D. 原始凭证上金额有错误的，应当由出具单位重开

4. 关于该企业向业务往来单位借出会计档案，下列说法中，正确的有（　　）。

A. 各单位保存的会计档案不得借出

B. 如有特殊需要，经本单位总会计师批准后，可以提供查阅，并办理登记手续

C. 该企业的做法不符合规定

D. 如有特殊需要，经本单位负责人批准后，可以提供查阅，并办理登记手续

5. 会计档案由单位会计机构负责整理立卷归档，并保管（　　），期满后移交单位的会计档案管理机构。

A. 1年　　B. 2年　　C. 3个月　　D. 6个月

综合模拟试卷二

一、单项选择题(下列各题只有一个正确答案,每题1分,共50题。不选、错选均不得分。)

1. 下列关于全国人民代表大会常务委员会的预算管理职权的表述中,不正确的是(　　)。

A. 批准中央预算和中央预算执行情况的报告

B. 审查和批准中央预算的调整方案

C. 审查和批准中央决算

D. 撤销国务院制定的同宪法、法律相抵触的关于预算、决算的行政法规、决定和命令

2. 与财政部门直接发生预算缴款、拨款关系的企业和事业各单位的预算职权不包括(　　)。

A. 编制本单位预算、决算草案

B. 定期向本级政府财政部门报告预算的执行情况

C. 按照国家规定上缴预算收入

D. 安排预算支出

3. 我国《预算法》规定的预算收入形式不包括(　　)。

A. 依法应当上缴的国有资产投资产生的股息收入

B. 征收排污费收入

C. 福利彩票销售收入

D. 规费收入

4. 下列不属于中央预算的编制内容的是(　　)。

A. 本级预算收入和支出　　B. 上一年度结余用于本年度安排的支出

C. 返还或补助地方的支出　　D. 上级返还或补助的收入

5. 下列各项中,不属于税务违法行政处罚的项目是(　　)。

A. 责令限期改正　　B. 没收财产

C. 收缴未用发票和暂停供应发票　　D. 警告

6. 某工厂为小规模纳税人,2019年4月购进原材料支出2 000元,取得增值税专用发票,进项税额为260元。当期生产产品以15 000元的价格(含税)卖出。已知小规模纳税人适用的增值税征收率为3%,则该厂当月应纳增值税额为(　　)元。

A. 96.89　　B. 436.89　　C. 450　　D. 110

7. 纳税人在纳税期间没有应纳税款的,(　　)。

A. 应当按规定办理纳税申报　　B. 无须办理纳税申报

C. 并入下一纳税期办理纳税申报　　D. 由税务部门决定是否需要办理纳税申报

8. 甲公司因财务人员张某计算错误,少缴税款2万元。税务机关可以追征税款、滞纳金的时限为(　　)年。

A. 1　　B. 2　　C. 3　　D. 5

9. 某外商投资企业业务收支以美元为主，也有少量的人民币。根据《会计法》的规定，为方便会计核算，该单位可以采用(　　)为记账本位币，但编制的财务会计报告应当折算为人民币。

A. 人民币　　B. 人民币和美元

C. 欧元　　D. 美元

10. 为防止变造票据的出票日期，在用中文大写填写年、月、日时，月为(　　)的，应在前面加“零”。

A. 肆　　B. 玖　　C. 捌　　D. 壹

11. 在会计职业道德规范内容中，不属于“廉洁自律”基本要求的是(　　)。

A. 树立正确的人生观和价值观　　B. 严肃认真，一丝不苟

C. 公私分明，不贪不占　　D. 遵纪守法，尽职尽责

12. 财政部对注册会计师、会计师事务所和注册会计师协会进行监督指导，作出这一规定的是(　　)。

A.《会计法》　　B.《会计基础工作规范》

C.《注册会计师法》　　D.《企业会计准则》

13. “站得住的顶不住，顶得住的站不住”的现象反映了(　　)。

A. 会计从业环境不利于会计人员形成良好的会计职业道德

B. 会计人员坚持职业道德的外部法律环境不佳

C. 对会计职业道德的宣传教育不够

D. 市场经济对会计人员价值观念的冲击

14. 银行汇票的付款人为(　　)。

A. 银行汇票的申请人　　B. 出票银行

C. 代理付款银行　　D. 申请人的开户银行

15. 定日付款的商业汇票，持票人应当在(　　)向付款人提示承兑。

A. 汇票到期日前　　B. 1个月内　　C. 3个月内　　D. 2个月内

16. 大华公司年初资金周转发生困难，便向其所在市的中国工商银行申请流动资金贷款300万元。银行在审批此笔贷款时，要求该公司提供上年度的财务报表，该公司为了得到此笔贷款，指使本公司会计人员改动报表的有关数字，使该公司由亏损100万元，变为盈利180万元。该公司的行为属于(　　)。

A. 编制虚假的会计凭证　　B. 编制虚假的会计账簿

C. 编制虚假的财务会计报告　　D. 编制虚假的数字

17. 甲公司的业务员小张在饭店招待从乡下来的亲戚，并将饭店开具的金额为300元的发票拿到公司会计部门报销。小王的发票是(　　)。

A. 不真实的发票　　B. 不合法的发票

C. 不真实的记账凭证　　D. 不合法的记账凭证

18. 根据《企业所得税核定征收办法(试行)》的规定，企业所得税的征收办法是(　　)。

A. 按月计征　　B. 按季计征，分月预缴

C. 按季计征　　D. 按年计征，分月或分季预缴

19. 邮政储蓄机构办理银行卡业务开立的银行结算账户纳入(　　)管理。

A. 单位银行结算账户　　B. 个人银行结算账户

C. 一般存款账户　　D. 基本存款账户

20. 公司、企业、事业单位、机关、团体的领导人对依法履行职责、抵制违反《会计法》规定行为的会计人员实行打击报复，情节恶劣，构成打击报复会计人员罪的，处(　　)有期徒刑或拘役。

A. 3 年以下　　B. 3 年以上 5 年以下

C. 5 年以下　　D. 5 年以上 10 年以下

21. 税务机关有权对纳税人采取税收强制措施的情形是(　　)。

A. 纳税人未按规定期限缴纳税款的，经税务机关责令限期缴纳，逾期仍未缴纳的

B. 纳税人抗税的

C. 纳税人转移应纳税收入且拒不提供担保的

D. 纳税人转移应税收入的

22. (　　)的货物或服务，可以采用邀请招标方式采购。

A. 具有特殊性，只能从有限范围的供应商处采购

B. 招标后没有供应商投标或者没有合格标的或者重新招标未能成立

C. 采用公开招标方式的费用占政府采购项目总价值的比例过小

D. 采用招标所需时间不能满足用户紧急需要

23. 下列关于发票开具要求的表述中，正确的是(　　)。

A. 单位和个人在发生经营业务、确认营业收入时，才能开具发票。特殊情况下，未发生经营业务也可开具发票

B. 使用电子计算机开具发票，必须报主管税务机关批准，并使用税务机关统一监制的机打发票

C. 发票专用章或财务专用章一律不得在印制发票时套印

D. 任何单位和个人不得转借、转让发票，但可以代开发票

24. 下列各项中，属于无效背书的是(　　)。

A. 将汇票金额全部转让的背书　　B. 将汇票金额分别转让给 2 个人的背书

C. 在背书时附有条件的背书　　D. 没有记载背书日期的背书

25. 根据规定，下列项目中不可以使用现金支付的是(　　)。

A. 职工工资、津贴　　B. 个人劳务报酬

C. 出差人员必须携带的差旅费　　D. 2 000 元以下的零星支出

26. 根据《消费税暂行条例》纳税人销售应税消费品向购买人收取的下列税金、价外费用中，不应并入应税消费品销售额的是(　　)。

A. 向购买方收取的手续费　　B. 向购买方收取的价外基金

C. 向购买方收取的增值税税款　　D. 向购买方收取的消费税税款

27. 某卷烟厂将成本为 30 000 元的烟叶运往烟丝厂加工成烟丝，取得烟丝厂开具的增值税专用发票，注明支付加工费 5 000 元，增值税 640 元。已知烟丝适用的消费税税率为 30%。该项业务中烟丝厂应代扣代缴的消费税为(　　)元。

A. 9 000　　B. 10 500　　C. 15 000　　D. 15 274.29

28. 关于发票的开具与管理,下列做法正确的是(　　)。

A. 甲公司代其子公司开具了一张价值 200 万元的增值税发票

B. 乙公司将其未用完的增值税发票转让给丙公司

C. 丙公司将闲置的发票本出借给丁公司并收取一定的费用

D. 丁公司将已开具的发票存根联和发票登记簿保存 6 年后予以销毁

29. 从事生产、经营的纳税人,应当自领取营业执照之日起(　　)日内,将其财务、会计制度或者财务、会计处理办法和会计核算软件,报送税务机关备案。

A. 10　　B. 5　　C. 30　　D. 15

30. 下列支付项目中,不适用财政授权支付程序进行支付的是(　　)。

A. 单件物品购买额为 5 万元人民币的购买支出

B. 单项服务购买额为 8 万元人民币的购买支出

C. 投资额为 80 万元人民币的工程项目支出

D. 特别紧急的支出

31. 出票人在付款人处的存款足以支付支票金额时,付款人应当在(　　)足额付款。

A. 见票后 3 日内　　B. 见票后 2 日内

C. 见票后当日　　D. 见票后 10 日内

32. 某化妆品生产企业是增值税一般纳税人,10 月份生产销售了一批化妆品,不含税售价为 100 万元,消费税税率为 30%,则该企业 10 月份应缴纳的消费税为(　　)万元。

A. 30　　B. 40　　C. 60　　D. 70

33. 企业年度财务报告(决算)的保管期限为(　　)。

A. 25 年　　B. 20 年　　C. 15 年　　D. 永久

34. 根据《企业所得税法》的规定,在计算企业所得税应纳税所得额时,不计入收入总额的是(　　)。

A. 转让固定资产取得的收入　　B. 出租固定资产取得的租金收入

C. 固定资产盘盈收入　　D. 财政拨款

35. 下列有关我国国家预算体系的表述中,不正确的是(　　)。

A. 按照"一级政权,一级财政"的原则,我国《预算法》规定,国家实行一级政府一级预算

B. 我国国家预算共分为五级,具体包括:中央预算、省级预算、地市级预算、县市级预算、乡镇级预算

C. 对于不具备设立预算条件的乡、民族乡、镇,经省、自治区、直辖市政府确定,可以暂不设立预算

D. 县级以上地方政府的派出机关,根据本级政府授权进行预算管理活动,也应当作为一级预算

36. 企业的月度财务报告保管期限为(　　)年。

A. 1　　B. 5　　C. 10　　D. 15

37. 搞好会计职业道德建设的关键在于(　　)。

A. 加强和改善会计职业道德建设的组织和领导

B. 制定完善的会计法律体系

C. 对违反会计职业道德的行为进行严厉制裁

D. 社会舆论监督，形成良好的社会氛围

38. 会计资料最基本的质量要求是(　　)。

A. 真实性和相关性　　B. 明晰性和谨慎性

C. 真实性和完整性　　D. 重要性和及时性

39. 我国《支付结算办法》规定的现金支票、转账支票和普通支票均属(　　)支票。

A. 定额　　B. 不定额　　C. 限额　　D. 不限额

40. 银行对1年未发生收付活动且未欠开户银行债务的单位银行结算账户，应通知单位自发出通知之日起(　　)日内办理销户手续，逾期视同自愿销户，未划转款项列入久悬未取专户管理。

A. 15　　B. 20　　C. 30　　D. 40

41. 某纳税人由于资金紧张，在纳税期限到期后15日才将当期应纳税款550 000元缴纳入库。根据《税收征收管理法》的规定，税务机关应加收其滞纳金(　　)元。

A. 16 500　　B. 41 250　　C. 4 125　　D. 1 650

42. “有德无才学后用”体现了会计职业道德中(　　)的重要性。

A. 坚持准则　　B. 参与管理　　C. 廉洁自律　　D. 提高技能

43. 下列各项中，不属于会计岗位的是(　　)。

A. 出纳　　B. 会计档案保管　　C. 物资核算　　D. 仓库保管员

44. 划线支票可用于(　　)。

A. 支取现金　　B. 转账

C. 转账及支取现金　　D. 境外支付

45. 在单位内部会计监督中，会计机构、会计人员行使监督权利的关键是(　　)。

A. 拒绝对通过作假手段制造出来的经济业务事项或资料进行会计核算

B. 拒绝来自任何方面伪造、变造会计凭证、会计账簿及其他会计资料和提供虚假财务会计报告的任何要求

C. 拒绝违反《会计法》和国家统一的会计制度的规定，将本单位发生的经济业务事项不在依法设置的会计账簿上统一登记、核算

D. 制止来自任何方面隐匿和违反规定销毁会计资料的要求和行为

46. 下列关于会计人员工作交接的表述中，错误的是(　　)。

A. 会计人员在临时离职或因其他原因暂时不能工作时，应办理会计工作交接

B. 一般会计人员办理交接手续，由会计机构负责人监交

C. 接管人员应继续使用移交前的账簿，不得擅自另立账簿

D. 接替人员在交接时因疏忽没有发现所交接会计资料在合法性、真实性方面的问题而在事后发现的，应由接替人员负责

47. 在下列选项中，不属于交通运输业的是(　　)。

A. 陆路运输服务　　B. 水路运输服务

C. 航空运输服务　　D. 物流辅助服务

48. 实行手工记账时，总账、现金日记账和银行存款日记账应当采用(　　)账簿。

A. 订本式　　B. 三栏式　　C. 多栏式　　D. 活页式

49. 税务机关征收税款时，必须向纳税人开具(　　)。

A. 收据　　B. 发票　　C. 扣款凭证　　D. 完税凭证

50. 职业道德的特征是职业性、继承性、实践性和(　　)。

A. 教育性　　B. 特殊性　　C. 强制性　　D. 多样性

二、多项选择题(下列各题有两个或两个以上正确答案,每题 2 分,共 10 题。不选、少选、多选或错选均不得分。)

1. 会计法律关系主体除享有经济权利外,还应承担相应的经济义务,这种经济义务包括(　　)。

A. 必须为或不为一定的行为,这一行为的目的在于满足权利主体的利益需要

B. 实施的义务行为是在法定的范围内进行的,超越法律规定的范围,义务主体不受限制和约束

C. 不履行义务就应承担相应的法律责任,受到法律的制裁

D. 在其合法权利受到侵害或不能实现的时候,可依法请求国家有关权力机关给予强制力保护

2. 银行结算账户一般分为(　　)。

A. 基本存款账户　　B. 特殊存款账户　　C. 临时存款账户　　D. 专用存款账户

3. 下列单位中,可以开立基本存款账户的有(　　)。

A. 企业法人　　B. 武警团级以上(含团级)部队

C. 社会团体　　D. 外国驻华机构

4. 下列会计档案中,保管期限为永久的有(　　)。

A. 年度财务报告　　B. 会计档案销毁清册

C. 现金和银行日记账　　D. 会计保管清册

5. 下列银行卡中,不计付利息的有(　　)。

A. 贷记卡　　B. 准贷记卡　　C. 储蓄卡　　D. 储值卡

6. 关于国库集中收付制度,下列说法中,正确的有(　　)。

A. 财政部门代表政府设置国库单一账户体系

B. 所有的财政性资金均纳入国库单一账户体系收缴、支付和管理

C. 大大提高了财政资金收付管理的规范性和安全性

D. 能有效地防止利用财政资金牟取私利等腐败现象的发生

7. 国库单一账户体系包括(　　)。

A. 预算外资金财政专户　　B. 预算单位零余额账户

C. 财政部门零余额账户　　D. 国库单一账户

8. 财政收入收缴方式主要有(　　)。

A. 直接缴库　　B. 集中汇缴　　C. 分散汇缴　　D. 代扣代缴

9. 下列各项中,属于行政处罚的有(　　)。

A. 责令限期改正　　B. 罚款　　C. 罚金　　D. 管制

10. 纳税人采取隐匿或擅自销毁账簿、记账凭证的手段,不缴或少缴应纳税款,偷税数额占应纳税额的 10%以上但不满 30%的,偷税数额在 1 万元以上但不满 10 万元的,或者因偷税被税务机关给予两次行政处罚又偷税的,应追究的刑事责任为(　　)。

A. 处3年以下有期徒刑或拘役

B. 处3年以上7年以下有期徒刑

C. 并处偷税数额1倍以上5倍以下的罚金

D. 并处20万元以上的罚金

三、判断题(每题0.5分,共20题,正确的打"√",错误的打"×"。不答不得分。)

1. 托收承付结算每笔的金额起点为2万元。 ( )

2. 职工公出借款凭据,应当附在记账凭证之后,收回借款时,可退还借款收据。 ( )

3. 能否对社会整体利益负责是衡量会计人员是否称职的基本标准。 ( )

4. 电汇是汇出行通过电报方式通知汇入行支付汇款的汇兑结算方式。 ( )

5. 会计监督体系包括政府监督和社会监督两个层次。 ( )

6. 我国对会计工作的管理主要是依靠财政部门所进行的行政管理。 ( )

7. 原始凭证是对经济业务按其性质加以归类,确定会计分录,并据以登记会计账簿的凭证。 ( )

8. 会计档案销毁后,单位负责人应当在会计档案销毁清册上签章,并将销毁情况报告上级主管单位负责人。 ( )

9. 根据国家对现金使用范围的一般规定,银行结算起点定为2 000元。结算起点的调整,由中国人民银行确定,报国务院备案。 ( )

10. 移交人员办理完交接手续后,仍需对原工作期间由其本人经办的会计资料的真实性、合法性负责。 ( )

11. 纳税人被工商行政管理机关吊销营业执照的,应自营业执照被吊销之日起30日内,向原税务机关申报办理注销税务登记。 ( )

12. 与财政部门直接发生预算缴款、拨款关系的国家机关、军队、政党组织、社会团体等各部门的预算职权包括安排预算支出。 ( )

13. 预算收入划分为中央预算收入和地方预算收入。 ( )

14. 税务代理是指税务代理人代为办理税务事宜,是纳税人、扣缴义务人自愿采取的一种办税方式,无论是税务代理人还是任何国家机关都不能强制纳税人、扣缴义务人进行税务代理。 ( )

15. 国务院制定的税收行政法规有《企业所得税法实施条例》《税收征收管理法实施细则》。 ( )

16. 中文大写金额数字前应标明"人民币"字样,大写金额数字可紧接"人民币"字样填写,也可留有空白。 ( )

17. 作为税款抵扣凭证的增值税专用发票的填写项目一定要齐全。 ( )

18. 信用证既能用于转账结算,也可以支取现金。 ( )

19. 税务机关可以采取书面通知纳税人开户银行或其他金融机构冻结纳税人的金额略高于应纳税款的存款作为税收保全措施。 ( )

20. 《会计法》规定,会计核算必须以实际发生的经济业务事项为依据,但并非所有实际发生的经济业务事项都需要进行会计记录和会计核算。 ( )

四、案例分析题(每个选项2分,共2道大题,20分。答错、不答均不得分。)

(一) 奥西有限责任公司(以下简称公司)是一家中外合资经营企业,2019年度发生了以下事项:

(1) 1月21日,公司接到市财政局通知,市财政局要来公司检查会计工作情况。公司董事长兼总经理胡某认为,公司作为中外合资经营企业,不应受《会计法》的约束,财政部门无权来检查。

(2) 3月5日,公司会计科一名档案管理人员生病临时交接工作,胡某委托单位出纳员李某临时保管会计档案。

(3) 4月15日,公司从外地购买一批原材料,收到发票后,与实际支付款项进行核对时发现发票金额错误,经办人员在原始凭证上进行了更改,并加盖了自己的印章,作为报销凭证。

(4) 5月2日,公司会计科科长退休,公司决定任命自参加工作以来一直从事文秘工作的办公室副主任王某为会计科科长。

(5) 公司发现中期财务报告将出现150万元亏损,为取得银行流动资金贷款,董事长授意王某将损益表进行调整,增加净利润200万元。王某遵照执行。

1. 根据事项(1),公司董事长兼总经理胡某认为中外合资经营企业不受《会计法》约束的观点(　　)。

A. 正确

B. 不正确。根据规定,省级以上人民政府财政部门为各单位会计工作的监督检查部门,对各单位会计工作行使监督权

C. 不正确。根据规定,市级以上人民政府财政部门为各单位会计工作的监督检查部门,对各单位会计工作行使监督权

D. 不正确。根据规定,县级以上人民政府财政部门为各单位会计工作的监督检查部门,对各单位会计工作行使监督权

2. 根据事项(2),下列表述中,正确的有(　　)。

A. 档案管理人员生病临时交接工作,可以由公司董事长胡某指定有关人员接替

B. 档案管理人员生病临时交接工作,不能由公司董事长胡某指定有关人员接替

C. 单位出纳员李某可以临时保管会计档案

D. 单位出纳员李某不能临时保管会计档案

3. 根据事项(3),下列表述中,正确的有(　　)。

A. 经办人员在原始凭证上进行了更改,并加盖了自己的印章,这一行为符合规定

B. 经办人员在原始凭证上进行了更改,并加盖了自己的印章,这一行为不符合规定

C. 经办人员在原始凭证上进行了更改,不应加盖自己的印章,而应加盖出具单位的印章

D. 原始凭证金额有错误的,应当由出具单位重开,不得在原始凭证上更正

4. 根据事项(4),下列表述中,正确的有(　　)。

A. 从事文秘工作的办公室副主任王某不能担任会计科科长

B. 从事文秘工作的办公室副主任王某可以担任会计科科长

C. 担任单位会计机构负责人(会计主管人员),应当具备会计师以上专业技术职务资格

或从事会计工作 3 年以上经历

D. 担任单位会计机构负责人(会计主管人员),应当具备会计师以上专业技术职务资格或从事会计工作 5 年以上经历

5. 根据事项(5),该公司及其相关人员可能受到的处罚有(　　)。

A. 对公司处以 5 万元罚款

B. 对公司董事长处以 5 000 元罚款

C. 对该公司违法行为进行通报

D. 对王某处以 3 000 元罚款

(二) 某企业主要从事药酒生产业务,兼营药酒批发零售业务,适用增值税税率 13%,消费税税率为 10%。本年 7 月份该企业发生下列业务:

(1) 从国外进口一批甲药酒,关税完税价格为 147.6 万元,已缴纳关税 41.4 万元。

(2) 委托某工厂加工一批乙药酒,提供原材料价值 13.6 万元,支付加工费 4.4 万元,该批加工产品已收回(受托方没有该批药酒同类货物价格)。

(3) 销售本企业生产的丙药酒,取得销售额 116 万元(不含税)。

要求:根据上述材料,回答下列问题。

1. 该企业进口甲药酒应缴纳的增值税为(　　)万元。

A. 51　　B. 30.24　　C. 27.3　　D. 24.99

2. 该企业进口甲药酒,应当自海关填发海关进口增值税专用缴款书之日起一定期限内缴纳税款,该期限是(　　)日。

A. 5　　B. 10　　C. 15　　D. 20

3. 该企业进口甲药酒应缴纳的消费税为(　　)万元。

A. 14　　B. 21　　C. 25　　D. 18

4. 该企业委托加工乙药酒应缴纳的消费税为(　　)万元。

A. 2　　B. 3　　C. 1　　D. 1.5

5. 该企业销售丙药酒应缴纳的消费税为(　　)万元。

A. 14.8　　B. 11.6　　C. 10.15　　D. 10.22

综合模拟试卷三

一、单项选择题(下列各题只有一个正确答案,每题1分,共50题。不选、错选均不得分。)

1. 消费税的纳税期限为(　　)。

A. 1日、5日、10日、15日、1个月或1个季度

B. 1日、3日、5日、10日、15日或1个月

C. 1日、3日、5日、10日、15日、1个月或1个季度

D. 1日、3日、5日、10日、1个月或1个季度

2. 企业所得税的征税对象是(　　)。

A. 生产经营所得和其他所得

B. 企业收入总额扣除各项成本、费用税金后的净所得额

C. 企业销售额

D. 企业增值额

3. 会计档案保管期限分为永久和定期。定期保管的会计档案,其最短期限为(　　)年。

A. 5　　B. 10　　C. 15　　D. 20

4. 根据我国税收法律制度的规定,下列税种中,实行超率累进税率的是(　　)。

A. 增值税　　B. 土地增值税　　C. 房产税　　D. 个人所得税

5. 会计档案由(　　)整理立卷归档。

A. 档案管理部门　　B. 专人　　C. 会计机构　　D. 总经理

6. 根据《预算法》的规定,下列各项中,属于各级政府在预算调整中应编制的资料的是(　　)。

A. 决算方案　　B. 预算调整方案

C. 预算执行情况报告　　D. 预算批复报告

7. 下列有关票据承兑的说法中,正确的是(　　)。

A. 定日付款的商业承兑汇票,持票人应当在汇票到期日前向付款人提示承兑

B. 见票后定期付款的汇票,持票人应当自出票日起10日内向付款人提示承兑

C. 付款人承兑汇票的,应当在汇票正面或背面记载"承兑"字样和承兑日期并签章

D. 票据承兑后,持票人未在法定期限提示付款的,承兑人的票据责任解除

8. 根据票据法律制度的规定,商业汇票的持票人没有在规定期限内提示付款的,其法律后果是(　　)。

A. 持票人丧失全部票据权利

B. 持票人在作出说明后,承兑人仍然应当承担票据责任

C. 持票人在作出说明后,背书人仍然应当承担票据责任

D. 持票人在作出说明后,可以行使全部票据权利

9. 赵某使用银行卡支付宾馆住宿费1万元。根据《银行卡业务管理办法》,银行办理该银行卡收单业务收取的结算手续费应不得低于(　　)元。

A. 20　　B. 50　　C. 100　　D. 200

10. 下列各项中,不属于工商税类的税种是(　　)。

A. 增值税　　B. 资源税　　C. 关税　　D. 契税

11. 根据《消费税暂行条例》的规定,下列各项中,属于在零售环节缴纳消费税的是(　　)。

A. 高档手表　　B. 鞭炮　　C. 成品油　　D. 钻石

12. 划分增值税一般纳税人和小规模纳税人的主要标准是(　　)。

A. 资产规模　　B. 应税销售额　　C. 所有制性质　　D. 会计核算水平

13. 下列表述中,正确的是(　　)。

A. 单位确需坐支现金的,必须事先报经单位决策层审查批准

B. 单位确需坐支现金的,必须事先报经中国人民银行总行审查批准

C. 单位确需坐支现金的,必须事先报经开户银行审查批准

D. 单位确需坐支现金的,必须事先报经中国人民银行各级分行审查批准

14. 根据《人民币银行结算账户管理办法》的规定,除企业外,存款人申请开立、变更、撤销一般存款账户、专用存款账户和临时存款账户必须出具(　　)的证明文件。

A. 专用存款账户开户登记证　　B. 一般存款账户开户登记证

C. 临时存款账户开户登记证　　D. 基本存款账户开户登记证

15. 根据支付结算的规定,汇票金额是外币的,如无另外约定,应当折合为人民币支付,折合的汇率是(　　)。

A. 付款日的市场汇价　　B. 付款当月月初的市场汇价

C. 付款当月的平均市场汇价　　D. 付款当年的平均市场汇价

16. 纳税人从事运输业务,其增值税纳税地点是(　　)主管税务机关。

A. 机构所在地　　B. 劳务发生地

C. 运输业务所经地　　D. 以上任选一地

17. 下列属于偷税行为的是(　　)。

A. 变造记账凭证　　B. 多计收入　　C. 骗取退税　　D. 少计成本

18. 增值税一般纳税人购进农产品,按照农产品收购发票或者销售发票上注明的农产品买价的(　　)计算进项税额予以抵扣。

A. 17%　　B. 9%　　C. 10%　　D. 7%

19. 账证核对的主要目的是(　　)。

A. 核查资产　　B. 以备纳税检查

C. 及时发现错账予以更正　　D. 保证账簿完整

20. 按照发票管理规定,使用电子计算机开具发票必须报经(　　)批准。

A. 主管财政机关　　B. 主管税务机关　　C. 审计部门　　D. 工商管理部门

21. 会计工作的政府监督主要是指(　　)代表国家对单位和单位中相关人员的会计行为实施的监督检查,以及对发现的违法会计行为实施的行政处罚。

A. 财政部门　　B. 审计部门　　C. 税务部门　　D. 证券监管部门

22. 杨教授为我国居民个人,编著一本教材,2019年1月出版,获稿酬80 000元。因市场需

要，3 月再版该教材又获稿酬 60 000 元。2019 年杨教授没有其他所得，杨教授获得的两次稿酬收入实际应缴纳的个人所得税为(　　)元。

A. 552　　B. 1 204　　C. 1 232　　D. 4 990

23. 现金的内部控制规范的主要依据是(　　)。

A.《企业会计准则》　　B.《现金管理暂行条例》

C.《现金管理暂行条例实施细则》　　D.《内部会计控制规范——货币资金》

24. 增值税专用发票的式样由(　　)确定。

A. 县级税务机关　　B. 市级税务机关　　C. 省级税务机关　　D. 国家税务总局

25. 关于《会计法》的表述中，不正确的是(　　)。

A.《会计法》是会计工作的最高准则

B.《会计法》是会计法律制度中层次最高的法律规范

C.《会计法》是制定其他会计法规的依据

D.《会计法》是国家宪法

26. 下列关于会计账簿启用的说法中，错误的是(　　)。

A. 启用新的会计账簿时，应当在账簿封面上写明单位名称和账簿名称，并填写账簿扉页上的“启用表”

B. 会计主管人员调动工作时，不需要在“启用表”上注明交接日期、接办人员和监交人员姓名

C. 启用订本式账簿，应当从第一页到最后一页顺序编写页数，不得跳页、缺号

D. 使用活页式账页，应当按账户顺序编号，并须定期装订成册

27. 内部会计控制的方法不包括(　　)。

A. 会计职务控制　　B. 授权批准控制

C. 预算控制　　D. 风险控制

28. 某公司财务部门年末时发现，全年业务招待费超过规定的开支标准，会计人员按照领导意图，弄来一些发票，将超支的业务招待费列入管理费用，该会计人员的行为违反了会计职业道德中的(　　)要求。

A. 廉洁自律　　B. 爱岗敬业　　C. 参与管理　　D. 坚持准则

29. 2019 年 4 月 1 日，甲向乙签发了一张见票后 3 个月付款的银行承兑汇票，根据票据法律的相关规定，该汇票提示承兑的最后期限是(　　)。

A. 2019 年 7 月 1 日　　B. 2019 年 4 月 10 日

C. 2019 年 5 月 1 日　　D. 2019 年 6 月 1 日

30. 关于原始凭证，下列说法中，不正确的是(　　)。

A. 自制原始凭证必须有经办单位领导人或其指定的人员签名或盖章

B. 支付款项的原始凭证必须有收款单位和收款人的收款证明

C. 购买实物的原始凭证必须有验收证明

D. 职工公出借款收据，在收回借款后应退还给职工本人

31. 下列支付结算的种类中，有金额起点限制的是(　　)。

A. 委托收款　　B. 支票　　C. 托收承付　　D. 汇兑

32. 下列关于银行汇票的使用范围的说法中，不正确的是(　　)。

A. 单位和个人在异地、同城或同一票据交换区域的各种款项结算，均可使用银行汇票
B. 填明"现金"字样的银行汇票可以用于支取现金
C. 现金银行汇票的申请人和收款人可以为单位，也可以为个人
D. 没有填明"现金"字样的银行汇票收款人，如果需要支取现金，应由代理付款银行根据现金管理规定审查支付

33. 64 608.09 元的正确大写金额是(　　)。
A. 六万四千六百0八元0九分　　B. 陆万肆仟陆佰零捌元零玖分
C. 陆万肆仟陆佰捌元零玖分　　D. 陆万肆仟陆佰零捌元玖分

34. 会计账簿记录发生错误或隔页、缺号、跳行的，应当按照国家统一的会计制度规定的方法更正，并由(　　)在更正处盖章，以明确责任。
A. 单位负责人　　B. 会计机构负责人
C. 会计人员　　D. 会计人员和会计机构负责人

35. 下列各项中，根据《政府采购法》的规定，不属于政府采购应当遵循的原则的是(　　)。
A. 公开透明　　B. 公平竞争　　C. 客观实际　　D. 诚实信用

36. 下列各项中，不属于税法作用的是(　　)。
A. 依法保障国家利益和纳税人合法权益　B. 体现了国家主权和国家权力
C. 维护正常的税收秩序　　D. 保证国家的财政收入

37. 丁老师为我国居民个人，2019 年取得工资薪金 9 000 元/月，没有其他所得，丁老师应缴纳的个人所得税为(　　)元。
A. 1 270　　B. 2 280　　C. 2 350　　D. 3 200

38. 除会计师事务所外，从事代理记账业务的机构必须持有代理记账许可证书。该代理记账许可证书的核发机关是(　　)。
A. 县级以上工商行政管理部门　　B. 县级以上税务部门
C. 县级以上财政部门　　D. 县级以上审计部门

39. 准予从增值税销项税额中抵扣的进项税项目是(　　)。
A. 未取得增值税专用发票购进原材料的进项税额
B. 非正常损失购进货物的进项税额
C. 购进农产品的进项税额
D. 用于个人消费的购进货物的进项税额

40. 根据《消费税暂行条例》的规定，纳税人将自产自用应税消费品用于连续生产应税消费品时(　　)。
A. 按产品成本计算缴纳消费税　　B. 按同类产品销售价格计算缴纳消费税
C. 按组成计税价格计算缴纳消费税　　D. 不用缴纳消费税

41. 预算的批复是指各级政府预算经过本级人民代表大会的批准之后，本级政府财政部门应当及时向(　　)政府各部门批复预算。
A. 上级　　B. 本级　　C. 下级　　D. 国务院

42. 下列选项中，不属于我国地方预算的组成部分的是(　　)。
A. 省的总预算　　B. 自治区的总预算
C. 中央直属单位的预算　　D. 直辖市的总预算

43. 下列各项中,属于财产税类的是(　　)。

A. 资源税　B. 车船税　C. 车辆购置税　D. 个人所得税

44. (　　)是我国第一部财政基本法律,是我国国家预算管理工作的根本性法律以及制定其他预算法规的基本依据。

A.《经济法》　B.《税法》　C.《财政法》　D.《预算法》

45. 我国会计工作的社会监督主要由(　　)完成。

A. 评估师事务所　B. 会计师事务所　C. 律师事务所　D. 税务师事务所

46. (　　)是会计职业道德的核心、(　　)是会计职业道德的精髓、(　　)是会计职业道德的基础、(　　)是会计职业道德的追求目标、(　　)是会计职业道德的前提。

A. 坚持准则;诚实守信;爱岗敬业;廉洁自律;客观公正

B. 坚持准则;诚实守信;爱岗敬业;客观公正;廉洁自律

C. 爱岗敬业;诚实守信;坚持准则;廉洁自律;客观公正

D. 坚持准则;爱岗敬业;诚实守信;廉洁自律;客观公正

47. 贴现是指汇票持有人将未到期的商业汇票交给银行,银行受理后,按(　　)交给贴现申请人。

A. 票面金额扣除出票日到贴现日的利息后的净额

B. 票面金额扣除贴现日到汇票到期日的利息后的净额

C. 票面金额扣除贴现日到汇票到期前一日的利息后的净额

D. 票面金额

48. 下列项目中,不属于劳务报酬所得的是(　　)。

A. 高校教师受出版社委托进行审稿取得的报酬

B. 高校教师自行举办培训班取得的报酬

C. 报刊记者在本报发表文章的报酬

D. 提供中间介绍服务取得的报酬

49. 李某在一次福利彩票抽奖中,花 1 000 元抽中一辆价值 300 000 元的"别克"牌轿车,外加 500 000 元现金。个人所得税税率为 20%,李某应缴纳的个人所得税为(　　)元。

A. 100 000　B. 0　C. 159 800　D. 160 000

50. (　　)是管理国库单一账户体系的职能部门,任何单位不得擅自设立、变更或撤销国库单一账户体系中的各类银行账户。

A. 国家税务总局　B. 财政部　C. 银保监会　D. 中国人民银行

二、多项选择题(下列各题有两个或两个以上正确答案,每题 2 分,共 10 题。不选、少选、多选或错选均不得分。)

1. 会计职业道德中的"提高技能"的主要内容包括(　　)。

A. 会计理论水平　B. 会计实务能力

C. 沟通交流能力　D. 职业判断能力

2. 公司、企业进行会计核算不符合规定的有(　　)。

A. 根据实际发生的经济业务事项确认、计量和记录资产、负债、所有者权益

B. 随意改变资产、负债、所有者权益的确认标准或计量方法

C. 虚列或隐瞒收入,推迟或提前确认收入
D. 随意调整利润的计算、分配方法

3. 本单位的财务会计报告应当按照规定的对象,向(　　)提供。
A. 本单位　　B. 本单位的债权人
C. 财政部门　　D. 税务部门

4. 下列属于内部会计控制内容的有(　　)。
A. 实物资产　　B. 对外投资　　C. 利润分配　　D. 采购与付款

5. 助理会计师任职的基本条件有(　　)。
A. 能担负一个方面或某个重要岗位的财务会计工作
B. 取得硕士学位,或取得第二学士学位或研究生班结业证书,具备履行助理会计师职责的能力
C. 大学本科毕业,在财务会计工作岗位见习半年期满
D. 中等专业学校毕业并担任会计员职务 4 年以上

6. 我国会计法律制度的基本构成为(　　)。
A. 会计法律　　B. 会计行政法规
C. 会计部门规章　　D. 地方性会计法规

7. 会计账簿记录错误的更正方法有(　　)。
A. 登记账簿时发生错误,应当将错误的文字或数字划红线注销
B. 在划红线上方填写正确的文字或数字,并由记账人员在更正处盖章
C. 对于错误的数字,应当全部划红线更正,不得只更正其中的错误数字
D. 对于错误的文字,应当全部划红线更正,不得只更正其中的错误文字

8. 以下属于流转税类的有(　　)。
A. 增值税　　B. 关税　　C. 印花税　　D. 消费税

9. 税务登记包括(　　)。
A. 开业登记　　B. 变更登记　　C. 注销登记　　D. 核定应纳税额

10. 关于普通发票的基本联次,下列表述中,正确的有(　　)。
A. 第一联为存根联,由收票方留存备查
B. 第二联为发票联,由收执方作为付款或收款原始凭证
C. 第三联为记账联,由开票方作为记账原始凭证
D. 第四联为税款抵扣联,由购货方作为扣税凭证

三、判断题(每题 0.5 分,共 20 题,正确的打"√",错误的打"×"。不答不得分。)

1. 纳税人用取得的增值税专用发票进行进项税额抵扣时,必须自该专用发票开具之日起 90 日内到税务机关认证。(　　)

2. 纳税人在办理完停业登记手续后,应当自行封存保管其税务登记证件及副本、发票领购簿、未使用完的发票和其他税务证件,防止丢失。(　　)

3. 中、高级会计师实行考试与评审相结合的制度。(　　)

4. 企业所得税实行按年计征,分月或分季预缴,年度终了后 2 个月内汇算清缴,多退少补的办法。(　　)

5. 《会计法》所指的“法律责任”就是刑事责任。（　）
6. 现金与转账结算具有相同的支付能力，特殊情况下可以只收现金而拒收汇票、本票、支票和其他转账结算凭证。（　）
7. 依据住所和居住时间两个标准，个人所得税纳税义务人分为居民纳税人和非居民纳税人，分别承担不同的纳税义务。（　）
8. 划线支票只能支取现金，不得用于转账。（　）
9. 国家需要重点扶持的高新技术企业，减按20%的税率征收企业所得税。（　）
10. 所有的汇票都需要进行承兑。（　）
11. 债权债务明细账和财产物资明细账应当每天登记，也可以定期(3天或5天)登记。（　）
12. 会计处理方法可以由单位根据实际情况变更。（　）
13. 某美资企业业务收支以美元为主，根据外国企业在华的有关政策，美资企业可以用美元编制其财务会计报告。（　）
14. 原始凭证金额有错误的，小写金额有错误的，应按照划线更正法予以更正，并且签章；大写金额有错误的，应当由出具单位重开，不得在原始凭证上更正。（　）
15. 总会计师有对本单位财务收支的审批签署权。（　）
16. 因病或其他特殊原因不能亲自办理移交手续委托他人代办交接的，委托人应当对所移交的会计凭证、会计账簿、财务会计报告和其他有关资料的真实性、完整性承担法律责任。（　）
17. 行政处分的制裁权是各级行政机关的固有权力，行政处罚权来源于外部行政管理权。（　）
18. 对犯罪分子只能判处一种主刑；对同一犯罪行为只能在主刑之后判处一个或两个以上的附加刑。（　）
19. 单位和个人违反规定开立和使用账户，对其承担的行政责任，由相关行政部门委托商业银行执行。（　）
20. 个人银行结算账户用于办理个人转账收付和现金支取，储蓄存款账户既可以办理现金存取业务，也可以办理转账结算。（　）

四、案例分析题(每个选项2分，共2道大题，20分。答错、不答均不得分。)

(一) 太平洋公司(以下简称公司)是一家有限责任制公司，2018年该公司发生了下列事项：

(1) 7月28日，由于向农民收购农副产品急需大量现金，经总经理赵某批准，从公司当日的现金收入中直接支取8万元，从财政科科长孙某个人的存折上取出属于公司的现金5万元，再向公司出纳借库存现金1万元。出纳将这笔款项打了白条。

(2) 10月12日，签发支票一张，填写的出票日期为“零壹拾月拾贰日”字样，出票大写金额为“叁万零壹佰伍拾元正”字样。

1. 下列选项中，违反开户单位现金使用规定的有（　）。

A. 用现金向农民收购农副产品

B. 从公司现金收入中坐支现金

C. 将公司自有现金存在孙某个人账户上

D. 出纳将借出的1万元库存现金打白条

2. 若银行明知孙某所存现金属于公司，根据《人民币银行结算账户管理办法》的规定，应对银行处以(　　)的罚款。

A. 1 000元　　B. 5 000元以上3万元以下

C. 1万元以上3万元以下　　D. 5万元以上30万元以下

3. 关于公司支票的填写，下列说法中，正确的有(　　)。

A. 该支票的出票日期既可以使用中文大写也可以使用阿拉伯数字填写

B. 该支票的出票日期的正确写法为"零壹拾月零壹拾贰日"

C. 若该支票的出票日期未按要求规范填写，银行可予以受理，但由此造成的损失，由出票人自行承担

D. 该支票中的中文大写金额填写错误

4. 下列各项中，可以转入个人账户的有(　　)。

A. 工资、奖金收入　　B. 债券、期货、信托等投资的本金和收益

C. 纳税退还款　　D. 农、副、矿产品销售收入

5. 根据《人民币银行结算账户管理办法》的规定，对孙某应处以(　　)的罚款。

A. 1 000元　　B. 5 000元以上3万元以下

C. 1万元以上3万元以下　　D. 5万元以上30万元以下

(二) 某企业为一般纳税人，本月发生的几笔购销业务如下所示：

(1) 购入原材料，取得的增值税专用发票上注明的价款为40万元。

(2) 销售企业生产的应税甲产品，开具普通发票，取得的含税销售额为11.3万元。

(3) 购入企业生产所需的配件，取得的增值税专用发票上注明的价款是2.5万元。

(4) 购入企业所需的包装物，取得的增值税专用发票上注明的价款为2万元。

(5) 销售企业生产的应税乙产品，取得不含税销售额50万元。

(6) 企业为职工幼儿园购进一批儿童桌、椅、木床，取得的增值税专用发票上注明的价款为1.8万元。

(7) 向农业生产者购进作为生产原料的免税农产品，买价为3万元。

假设上述各项购销货物税率均为13%，购进货物均取得防伪税控系统开具的增值税专用发票，当月通过税务机关认证；向农业生产者购买的免税农产品，按买价依照9%的扣除率计算进项税额；上月未抵扣完的进项税额为零。

1. 增值税的纳税期限为(　　)。

A. 1日　　B. 1个月　　C. 1个季度　　D. 1年

2. 该企业当期销项税额为(　　)万元。

A. 10.49　　B. 7.8　　C. 8.5　　D. 9.15

3. 该企业可以抵扣的进项税额包括(　　)。

A. 购入原材料取得专用发票上注明的价款

B. 购入免税农产品的价款

C. 购入生产所需的配件和包装物取得专用发票上注明的价款

D. 企业为职工幼儿园购进一批儿童桌、椅、木床的价款

4. 该企业当期可以抵扣的进项税额为(　　)万元。

A. 8.08　　B. 7.57　　C. 6.055　　D. 7.82

5. 该企业当期应纳增值税额为(　　)万元。

A. 1.745　　B. 1.12　　C. 1.63　　D. 1.38

综合模拟试卷四

一、单项选择题(下列各题只有一个正确答案,每题1分,共50题。不选、错选均不得分。)

1. 纳税人税务登记内容发生变化的,应当向(　　)申报办理变更税务登记。
A. 地(市)级税务机关　　B. 县(市)级税务机关
C. 原税务登记机关　　D. 原工商登记机关

2. 对于填制有误的原始凭证,(　　)负有更正和重新开具的法律义务。
A. 填写人　　B. 出具单位
C. 接受单位　　D. 出具单位或接受单位

3. (　　)是政府的基本财政收支计划,是政府分配财政资金的重要工具。
A. 国库集中收付　　B. 政府采购
C. 国家预算　　D. 国家预算、决算

4. 会计行业组织对会计人员遵守职业道德规范情况进行检查,并根据检查结果进行表彰或惩戒,这种机制属于(　　)。
A. 服务机制　　B. 法律机制　　C. 行业自律机制　　D. 行政管理机制

5. (　　)是支付结算和资金清算的中介机构。
A. 金融中心　　B. 证券机构　　C. 银行　　D. 财政部门

6. 下列属于负责制定统一的支付结算法律制度的是(　　)。
A. 中国人民银行总行　　B. 中国银行总行
C. 国家政策性银行　　D. 商业银行总行

7. 下列关于现金核算与内部控制的内容中,说法错误的是(　　)。
A. 出纳工作和会计记录应该互相分离,出纳工作应由专人负责
B. 不得以白条抵冲现金
C. 收入的现金可在一周内送存银行
D. 现金日记账应根据经审核合法的收付款凭证序时逐笔登记

8. (　　)是会计行业和注册会计师行业的主管部门。
A. 统计部门　　B. 税务部门
C. 市场监督管理部门　　D. 财政部门

9. 下列各项中,属于纳税义务人享有的权利的是(　　)。
A. 申请延期纳税　　B. 办理税务登记
C. 进行纳税申报　　D. 依法缴纳税款

10. (　　)是我国中介行业的第一部法律。
A.《预算法》　　B.《会计法》
C.《注册会计师法》　　D.《中介行业规范法》

11. 通过编造虚假的会计凭证、会计账簿和其他资料，编制财务会计报告或直接篡改财务会计报告数据，使会计报告不真实，借以误导、欺骗会计资料使用者的行为，属于(　　)。

A. 伪造会计凭证、会计账簿和其他会计资料

B. 变造会计凭证、会计账簿和其他会计资料

C. 提供虚假的财务会计报告

D. 会计资料不真实或不完整

12. 某酒业公司(增值税一般纳税人)向某农场购买酿酒用小麦 2 000 千克，支付价款 5 000 元。根据规定，该酒业公司准予抵扣的进项税额为(　　)元。

A. 850　　B. 260　　C. 500　　D. 450

13. 根据票据法律制度的规定，下列有关汇票未记载事项的表述中，正确的是(　　)。

A. 汇票上未记载付款日期的，为出票后 3 个月内付款

B. 汇票上未记载付款地的，出票人的营业场所、住所或经营居住地为付款地

C. 汇票上未记载收款人名称的，经出票人授权可以补记

D. 汇票上未记载出票日期的，该汇票无效

14. 某汽车轮胎厂(增值税一般纳税人)下设一非独立核算门市部，该厂将一批汽车轮胎交门市部，计价 60 万元。门市部零售取得含增值税的销售收入 74.58 万元。汽车轮胎的消费税税率为 3%。该企业应缴纳消费税(　　)万元。

A. 1.8　　B. 2.32　　C. 1.98　　D. 7.72

15. 下列结算方式中，只有特定的企业才可以使用的是(　　)结算。

A. 汇兑　　B. 银行汇票　　C. 银行本票　　D. 托收承付

16. 个体工商户的生产经营所得按照(　　)征收税款。

A. 月所得 5 级超额累进税率　　B. 月所得 9 级超额累进税率

C. 年所得 5 级超额累进税率　　D. 年所得 9 级超额累进税率

17. 区别不同类型税种的主要标志是(　　)。

A. 税率　　B. 纳税人　　C. 征税对象　　D. 纳税期限

18.《税收征收管理法实施细则》规定，不在税收保全措施范围之内的生活必需用品的单价是(　　)元以下。

A. 1 万　　B. 7 000　　C. 5 000　　D. 3 000

19. "慎独"是会计职业道德修养中的一种很高的境界，其前提是(　　)。

A. 职业行为　　B. 职业技能

C. 职业实践　　D. 职业信念和职业良心

20. 下列选项中，不属于政府采购当事人的是(　　)。

A. 采购人　　B. 保证人　　C. 供应商　　D. 采购代理机构

21. 某商店为增值税小规模纳税人，2019 年 5 月，购进童装 280 套，"六一"儿童节之前以每套 128 元的含税价格全部零售出去，该商店当月销售这批童装应纳增值税(　　)元。

A. 1 075.2　　B. 1 043.88　　C. 2 344.67　　D. 2 508.8

22. 某一般纳税人销售钢材一批，含增值税价为 29 554 元，增值税税率为 13%，其销项税额为(　　)元。

A. 3 978　　B. 3 400　　C. 1 700　　D. 5 100

23. 下列属于政府采购代理机构义务的是(　　)。
A. 依法发布采购信息
B. 投标中标后,按规定签订政府采购合同并严格履行合同义务
C. 在指定媒体及时向社会发布政府采购信息、招标结果
D. 遵守政府采购的各项法律、法规和规章制度

24. 根据《支付结算办法》的规定,发卡银行对贷记卡超信用额度用卡的行为,应当按照超过信用额度部分收取超限费,其比例是(　　)。
A. 超过信用额度部分的 2% B. 超过信用额度部分的 7%
C. 超过信用额度部分的 10% D. 超过信用额度部分的 5%

25. 王丽 2018 年 12 月国债到期取得利息收入 3 500 元,这部分利息收入应预扣预缴个人所得税额为(　　)元。
A. 0 B. 175 C. 350 D. 700

26. 财政部门对甲有限责任公司 2018 年度财务工作进行检查,但甲公司领导以"财务部门负责人出差"为由予以拒绝,后经多方协调,财政部门对该公司进行了检查。关于该公司领导拒绝市财政部门检查的做法,下列观点中,正确的是(　　)。
A. 该公司领导拒绝的做法是错误的,不得拒绝财政部门的检查
B. 财政部门无权对该公司的财务状况进行检查
C. 财政部门应与审计、税务部门联合进行检查
D. 由于财务部门负责人不在场,因此该公司可以拒绝接受检查

27. 从事生产经营的纳税人未办理工商营业执照也未经有关部门批准设立的,应当自(　　)起 30 日内申报办理税务登记。
A. 纳税义务发生之日 B. 正式开业之日
C. 税务部门通知之日 D. 产生利润之日

28. 某企业 2018 年 8 月份发生的经济业务会计凭证,按规定保管期满日应该是(　　)。
A. 2012 年 12 月 31 日 B. 2013 年 12 月 31 日
C. 2027 年 12 月 31 日 D. 2048 年 12 月 31 日

29. 由会计工作特点决定的,(　　)是会计职业道德的前提,也是会计职业道德的内在要求。
A. 提高技能 B. 坚持准则 C. 客观公正 D. 廉洁自律

30. 根据支付结算法律制度的规定,下列有关汇兑的表述中,不正确的是(　　)。
A. 汇兑分为信汇和电汇两种
B. 汇兑每笔金额起点为 1 万元
C. 汇兑适用于单位和个人各种款项的结算
D. 汇兑是汇款人委托银行将其款项支付给收款人的结算方式

31. 按照《会计法》的规定,某单位发生的下列事项中应当办理会计手续,不需要进行会计核算的是(　　)。
A. 签订了一笔 100 万元货款的销售合同 B. 收到某单位投入的一项无形资产
C. 向银行借入 3 个月的短期借款 D. 向工人发放工资

32. 下列各项中,属于初级会计专业职务的是(　　)。

A. 助理会计师　B. 会计师　C. 注册会计师　D. 总会计师

33. 关于现金收支的基本要求,下列表述中,不正确的是(　　)。

A. 开户单位收入现金一般应于当日送存开户银行

B. 开户单位支付现金,可以从本单位的现金收入中直接支付

C. 开户单位对于符合现金使用范围规定的、从开户银行提取现金的,应写明用途,由本单位财会部门负责人签字盖章,并经开户银行审查批准

D. 不准单位之间相互借用现金

34. 下列关于汇兑特征的表述中,不符合法律规定的是(　　)。

A. 单位和个人各种款项的结算,均可使用汇兑结算方式

B. 汇款回单能作为该笔汇款已转入收款人账户的证明

C. 汇款人对汇出银行尚未汇出的款项可以申请撤销

D. 汇入银行对于收款人拒绝接受的汇款,应即办理退汇

35. 增值税一般纳税人购进免税农产品,按照买价乘以一定的扣除率计算进项税额进行抵扣。该扣除率是(　　)。

A. 17%　B. 10%　C. 9%　D. 13%

36. 下列各项中,按从价、从量复合计征消费税的是(　　)。

A. 汽车轮胎　B. 化妆品　C. 薯类白酒　D. 珠宝玉石

37. 关于信用卡的下列表述中,不正确的是(　　)。

A. 个人卡的主卡持卡人可为其配偶及年满 18 周岁的亲属申领附属卡,申领的附属卡最多不得超过 2 张

B. 持卡人在还清全部交易款项、透支本息和有关费用后,可依法申请办理销户

C. 发卡银行办理销户,应当收回信用卡,有效信用卡无法收回的,应当将其止付

D. 销户时,单位卡账户的资金可以转入其基本存款账户,也可以提取现金

38. 根据《税收征收管理法》的规定,税务机关有权对纳税人采取税收保全措施的情形是(　　)。

A. 纳税人账目混乱,难以查账的

B. 纳税人未按规定期限办理纳税申报,经税务机关限期申报,逾期仍不申报的

C. 纳税人有明显转移、隐匿其应纳税收入迹象的

D. 纳税人有明显转移、隐匿其应纳税收入迹象且拒绝提供纳税担保的

39. 银行结算账户按(　　)不同,分为单位银行结算账户和个人银行结算账户。

A. 存款人　B. 用途　C. 开户地　D. 性质

40. 竞争性谈判方式,是指要求采购人就有关采购事项,与不少于(　　)家的供应商进行谈判。

A. 2　B. 3　C. 4　D. 5

41. 根据《支付结算办法》的规定,下列款项中,可以办理托收承付结算的是(　　)。

A. 商品交易取得的款项　B. 代销的商品款项

C. 因寄销商品而产生的款项　D. 赊销商品后结算的款项

42. 定日付款、出票后定期付款或见票后定期付款的商业汇票,自到期日起(　　)内向承兑人提示付款。

A. 10日　　B. 20日　　C. 2个月　　D. 3个月

43.《江苏省普通发票管理办法》规定，普通发票由(　　)统一对外出售。

A. 财政部门　　B. 银行系统　　C. 工商管理部门　　D. 税务机关

44. 下列说法中，正确的是(　　)。

A. 托收承付是指根据购销合同由收款人发货后，委托银行向异地付款人收取款项

B. 票据当事人是指票据在作成时就已经存在的当事人

C. 专用存款账户办理存款人日常活动的资金收付及其工资、奖金和现金的支取

D. 信用证结算方式只适用于国内企业之间商品交易产生的货款结算，并且可以用于转账结算和支取现金

45. 下列结算方式中，只能用于同一票据交换区域结算的是(　　)结算。

A. 汇兑　　B. 银行汇票　　C. 银行本票　　D. 委托收款

46. 下列关于支付结算的表述中，错误的是(　　)。

A. 银行在支付结算中充当中介机构的角色

B. 银行不得为任何单位或个人冻结、扣款，不得停止单位或个人存款的正常支付

C. 银行只要以善意且符合规定的正常操作程序进行审查，对伪造、变造的票据和结算凭证上的签章以及需要交验的个人有效身份证未发现异常而支付金额的，对出票人或付款人不再承担受委托付款的责任，对持票人或收款人不再承担付款责任

D. 使用不符合中国人民银行统一规定格式的结算凭证，银行不予受理

47. A企业2018年自行申报收入总额为65万元，发生的成本费用支出总额为85万元，全年亏损20万元。经税务机关检查，该企业虽然设置了账簿，但是账目混乱，收入凭证残缺不全，难以查账，无法确定其收入总额。当地税务机关确定的A企业所在行业应税所得率为15%，适用所得税税率25%。A企业2018年度应纳企业所得税为(　　)万元。

A. 15　　B. 3.75　　C. 3.18　　D. 4.25

48. 下列各项中，(　　)采用超额累进税率计算应纳税额。

A. 对加工服装征收的增值税　　B. 对企业生产经营所得征收的企业所得税

C. 对生产卷烟征收的消费税　　D. 对工资、薪金所得征收的个人所得税

49. 以下不属于企业网上银行功能的是(　　)。

A. 账户信息查询　　B. 支付指令　　C. B2B网上支付　　D. B2C网上支付

50. 关于核定应纳税额，下列说法中，正确的是(　　)。

A. 税务机关核定应纳税额时只能依法规定一种核定方法，并明确告知纳税人

B. 税务机关采用一种方法不足以正确核定应纳税额时，可以同时采用两种以上的方法核定

C. 纳税人对税务机关核定的应纳税额有异议的，税务机关应当提供相关证据，证明定额的合理

D. 经税务机关认定后，纳税人可以调整应纳税额

二、多项选择题(下列各题有两个或两个以上正确答案，每题2分，共10题。不选、少选、多选或错选均不得分。)

1. 商业汇票按照承兑人的不同分为(　　)。

A. 商业本票　　B. 银行汇票　　C. 银行承兑汇票　　D. 商业承兑汇票

2. 根据企业所得税法律制度的规定，下列关于企业所得税税前扣除的表述中，正确的是（　　）。

A. 企业发生的合理的工资薪金支出，准予扣除

B. 企业发生的职工福利费支出，不超过工资薪金总额2.5%的部分，准予扣除

C. 企业参加财产保险，按照规定缴纳的保险费，准予扣除

D. 企业发生的合理的劳动保护支出，准予扣除

3. 下列关于税款征收方式的说法中，正确的有（　　）。

A. 查账征收适用于遵守税收法律法规，账簿、凭证、财务会计制度比较健全，能够如实反映生产经营成果，正确计算应纳税款的纳税人

B. 由税务机关对纳税申报人的应税产品进行查验后征税，并贴上完税凭证、查验证或盖查验戳的征收方式为查验征收

C. 县级税务机关批准可以不设置账簿或暂缓建账的小型纳税人适用定期定额征收方式

D. 负有扣缴税款义务的法定义务人，在向纳税人支付款项时，从所支付的款项中直接扣收税款的方式称为代收代缴

4. 下列各项中，属于国家预算作用的有（　　）。

A. 财力保证作用　　B. 调节制约作用

C. 反映监督作用　　D. 平衡收支作用

5. 下列符合会计职业道德"提高技能"要求的有（　　）。

A. 出纳人员向银行工作人员请教辨别假钞的技术

B. 会计主管与单位其他会计人员交流隐瞒业务收入的做法

C. 会计人员积极参加会计职称培训

D. 总会计师通过自学提高会计职业判断能力，精通经济政策

6. 下列属于会计部门规章的有（　　）。

A.《企业会计制度》　　B.《财政部门实施会计监督办法》

C.《会计档案管理办法》　　D.《内部会计控制规范》

7. 存款人有下列情形的，可以申请开立临时存款账户的有（　　）。

A. 设立临时机构　　B. 注册验资

C. 基本建设资金　　D. 异地临时经营活动

8. 对会计工作的社会监督包括（　　）。

A. 注册会计师对受托单位的经济活动进行审计和鉴证

B. 税务机关对单位会计资料进行检查监督

C. 单位和个人检举违反会计法律制度规定的行为

D. 财政部门对单位会计人员和会计机构会计行为进行监督

9. 关于现金管理的基本要求，下列说法中，正确的有（　　）。

A. 开户单位应当建立健全现金账目，逐笔记载现金支付

B. 出纳人员不得兼任稽核、会计档案保管和收入、支出、费用、债权债务账目的登记工作

C. 单位可以由一人办理货币资金业务的全过程
D. 不准将单位收入的现金以个人名义存储

10. 下列表述中,正确的有(　　)。
A. 由国务院财政部门编制的中央决算草案,经国务院审定后,由国务院提请全国人民代表大会批准
B. 由国务院财政部门编制的中央决算草案,经国务院审定后,由国务院提请全国人民代表大会常务委员会审批
C. 由县级以上地方各级政府财政部门编制的本级决算草案,经本级政府审定后,由本级人民代表大会常务委员会审批
D. 由乡级政府编制的决算草案,由本级人民代表大会审批

三、**判断题**(每题 0.5 分,共 20 题,正确的打"√",错误的打"×"。不答不得分。)

1. 注册验资的临时存款账户在验资期间只付不收。(　　)
2. 将委托加工收回的应税消费品连续生产应税消费品的,不得扣除委托加工收回应税消费品已缴纳的消费税。(　　)
3. 饲料、化肥、农药、农机(包括农机零部件)、农膜均属于增值税 9%低税率的适用范围。(　　)
4. 个人出租房屋使用权取得的所得是财产租赁所得。(　　)
5. 除法律规定和单位负责人同意的会计信息外,会计人员不能私自向外界提供或泄露单位的会计信息。(　　)
6. 企业发生的公益性捐赠支出,在年度利润总额 15%以内的部分,准予在计算应纳税所得额时扣除。(　　)
7. 单位可使用汇兑结算方式,个人不能使用汇兑结算方式。(　　)
8. 财政收入的收缴方式包括直接缴库和间接缴库。(　　)
9. 个体工商户在税法规定的享有免税优惠的期限内,可以不必办理税务登记证。(　　)
10. 用于支取现金的支票可以背书转让。(　　)
11. 我国会计法律制度中层次最高的法律法规是《会计法》和《注册会计师法》。(　　)
12. 是否设置会计机构,可以由各单位根据自身的情况来决定,但这并不等于会计工作可以不展开。会计工作必须依法开展,不能因为没有会计机构而对会计工作放任不管,这是法律所不允许的。(　　)
13. 在我国,企业可根据自身情况划分会计年度,但一经采用后不得随意变动。(　　)
14. 自然人可根据需要申请开立个人银行结算账户,也可以在已开立的储蓄账户中选择并向开户银行申请确认为个人银行结算账户。(　　)
15. 背书人未记载被背书人名称即将票据交付他人的,该票据无效。(　　)
16. 在特殊情况下,经本单位负责人批准,会计档案在不拆散原卷册的前提下,可以提供查阅和复印,但必须办理登记手续。(　　)
17. 我国国有企业不属于政府采购的主体范围。(　　)
18. 会计工作交接,移交清册填制应一式两份,交接双方各持一份。(　　)
19. 每一收支项目的数字指标必须运用科学的方法,依据充分确实的资料,并总结出规律

性，进行计算，不得假定、估算，更不能任意编造，体现了国家预算的可靠性原则。 （ ）

20. 会计人员不钻研业务，不加强新知识的学习，造成工作上的差错，缺乏胜任工作的能力，这是一种既违反会计职业道德，又违反会计法律制度的行为。 （ ）

四、案例分析题（每个选项2分，共2道大题，20分。答错、不答均不得分。）

（一）甲公司于2019年在物资采购中，有关票据方面发生如下情况：

（1）甲公司销售给乙公司一批货物，按合同约定如期交货，乙公司签发了一张金额为30万元的转账支票，交给甲公司。甲公司到银行提示付款时，发现该支票是空头支票。甲公司认为，对乙公司应处以罚款，并有权要求乙公司给予经济赔偿。

（2）甲公司某采购人员持该公司开户银行签发的，注明“现金”字样的银行本票，购置一批物资。由于该采购人员保管不慎，将银行本票丢失。随后，甲公司采取了一系列的措施。

要求：根据上述资料，回答下列问题。

1. 甲公司票据丧失后最终采取的补救措施，可通过（ ）实现。

A. 人民法院　　B. 中国人民银行

C. 财政机关　　D. 公安局

2. 根据《票据法》的规定，对于票据遗失行为，甲公司可以采取的措施不属于暂时性预防措施的是（ ）。

A. 公示催告　　B. 普通诉讼

C. 挂失止付　　D. 刊登遗失声明

3. 甲公司可以获得的赔偿数额是（ ）元。

A. 1 000　　B. 6 000　　C. 10 000　　D. 15 000

4. 按照法律规定，有关部门对该公司开具空头支票的行为的罚款数额是（ ）元。

A. 1 000　　B. 6 000　　C. 10 000　　D. 15 000

5. 对于乙公司的行为应当由（ ）进行处罚。

A. 财政部门　　B. 甲公司开户银行

C. 中国人民银行　　D. 乙公司开户银行

（二）高科电子公司（以下简称公司）会计周丽因工作努力，钻研业务，积极提出合理化建议，多次被公司评为先进会计工作者。周丽的丈夫在一家私有电子企业担任总经理，在其丈夫的多次请求下，周丽将在工作中接触到的公司新产品研发计划及相关会计资料复印件提供给其丈夫，给公司造成了一定的损失，但尚未构成犯罪。公司认为她不宜继续担任会计工作。

1. 对周丽违反会计职业道德行为的处罚依据是（ ）。

A.《会计法》　　B.《民法通则》

C.《会计基础工作规范》　　D.《刑法》

2. 周丽工作努力，钻研业务，积极提供合理化建议，体现了她具有（ ）的会计职业道德。

A. 爱岗敬业　　B. 客观公正　　C. 提高技能　　D. 参与管理

3. 对周丽违反会计职业道德的行为可由（ ）给予处罚。

A. 财政部门　　B. 会计职业团体　　C. 高科电子公司　　D. 公安机关

4. 周丽给其丈夫提供资料复印件，违背了（　　）原则。

A. 爱岗敬业　　B. 诚实守信　　C. 坚持准则　　D. 提高技能

5. 如果不让周丽参与会计工作，那么周丽不能任职（　　）。

A. 稽核　　B. 工资核算

C. 财产物资的收发　　D. 出纳

综合模拟试卷五

一、单项选择题(下列各题只有一个正确答案,每题1分,共50题。不选、错选均不得分。)

1. 下列各项中,(　　)不属于财政部门实施会计监督检查的内容。

A. 各单位是否依法设置会计账簿

B. 各单位是否按照税法的规定按时足额纳税

C. 各单位会计核算是否符合法定要求

D. 各单位是否按照实际发生的经济业务进行会计核算

2. 下列关于会计机构和会计人员的说法中,正确的是(　　)。

A. 各单位必须设置会计机构

B. 会计机构内部应当建立稽核制度

C. 单位负责人的直系亲属可在本单位担任会计机构负责人

D. 一般会计人员办理交接手续,由单位负责人负责监交

3. 下列各项中,(　　)不属于对会计违法行为的行政处分。

A. 警告　　B. 记过　　C. 责令限期改正　　D. 开除

4. (　　)是可以受理开户单位增加或减少库存现金限额申请的法定机构。

A. 中国人民银行总行　　B. 中国人民银行各级分行

C. 银监会　　D. 开户银行

5. 下列有关现金使用要求的说法中,错误的是(　　)。

A. 开户单位支付现金,不得从本单位的现金收入中直接支付

B. 从开户单位提取现金,应当写明提取现金的用途,由本单位财会部门负责人签字盖章,并经开户银行审核后,予以支付现金

C. 开户单位现金收入应当于当日送存开户银行

D. 因采购地点不确定、交通不便、生产或市场急需、抢险救灾,以及其他特殊情况必须使用现金的,开户单位应当向开户银行提出申请,由本单位负责人签字盖章,并经开户银行审核后,予以支付现金

6. 托收承付是指根据(　　)由收款人发货后委托银行向异地付款人收取款项,由付款人向银行承认付款的一种结算方式。

A. 购销合同　　B. 加工承揽合同

C. 代销合同　　D. 国际货物买卖合同

7. 下列各项中,不属于视同销售货物行为的是(　　)。

A. 将外购货物分配给股东　　B. 将外购货物用于个人消费

C. 将自产货物无偿赠送他人　　D. 销售代销货物

8. 根据税收征收管理制度的规定,经县级以上税务局(分局)局长批准,税务机关可以依法

对纳税人采取税收保全措施。下列各项中，不属于税收保全措施的是(　　)。

A. 责令纳税人暂时停业，直至缴足税款

B. 扣押纳税人的价值相当于应纳税款的财产

C. 查封纳税人的价值相当于应纳税款的货物

D. 书面通知纳税人开户银行冻结纳税人的金额相当于应纳税款的存款

9. 对国家税务总局作出的决定不服的，可以向(　　)申请行政复议。

A. 国务院　　B. 国家税务总局

C. 北京市高级人民法院　　D. 最高人民法院

10. 从价定率计征消费税时，销售额中不应包括(　　)。

A. 价款　　B. 价外费用　　C. 消费税额　　D. 增值税额

11. 下列各单位中，不属于政府采购主体范围的是(　　)。

A. 某中央企业　　B. 某省财政厅　　C. 某市人民政府　　D. 某县公立医院

12. 下列各项中，要求会计人员对于工作中知悉的商业秘密应依法保守，不得泄露的会计职业道德是(　　)。

A. 诚实守信　　B. 廉洁自律　　C. 客观公正　　D. 坚持准则

13. 下列说法中，正确的是(　　)。

A. 稽核是内部审计的组成部分

B. 稽核制度是单位内部会计监督制度的组成部分

C. 稽核人员可以由内部审计人员兼任

D. 稽核是对同一业务、资料由经办人员进行稽查和复核

14. 发卡行对某贷记卡持卡人透支的100 000元，在首月只归还了5 000元，收取的滞纳金为(　　)元。

A. 1 000　　B. 2 000　　C. 250　　D. 500

15. 下列专用存款账户可以按规定提现的是(　　)。

A. 单位银行卡账户资金　　B. 财政预算外资金

C. 政策性房地产开发资金　　D. 信托投资基金

16. 下列违反《会计法》的行为只能给予当事人行政处分的是(　　)。

A. 财政部门及有关行政部门的工作人员在实施监管中玩忽职守

B. 财政部门及有关行政部门的工作人员在实施监管中泄露国家秘密

C. 财政部门及有关行政部门的工作人员在实施监管中泄露商业秘密

D. 财政部门及有关行政部门的工作人员将检举人姓名和检举材料转给被检举人个人

17. 李某4岁的儿子上幼儿园，10岁的女儿上小学，2019年7月份住院负担10 000元的医药费用，偿还首套房贷利息每月1 200元，专项附加扣除约定由李某一人扣除。根据个人所得税法律制度的规定，下列关于李某的说法正确的是(　　)。

A. 子女教育专项附加扣除每年可扣除12 000元

B. 子女教育专项附加扣除每年可扣除24 000元

C. 大病医疗专项附加扣除每年可扣除10 000元

D. 住房贷款利息专项附加扣除每年可扣除14 400元

18. 李某受单位领导委派赴上海出差，途中将南京至上海的火车票遗失，无法报账。下列处

理方法中，正确的是(　　)。

A. 售票单位开具证明，加盖公章，李某单位会计科科长和单位领导批准后，代作原始凭证

B. 李某写出书面报告，说明情况，经本单位会计机构负责人和单位负责人批准后，代作原始凭证

C. 售票单位开具证明，并经售票单位会计机构负责人和单位负责人批准后，代作原始凭证

D. 李某写出书面报告，加盖售票单位公章，经本单位会计机构负责人和单位负责人批准后，代作原始凭证

19. 下列情形中，不能办理退汇的是(　　)。

A. 汇款尚未汇出汇出行　　B. 汇款已汇出汇出行

C. 收款人拒绝接受的汇款　　D. 经过 2 个月无法交付的汇款

20. 同一持卡人的单位卡，同一账户月透支余额不得超过(　　)。

A. 20 000 元　　B. 50 000 元

C. 综合授信额度的 3%　　D. 10 000 元

21. 从单位银行结算账户支付给个人银行结算账户的款项应纳税的，税收代扣单位付款时应出具相应的(　　)。

A. 扣税凭证　　B. 扣税账簿　　C. 完税证明　　D. 收款凭据

22. 信用卡销户时，单位卡账户的余额应(　　)。

A. 转入基本存款账户　　B. 转入一般存款账户

C. 转入临时存款账户　　D. 支取现金

23. 下列项目中，不影响背书本身效力的是(　　)。

A. 未记载背书人的签章的背书　　B. 附有条件的背书

C. 转让汇票金额的一部分的背书　　D. 汇票金额分别转让给两人以上的背书

24. 下列关于县级以上地方各级人民代表大会常务委员会的预算管理职权的表述中，正确的是(　　)。

A. 审查本级预算及本级预算执行情况的报告

B. 批准本级预算和本级预算执行情况的报告

C. 改变或撤销本级人民代表大会常务委员会关于预算、决算的不适当的决议

D. 审查和批准本级预算的调整方案

25. 《政府采购信息公告管理办法》是由(　　)制定的。

A. 全国人民代表大会　　B. 全国人民代表大会常务委员会

C. 国务院　　D. 国务院财政部门

26. 根据《注册会计师法》的规定，(　　)负责对全国会计师事务所执业质量实施监督检查，并对违反《注册会计师法》的行为实施行政处罚。

A. 财政部　　B. 中国注册会计师协会

C. 证券监督委员会　　D. 审计署

27. 根据《人民币银行结算账户管理办法》的规定，下列情形中，存款人申请开立基本存款账户，应向银行出具的证明文件不符合规定的是(　　)。

A. 外资企业驻华办事处，应出具国家主管部门的批文或证明
B. 非预算管理的事业单位，应出具政府人事部门或编制委员会的批文或登记证书
C. 民办非企业组织，应出具民办非企业登记证书
D. 企业法人，应出具企业法人的营业执照正本

28. 下列关于银行结算账户的说法中，正确的是(　　)。
A. 银行结算账户既包括人民币存款结算业务，也包括外币存款结算业务
B. 银行结算账户属于单位定期存款账户
C. 银行结算账户不同于储蓄账户
D. 银行结算账户限于单位存款人结算开立

29. 关于会计凭证，下列说法中，错误的是(　　)。
A. 原始凭证和记账凭证都是会计凭证　B. 原始凭证记录的是经济信息
C. 记账凭证记录的是会计信息　D. 原始凭证可直接作为记账依据

30. 作为记录会计核算过程和结果的载体，反映单位财务状况、经营成果、现金流量，评价经营业绩、进行投资决策的主要依据是(　　)。
A. 会计资料　B. 会计管理制度　C. 财务制度　D. 会计监督

31. 会计机构、会计人员发现会计账簿与实物、款项及有关资料不相符的，应当(　　)。
A. 向当地财政部门报告，由财政部门进行处理
B. 提交单位负责人进行处理
C. 自行处理
D. 根据国家统一的会计制度的规定，有权自行处理的应及时处理，无权处理的应立即向单位负责人报告

32. 下列选项中，体现政府采购中“公开透明原则”的是(　　)。
A. 政府采购当事人在政府采购活动中，本着诚实、守信的态度履行各自的权利和义务
B. 将竞争机制引入采购活动中，实行优胜劣汰
C. 政府采购的投诉处理结果或司法裁定等要公开
D. 政府采购要按照事先约定的条件和程序进行，对所有供应商一视同仁

33. 税务代理人为纳税人、扣缴义务人代理税务事宜，既不能损害纳税人、扣缴义务人的合法权益，也不能损害国家的利益，体现的是税务代理的(　　)。
A. 有偿性　B. 独立性　C. 自愿性　D. 公正性

34. 根据《支付结算办法》的规定，银行承兑汇票的承兑银行，应当按照(　　)向出票人收取手续费。
A. 票面金额的0.1‰　B. 票面金额的0.3‰
C. 票面金额的0.5‰　D. 票面金额的1‰

35. 税收实体法主要是指确定税种立法，具体规定各税种的征收对象、征收范围、税目、税率、纳税地点等，下列各项中，(　　)属于税收实体法。
A.《税收征收管理法》　B.《海关法》
C.《个人所得税法》　D.《进出口关税条例》

36. 下列各项中，(　　)属于按照税收的征收权限和收入支配权限进行分类的。
A. 中央税类　B. 流转税类　C. 财产税类　D. 行为税类

37. 下列关于税法构成要素的说法中,正确的是(　　)。
A. 税目是区分不同税种的主要标志
B. 税率是衡量税负轻重的重要标志
C. 纳税人就是履行纳税义务的法人
D. 征税对象是税收法律关系中征纳双方权利义务所指的物品

38. 税务机关采取税收保全措施时,个人及其所扶养家属维持生活必需的住房和用品不在税收保全措施的范围之内。因此,下列不属于保全范围的是(　　)。
A. 豪华住宅　　B. 金银饰品
C. 配偶的退休工资　　D. 家中唯一的小汽车

39. 税务机关为增值税纳税人代开的专用发票应统一使用(　　)联专用发票。
A. 三　　B. 四　　C. 五　　D. 六

40. 我国某企业 2018 年度实现收入总额 460 万元,与之相应的扣除项目金额共计 438 万元,经税务机关核定 2018 年度的亏损额为 20 万元。该企业 2018 年度应缴纳的企业所得税为(　　)元。
A. 5 000　　B. 6 600　　C. 12 500　　D. 16 500

41. 某小型工业企业是增值税小规模纳税人,2019 年 3 月取得销售收入 12.56 万元(含增值税);购进原材料一批,支付货款 3.09 万元(含增值税)。该企业当月的应纳增值税额是(　　)万元。
A. 0.37　　B. 3.0　　C. 2.73　　D. 0.36

42. 根据《企业所得税法》的规定,计算企业所得税所得额时,准予扣除的是(　　)。
A. 向投资者支付的股息、红利等权益投资收益额
B. 税收滞纳金
C. 被没收财物的损失
D. 银行按规定加收的罚息

43. 单位在支付个人工资时,按税法规定,对超过法定扣除额的工资部分,应(　　)个人所得税。
A. 代收代缴　　B. 代扣代缴　　C. 委托代征　　D. 定额征收

44. 根据《预算法》的规定,下列各项中,(　　)负责审查各级总预算草案及总预算执行情况的报告。
A. 本级人民代表大会　　B. 本级人民代表大会常务委员会
C. 本级政府审计部门　　D. 本级政府财政部门

45. 根据《税收征收管理法》的规定,因纳税人、扣缴义务人计算错误等失误,未缴或者少缴税款的,税务机关在(　　)年内可以追征税款、滞纳金;有特殊情况的,追征期可以延长到(　　)年。
A. 3;5　　B. 3;6　　C. 2;5　　D. 2;6

46. 下列关于消费税纳税地点的表述中,正确的是(　　)。
A. 一般纳税人销售的应税消费品,纳税地点为纳税人核算地主管税务机关
B. 委托个人加工的应税消费品,由受托方向其机构所在地或居住地主管税务机关申报纳税

C. 进口的应税消费品，由进口人向报关地海关申报纳税
D. 委托个人加工的应税消费品，由委托方向其机构所在地或居住地主管税务机关申报纳税

47. 下列各项中，属于不征税收入的是（ ）。
A. 国债利息收入
B. 符合条件的非营利性组织的收入
C. 依法收取并纳入财政管理的行政事业性收费、政府性基金
D. 因债权人缘故确实无法支付款项

48. 下列由国家税务总局统一印制的是（ ）。
A. 服务业发票　B. 运输业发票
C. 契税完税证　D. 增值税专用发票

49. 根据《票据法》的规定，下列选项中，不属于禁止背书转让汇票情形的是（ ）。
A. 汇票未记载付款地的　B. 汇票超过付款提示期限的
C. 汇票被拒绝承兑的　D. 汇票被拒绝付款的

50. “信以立志，信以守身，信以处世，信以待人，毋忘立信，当必有成。”这句话体现的会计职业道德的内容是（ ）。
A. 坚持准则　B. 客观公正　C. 诚实守信　D. 廉洁自律

二、多项选择题（下列各题有两个或两个以上正确答案，每题 2 分，共 10 题。不选、少选、多选或错选均不得分。）

1. 根据我国《预算法》的规定，属于国务院财政部门的职权的有（ ）。
A. 具体编制中央预算、决算草案　B. 具体组织中央和地方预算的执行
C. 具体编制中央预算的调整方案　D. 审查和批准中央预算的调整方案

2. 下列有关会计职业道德和会计法律制度两者的区别的叙述中，不正确的有（ ）。
A. 会计法律具有很强的他律性，会计职业道德具有很强的自律性
B. 会计法律制度侧重于调整会计人员的外在行为和结果的合法化，而会计职业道德用来调整会计人员内在的精神世界
C. 会计法律制度表现形式是具体的、正式形成文字的成文条款，而会计职业道德只是存在于会计人员内心的意识和信念，没有成文的表现形式
D. 违反会计法律制度可能会受到法律制裁，违反会计职业道德只会受到道德谴责

3. 关于发票的开具和保管，下列说法中，正确的有（ ）。
A. 不符合规定的发票，任何单位和个人有权拒收
B. 使用电子计算机开具发票，须经主管税务机关批准
C. 发票限于领购单位和个人在本省、自治区、直辖市内开具
D. 已开具的发票存根联和发票登记簿在保存期满后可以自行销毁

4. 财政授权支付程序适用于（ ）。
A. 单件物品或单项服务购买额不足 10 万元人民币的购买支出
B. 单件物品或单项服务购买额不足 50 万元人民币的购买支出
C. 年度财政投资不足 50 万元人民币的工程采购支出

D. 特别紧急的支出

5. 下列有关预算的审批、执行、调整等的表述中,正确的有(　　)。

A. 中央预算由全国人民代表大会审查和批准

B. 地方各级政府预算由上级人民代表大会审查和批准

C. 各级预算由本级政府组织执行,具体工作由本级政府财政部门负责

D. 乡、民族乡、镇政府预算的调整方案必须提请本级人民代表大会审查和批准

6. 下列有关《会计法》的说法中,正确的有(　　)。

A. 调整我国经济生活中会计关系的法律总规范

B. 会计法律制度中层次最高的法律规范

C. 制定其他会计法规的依据

D. 指导会计工作的最高准则

7. 下列各项中,属于《会计法》规定的"单位负责人"的有(　　)。

A. 有限责任公司的董事长　　B. 国有企业的厂长

C. 个人独资企业的投资人　　D. 代表合伙企业执行合伙事务的合伙人

8. 根据《个人所得税法》的规定,下列情形中纳税人应当按照规定到主管税务机关办理纳税申报的有(　　)。

A. 非居民个人在中国境内两处或两处以上取得工资、薪酬所得

B. 从中国境外取得所得的

C. 取得应纳税所得,没有扣缴义务人的

D. 取得综合所得需要办理汇算清缴

9. 下列企业中,不可以在银行办理托收承付结算方式的有(　　)。

A. 个体工商户　　B. 有限合伙企业　　C. 有限责任公司　　D. 外商独资企业

10. 根据《税收征收管理法实施细则》的规定,下列有关税务登记证件使用的表述中,正确的有(　　)。

A. 纳税人办理开立银行账户时,必须提供税务登记证件

B. 纳税人购领发票时,必须提供税务登记证件

C. 税务登记证件不得损毁

D. 税务登记证件可以转借给他人

三、判断题(每题 0.5 分,共 20 题,正确的打"√",错误的打"×"。不答不得分。)

1. 未办理工商营业执照,也未经有关部门批准设立的纳税人,按规定不需办理税务登记。(　　)

2. 纳税人办理停业的,停业期限不得超过 6 个月。(　　)

3. 纳税人销售的应税消费品,如因质量问题由购买者退回,可直接抵减应纳税款。(　　)

4. 采购人不得将应当以公开招标方式采购的货物或服务化整为零来规避公开招标采购。(　　)

5. 在会计工作中一定要提供上乘的服务质量,不管服务主体提出什么样的要求,会计人员都要尽量满足服务主体的需要。(　　)

6. 诚实守信是会计人员在职业活动中做到客观公正、坚持准则的基础,是参与管理的

前提。 (　)

7. 组织开展中高级会计人员培养、会计培训和会计咨询与服务是中国会计学会的职责之一。 (　)

8. 单位负责人授意、指使、强令会计机构、会计人员伪造、变造会计凭证、会计账簿，提供虚假财务会计报告的，会计人员不应承担法律责任。 (　)

9. 代开专用发票是指主管税务机关为所辖范围内的增值税纳税人代开专用发票，其他单位和个人不得代开。 (　)

10. 汇兑的汇入银行对于向收款人发出取款通知后，经过1个月无法支付的汇款，应主动办理退汇。 (　)

11. 增值税是价外税，消费税是价内税。 (　)

12. 会计机构、会计人员发现会计账簿记录与实物、款项及有关资料不相符的，应当立即向单位负责人报告，请求查明原因，作出处理。 (　)

13. 根据《人民币银行结算账户管理办法》的规定，凡是具有民事权利和民事行为能力，并依法独立享有民事权利和承担民事义务的法人和其他组织，均可以开立基本存款账户。 (　)

14. 承兑附条件的，所附的条件无效。 (　)

15. 税收程序法是税法的核心部分，没有税收程序法，税法体系就不能成立。 (　)

16. 固定业户到外县市销售货物或应税劳务，未向销售地或劳务发生地的主管税务机关申报纳税的，由其机构所在地的主管税务机关补征税款。 (　)

17. 我国国家预算级次结构是根据国家政权结构、行政区域划分和财政管理体制而确定的。我国的国家预算实行“中央统筹制定、地方具体执行”原则。 (　)

18. 原始凭证一般都是由会计人员取得和填制的。 (　)

19. 票据的出票日期必须使用中文大写，大写日期未按要求规范书写的，银行不予受理。 (　)

20. 开立基本存款账户的存款人都可以开立一般存款账户，且没有数量限制，但在基本存款账户的开户银行只能开立一个一般存款账户。 (　)

四、案例分析题(每个选项2分，共2道大题，20分。答错、不答均不得分。)

(一) 华天公司会计部门开出和收到票据的情况如下所示：

(1) 2月5日，收到A公司的开户银行开出的银行汇票一张，注明的出票日期为2月4日，金额为10万元。

(2) 2月10日，华天公司向客户B企业开出一张支票，由于B企业的名称全称和金额不确定，因此，出纳在开出支票时未记载“收款人名称”和“金额”。

(3) 2月15日，为支付欠C公司的咨询费，华天公司将B公司开具的支票背书转让给C公司。在背书时，出纳将华天公司的签章盖在了票据背面“被背书人”栏，将C公司的名称写在了“背书人”栏。

1. 下列属于银行汇票非法定记载事项的有(　)。

A. 付款日期　　B. 出票地

C. 签发票据的原因　　D. 票据项下交易的合同号码

2. 关于2月5日华天公司收到的银行汇票,下列提示付款的日期中没有超过法定期限的是(　　)。

A. 2月14日　　B. 3月2日

C. 4月14日　　D. 6月14日

3. 关于2月10日华天公司向B企业开出支票的行为,下列表述中,正确的有(　　)。

A. 收款人名称可以授权补记,在出票时未记载的,票据也是有效的

B. 由于"收款人名称"是支票的绝对记载事项,因此华天公司开具的支票无效

C. 由于"确定的金额"是支票的绝对记载事项,因此华天公司开具的支票无效

D. 确定的金额可以授权补记,在出票时未记载的,票据也是有效的

4. 支票的提示付款期限是(　　)。

A. 出票日起10日内　　B. 出票日起1个月

C. 到期日起10日内　　D. 到期日起1个月内

5. 关于2月15日华天公司转让票据的行为,下列观点中,正确的有(　　)。

A. 背书时应不记载背书人,被背书人应记载为C公司

B. 华天公司出纳的记载不符合规定

C. 该记载会导致票据不连续

D. 该记载会导致付款人拒绝付款

(二) 中国居民王某任职于某化妆品公司,2019年收入情况如下:

(1) 从化妆品公司取得基本工资12 000元/月,加班工资1 000元/月,独生子女补贴200元/月,差旅费津贴1 800元/月,专项扣除2 250元/月。

(2) 8月份出租居住用房获得租金收入3 500元,当月发生修理费1 000元。

(3) 取得国债利息收入1 000元。

(4) 在某单位兼职取得报酬2 000元/月。

(5) 彩票中奖20 000元。

王某为独生女;王某的独生子正在读高中二年级;王某当年接受计算机专业技术人员职业资格继续教育,并取得相关证书,支出为5 000元。经约定符合条件的子女教育专项附加扣除由王某100%扣除,继续教育专项附加扣除由王某本人扣除。

1. 属于王某的"工资、薪金所得"应税项目的有(　　)。

A. 基本工资　　B. 加班工资

C. 独生子女补贴　　D. 差旅费津贴

2. 王某2019年全年应缴纳个人所得税中属于综合所得的应纳税额是(　　)元。

A. 4 560　　B. 4 800　　C. 4 600　　D. 4 740

3. 王某8月份出租居住用房获得租金收入应缴纳个人所得税的计算公式是(　　)。

A. (3 500－1 000－800)×20%　　B. (3 500－1 000－800)×10%

C. (3 500－800－800)×20%　　D. (3 500－800－800)×10%

4. 王某取得下列收入中,属于应税收入的是(　　)。

A. 出租居住用房获得租金收入3 500元

B. 取得国债利息收入1 000元

C. 在某单位兼职取得报酬 2 000 元/月

D. 彩票中奖 20 000 元

5. 2019 年，王某彩票中奖(　　)。

A. 属于偶然所得

B. 没有减除额

C. 按 20%计算所得税额

D. 先扣除 20%，再按 20%计算所得税

综合模拟试卷六

一、单项选择题(下列各题只有一个正确答案,每题1分,共50题。不选、错选均不得分。)

1. 由国家最高行政管理机关制定、发布的规范性文件是(　　)。

A. 宪法　　B. 法律　　C. 行政法规　　D. 地方性法规

2. 存款人遗失密码的,应持其开户时需要出具的证明文件到(　　)申请重置密码。

A. 中国人民银行当地分支行　　B. 基本户开户银行

C. 开户银行　　D. 中国银行

3. 下列各项中,(　　)不属于支付结算主要法律依据。

A.《票据法》　　B.《票据管理实施办法》

C.《支付结算办法》　　D.《合同法》

4. 各单位必须建立健全现金账目,逐笔记载现金支付,账目应当(　　)。

A. 日清月结,账款相符　　B. 月清季结,账款相符

C. 日清季结,账款相符　　D. 月清年结,账款相符

5. 下列需要指定会计主管人员的部门或情形是(　　)。

A. 企业专设财会部

B. 会计业务由单位办公室负责并设置专职会计人员

C. 单位委托代理记账

D. 企业专设会计部

6. 根据《支付结算办法》的规定,贷记卡持卡人非现金交易,享受免息还款期,最长为(　　)日。

A. 30　　B. 60　　C. 90　　D. 180

7. 下列各项中,(　　)属于税收行政法规。

A.《税收征收管理法》　　B.《消费税暂行条例》

C.《车船税暂行条例实施细则》　　D.《增值税专用发票使用规定》

8. 根据《增值税暂行条例》的规定,进口货物的增值税由(　　)征收。

A. 进口地税务机关　　B. 海关

C. 交货地税务机关　　D. 进口方所在地税务机关

9. 会计主管人员的直系亲属不得在本单位会计机构中担任(　　)工作。

A. 稽核　　B. 会计档案管理　　C. 会计　　D. 出纳

10. 税务机关委托代征人以税务机关的名义征收税款,并将税款缴入国库的税款征收方式是(　　)。

A. 定期定额征收　　B. 代扣代缴

C. 代收代征　　D. 委托代征

11. 会计人员发现单位出现账实不符现象时,有权自行处理的情形为(　　)。

A. 大额货币资金短少　　B. 财产物资出现巨额盘盈

C. 核对账目时发现坏账　　D. 登记账目时发现重记

12. 某国有大型工业企业,按照《会计法》的要求设置了总会计师,并明确了总会计师的职责权限。该企业的下列做法中,正确的是(　　)。

A. 规定总会计师对分管财会工作的副厂长负责

B. 由总会计师领导企业的财务管理、成本管理、预算管理、会计核算和会计监督等方面的工作

C. 规定总会计师对企业财务会计报告的真实性、完整性负全部责任

D. 由总会计师负责任免会计机构负责人

13. 我国个人所得税的计算中,按税法规定,可以扣除 60 000 元后的金额计算应纳税额,该 60 000 元指的是(　　)。

A. 起征点　　B. 免征额　　C. 税率式减免　　D. 税额式减免

14. 持票人按照规定向付款人或承兑人进行付款提示后,付款人必须无条件地在(　　)按票据金额足额支付给持票人。

A. 当日　　B. 10 日内　　C. 5 日内　　D. 3 日内

15. 根据《会计法》的规定,单位会计主管人员是指(　　)。

A. 总会计师

B. 会计机构负责人

C. 未设总会计师的单位分管会计工作的行政副职

D. 未单独设置会计机构而在有关人员中指定行使会计机构负责人职权的会计人员

16. 下列关于票据特征的表述中,不正确的是(　　)。

A. 票据是出票人依法签发的有价证券　　B. 票据所表示的权利与票据不可分离

C. 票据以支付一定的金额为目的　　D. 票据所记载的金额由出票人自行支付

17. 甲公司与乙公司共同向丙公司支付了 50 万元款项,丙公司只开出了一张发票给甲公司保存,则乙公司要依法记账,应当采取的正确做法是(　　)。

A. 甲公司记账后再将原件交乙公司记账

B. 甲公司保存发票原件,并向乙公司出具复印件作为其记账依据

C. 由丙公司向乙公司出具发票复印件为其记账依据

D. 由甲公司保存,并向乙公司开出原始凭证分割单

18. 持票人对支票出票人的权利,自出票日起(　　)内不行使而消灭。

A. 6 个月　　B. 1 年　　C. 2 年　　D. 5 年

19. 存款人因迁址需要撤销基本存款账户后,需要重新开立基本存款账户的,应在撤销其原基本存款账户后(　　)内申请重新开立基本存款账户。

A. 10 日　　B. 10 个工作日　　C. 3 日　　D. 3 个工作日

20. 收款人或持票人为将票据权利转让给他人或者将一定的票据权利授予他人行使而在票据背面或粘单上记载有关事项并签章的行为称为(　　)。

A. 出票　　B. 背书　　C. 承兑　　D. 保证

21. 下列各项中,属于汇票承兑的相对记载事项的是(　　)。

A. 承兑日期　　B. 承兑人签章　　C. 承兑文句　　D. 付款日期

22. 下列关于道德惩罚与法律惩罚关系的表述中,正确的是(　　)。
A. 道德惩罚可以替代法律惩罚　　B. 法律惩罚可以替代道德惩罚
C. 法律惩罚和道德惩罚并行不悖　　D. 法律惩罚和道德惩罚相互排斥

23. 纳税人停业期满未按期复业又不申请延长停业的,税务机关应当视为(　　)。
A. 自动注销税务登记　　B. 已恢复营业,实施正常的税收征收管理
C. 自动延长停业登记　　D. 纳税人已自动接受罚款处理

24. 从事生产、经营的纳税人、扣缴义务人有税收违法行为,拒不接受税务机关处理的,税务机关可以收缴其(　　)。
A. 税务登记证　　B. 营业执照　　C. 办税员证　　D. 发票

25. 国家预算的最根本作用是(　　)。
A. 提供财力保证　　B. 调节社会总供给和总需求的平衡
C. 反映监督　　D. 调节国民经济结构

26. 某外贸进出口公司当月进口100辆小轿车,每辆车的关税完税价格为14.3万元,缴纳关税4.1万元。已知小轿车适用的消费税税率为8%,则进口这些轿车应缴纳(　　)万元的消费税。
A. 76　　B. 87　　C. 123　　D. 160

27. 同一持卡人单笔透支发生额,单位卡不得超过(　　)万元人民币(含等值外币)。
A. 1　　B. 2　　C. 3　　D. 5

28. 目前,增值税专用发票应通过(　　)使用。
A. 增值税防伪税控系统　　B. 手工填开
C. 计算机　　D. 金税卡

29. 下列各项中,不可以作为纳税担保人的单位或个人是(　　)。
A. 国家机关　　B. 自然人　　C. 企业法人　　D. 社团组织

30. 下列不属于会计工作岗位的是(　　)。
A. 财物的收发、增减　　B. 单位内部审计
C. 会计机构内的会计档案管理　　D. 出纳

31. 下列说法中,正确的是(　　)。
A. 对受打击报复的会计人员,应当恢复其待遇和原有岗位
B. 对受打击报复的会计人员,应当恢复其名誉和原有职务、级别
C. 对受打击报复的会计人员,应当恢复其职称和原有职务、级别
D. 对受打击报复的会计人员,应当恢复其名誉和原有岗位

32. 行政处分与行政处罚的不同之处是(　　)。
A. 行政行为　　B. 惩戒措施　　C. 制裁的对象　　D. 法律后果

33. 依据《支付结算办法》的规定,下列关于支付结算的表述中,正确的是(　　)。
A. 银行可以在适当范围内为存款人垫付资金
B. 银行有权支配存款人在银行账户里的资金
C. 支付结算可以通过任何金融机构进行
D. 银行在办理支付结算时必须遵循存款人的意志

34. 银行结算账户管理档案的保管期限为(　　)。
A. 10 年　　B. 银行结算账户撤销后 10 年
C. 5 年　　D. 银行结算账户撤销后 5 年

35. 下列不属于《会计法》适用范围的是(　　)。
A. 个体工商户　　B. 企业、事业单位
C. 国家机关　　D. 社会团体

36. 对《会计法》列举的应当办理会计手续,进行会计核算的经济业务事项,下列说法中,正确的是(　　)。
A. 仅指经济业务活动发生后的会计事项
B. 不仅是经济业务活动发生后的会计事项,还包括经济业务活动发生时和发生前的会计事项
C. 不仅是经济业务活动发生后的会计事项,还包括会计预测和会计决策事项
D. 不仅是经济业务活动发生后的会计事项,还包括会计预测和会计分析事项

37. 根据我国《会计法》的规定,单位内部会计监督的主体是指(　　)。
A. 单位负责人　　B. 注册会计师及会计师事务所
C. 本单位的会计机构和会计人员　　D. 财政部门派出的人员

38. 《发票管理办法》规定,除增值税专用发票以外的其他发票,由(　　)指定企业印制。
A. 国家税务总局　　B. 省、自治区、直辖市税务机关
C. 地(市)级税务局　　D. 省财政厅

39. 对临时从事经营的纳税人,(　　)。
A. 由工商行政管理机构征收应缴的税费
B. 税务机关应责令其办理工商注册登记
C. 由税务机关核定其应纳税额,责令缴纳
D. 税务机关在其办理工商登记后进行税款的征收

40. 某企业所得税纳税人发生的下列支出中,在计算应纳税所得额时准予扣除的是(　　)。
A. 缴纳罚金 10 万元　　B. 直接赞助某学校 8 万元
C. 缴纳税收滞纳金 4 万元　　D. 支付法院诉讼费 1 万元

41. 单位和个人在开具发票时,应在发票联和抵扣联加盖单位(　　)。
A. 业务专用章　　B. 发票专用章
C. 合同专用章　　D. 证明专用章

42. 税务登记的停业登记适用于(　　)。
A. 实行定期定额征收方式的个体工商户　B. 股份公司
C. 所有纳税人　　D. 扣缴义务人

43. 根据《会计档案管理办法》的规定,各级财政部门销毁会计档案时,应由(　　)。
A. 同级审计部门派人监销　　B. 档案部门和会计部门共同派人监销
C. 会计部门派人监销　　D. 上级审计部门派人监销

44. 对跨省、自治区、直辖市来本辖区从事临时经营活动的单位和个人申请领购发票的,可以要求其缴纳不超过(　　)元的发票保证金并限期缴销发票。
A. 5 000　　B. 1 万　　C. 10 万　　D. 1 000

45. 根据《税收征收管理法》的规定，下列不属于税务机关职权的是（　　）。

A. 税务检查　　B. 税务代理　　C. 税务处罚　　D. 税款征收

46. 预算单位零余额账户用于财政授权支付和清算。该账户每日发生的支付，于当日营业终了前由代理银行在财政部批准的用款额度内与国库单一账户清算；营业中单笔支付额（　　）万元以上的，应及时与国库单一账户清算。

A. 1 000　　B. 2 000　　C. 3 000　　D. 5 000

47. 下列国库单一账户体系中的银行账户中，（　　）可以办理预算单位转账、提取现金等结算业务，并可向本单位相应账户划拨工会经费、住房公积金及提租补贴。

A. 国库单一账户　　B. 财政部门零余额账户

C. 预算单位零余额账户　　D. 预算外资金财政专户

48. 会计职业道德警示教育的主要内容和形式是（　　）。

A. 理论教育和课堂讲授　　B. 典型案例讨论和剖析

C. 理论教育和自我学习　　D. 实际情况讨论和分析

49. 根据《企业所得税法》的规定，在计算企业所得税应纳税所得额时，不计入税收总额的是（　　）。

A. 转让固定资产取得的收入　　B. 出租固定资产取得的租金收入

C. 固定资产盘盈收入　　D. 财政拨款

50. 会计职业道德规范中，“爱岗敬业”的“岗”指的是（　　）。

A. 税务工作岗位　　B. 会计工作岗位

C. 审计工作岗位　　D. 管理工作岗位

二、多项选择题（下列各题有两个或两个以上正确答案，每题2分，共10题。不选、少选、多选或错选均不得分。）

1. （　　）应当至少每年一次向本企业的职工代表大会公布财务会计报告，并重点说明有关事项。

A. 国有企业　　B. 国有控股企业

C. 国有占主导地位的企业　　D. 外资企业

2. 下列有关中央预算表述中，正确的有（　　）。

A. 由中央各部门（含直属单位）的预算组成

B. 中央预算包括地方向中央上解的收入数额

C. 中央预算包括中央对地方返还或给予补助的数额

D. 中央预算不包括军队和政党组织的预算

3. （　　）事项需办理会计手续，进行会计核算。

A. 成本的计算　　B. 材料的收发

C. 经济合同的签订　　D. 资本的增加

4. 下列行为中，属于变造会计凭证行为的有（　　）。

A. 某业务员将购货发票上的金额50万元修改为80万元报账

B. 业务员为一位客户虚开销货发票一张，并按票面金额的20%收取好处费

C. 企业某现金出纳将一张报销凭证上的金额6 000元修改为8 000元

D. 购货部门转来一张购货发票，原金额计算有误，出票单位已作更正并加盖出票公章

5. 在(　)情况下，存款人可以申请开立临时存款账户。

A. 注册验资　　B. 缴纳住房基金

C. 异地临时经营活动　　D. 清算证券交易基金

6. 会计人员继续教育的自学形式包括(　　)。

A. 参加统计专业技术资格考试　　B. 系统地接受会计业务网上培训

C. 系统地接受远程教育　　D. 参加 MPAcc 考试

7. 下列各项中，属于提供虚假财务报告的有(　　)。

A. 根据真实的账本资料，直接篡改财务会计报告的数据

B. 根据变造的会计凭证与账簿编制的财务会计报告

C. 根据伪造的会计凭证与账簿编制的财务会计报告

D. 根据真实的账簿资料编制的财务会计报告

8. 下列属于会计专业人才评价的有(　　)。

A. 全国会计领军人才　　B. 初级职称

C. 高级会计师　　D. 对先进会计工作者的表彰奖励

9. 根据《代理记账管理办法》的规定，下列各项中，属于代理记账机构业务范围的有(　　)。

A. 审核原始凭证，填制记账凭证　　B. 出具审计报告

C. 申报纳税　　D. 对外提供会计报告

10. 按税收征收的分工体系，税收可以分为(　　)。

A. 中央税　　B. 地方税类　　C. 工商税类　　D. 关税类

三、判断题(每题 0.5 分，共 20 题，正确的打"√"，错误的打"×"。不答不得分。)

1. 诚实信用原则要求采购主体在项目发标、信息发布、评标审标中要真实，不得有所隐瞒。(　　)

2. 某卷烟厂用委托加工收回的已税烟丝为原料连续生产烟丝，在计算应纳消费税时，准予从应纳消费税额中扣除委托加工收回的烟丝已缴纳的消费税税款。(　　)

3. 依据财政法原理中的"一级政权，一级财政"的原则，我国《预算法》规定，国家实行一级政府，一级预算。我国国家预算共分为七级。(　　)

4. 税率是对征税对象的征收比例或征收额度。(　　)

5. 收入汇缴账户除向基本存款账户或预算外资金财政专用存款户划缴款项外，只收不付，不得支取现金。(　　)

6. 采取税收保全措施、强制执行措施的权利，由公安机关行使。(　　)

7. 中央预算和地方各级政府预算，应当参考上一年度预算执行情况和下一年度收支预测进行编制。(　　)

8. 信用卡销户时，单位卡账户余额转入其基本存款账户，不得提取现金。(　　)

9. 会计行为的规范性主要依赖于会计人员的道德信念和品质来实现。(　　)

10. 在税务检查中，用控制计算法计算出来的结果可以直接作为检查定案的依据。(　　)

11. 某纳税人虽已建账，但税务机关发现其成本资料不全，原始凭证残缺，报表不能真实反

映其经营情况，对此，税务局可以核定其应纳税额。（ ）

12. 纳税人享受减税、免税待遇的，在减免税期间须提出书面的减免税申请，无须按期办理纳税申报。（ ）

13. 财政部门在对各单位实施监督时，可向被监督单位开立账户的金融机构查询有关情况。（ ）

14. 支票持票人超过提示付款期限提示付款的，持票人开户银行不予受理，持票人作出相应说明后，付款人仍应付款。（ ）

15. 纳税人采取电子方式办理纳税申报的，应当按照税务机关规定的期限和要求保存有关资料，并定期书面报送主管税务机关。（ ）

16. 判断会计从业人员是否具有会计职业道德的首要标准是爱岗敬业。（ ）

17. 审核原始凭证是会计机构和会计人员的法定职责，必须履行。（ ）

18. 原始凭证金额有错误的，应当采用划线更正法，并在更正处签章，以明确责任。（ ）

19. 没有办清交接手续的会计人员，一律不得调动或离职。（ ）

20. 会计工作的政府监督是一种外部监督，即由财政部门代表国家对各单位经济活动实施监督检查。（ ）

四、案例分析题（每个选项2分，共2道大题，20分。答错、不答均不得分。）

（一）某企业2019年度有以下事项发生：

（1）在甲地中国工商银行开立一个基本存款账户，同时为其采购部门在建设银行设立一个一般存款账户。

（2）单位的出纳会计张某签发现金支票3 000元，并到开户银行提款。

（3）单位在丙地的一个临时存款账户3月初进行注册验资。

（4）财务部门小王持一联银行汇票到银行提示付款，银行拒绝。

1. 对于事项(1)，下列说法中，正确的是（ ）。

A. 存款人只能设立一个基本存款账户

B. 存款人的基本存款账户用于办理存款人日常经营活动的资金收付及其工资、奖金和现金的支取

C. 基本存款账户和一般存款账户必须是不同的银行

D. 为其采购部门在中国建设银行设立一个一般存款账户合规

2. 在事项(2)中，以下不属于在该现金支票上的签章为（ ）。

A. 预留银行的该单位财务专用章　　B. 经授权的出纳人员张某的印章

C. 该单位会计机构负责人的印章　　D. 预留银行该单位法定代表人的印章

3. 对于事项(3)，该单位注册验资的临时存款账户在3月初验资期间（ ）。

A. 只收不付　B. 只付不收

C. 即可收也可付　D. 即不可收也不可付

4. 对于事项(4)，小王还必须带（ ），银行才受理付款。

A. 单位公章　B. 解讫通知　C. 进账单　D. 收账通知书

5. 根据《支付结算办法》的规定，签发票据时，可以更改的项目是（ ）。

A. 出票日期　B. 收款人名称　C. 票据金额　D. 用途

(二) 某厂为增值税一般纳税人,适用税率为13%,2019年5月发生如下业务:

(1) 外购原材料一批,取得的增值税专用发票上注明的金额为8万元,支付运费取得承运企业的运费发票上注明的运费为1万元,原材料已验收入库,增值税专用发票当月通过认证。

(2) 进口一批原材料,关税完税价为20万元,缴纳关税4万元,已验收入库,关税完税凭证当月通过认证。

(3) 购入一台设备,取得的增值税专用发票上注明的金额为5万元,支付运费取得的承运企业的运费发票上注明的运费为2万元,设备需安装后再投入使用,增值税专用发票和运费发票当月通过认证。

(4) 销售产品,开具增值税专用发票的销售额为50万元,开具增值税普通发票的金额为7.02万元。

(5) 本厂在建工程领用库存原材料成本价为3万元。

1. 2019年5月,外购原材料可以抵扣的进项税额为(　　)万元。

A. 8　　B. 1.36　　C. 0.11　　D. 1.13

2. 2019年5月,按进口原材料(　　)计算增值税进项税额。

A. 关税完税价20万元

B. 关税4万元

C. 关税完税价20万元加上关税4万元

D. 关税完税价20万元减去关税4万元

3. 下列关于2019年5月该厂购买设备的增值税进项税额的表述中,正确的有(　　)。

A. 设备尚未投入使用,未达到预定可以使用状态,进项税额暂不予抵扣

B. 按增值税专用发票上注明的税额作为进项税额

C. 按支付的运费按比例计算增值税进项税额

D. 购买该设备产生的增值税进项税额为0.83万元

4. 销售产品出具不同的发票,计算的增值税销项税额分别是(　　)万元。

A. 6.5　　B. 0.51　　C. 0.81　　D. 1.193 4

5. 在建工程领用库存原材料,计算的增值税进项税额转出的金额是(　　)万元。

A. 0　　B. 0.39　　C. 0.596 7　　D. 3

参考答案及解析

第一章　会计法律制度

一、单项选择题

1.【答案】 B

【解析】 会计部门规章由国务院财政部门根据《会计法》制定并公布。

2.【答案】 C

【解析】《代理记账管理办法》第三条规定，申请设立除会计师事务所以外的代理记账机构，应当经所在地的县级以上人民政府财政部门批准。

3.【答案】 B

【解析】 会计人员因病暂不能上班需有人代理的也应办理移交，会计机构负责人（会计主管人员）或单位领导人必须指定有关人员接替或代理，并办理交接手续。

4.【答案】 C

【解析】 企业会计准则体系包括《企业会计准则——基本准则》《企业会计准则——具体准则》《企业会计准则——应用指南》，都是会计部门规章。

5.【答案】 A

【解析】《会计法》的行政处罚包括罚款、通报、限期改正。

6.【答案】 D

【解析】《会计档案管理办法》规定，会计档案定期保管的期限一般分为10年和30年。

7.【答案】 D

【解析】 对外报送的会计报表格式由国家统一的会计制度规定，国家统一的会计制度由财政部制定。

8.【答案】 B

【解析】《企业内部控制基本规范》自2009年7月1日起执行。

9.【答案】 C

【解析】《会计档案管理办法》规定，会计日记账保管期限是30年。

10.【答案】 B

【解析】 一张原始凭证所列支出需要几个单位共同负担的，应当将其他单位负担的部分，开给对方原始凭证分割单进行结算。

11.【答案】 A

【解析】《企业会计制度》属于规范性文件，由国务院财政部门制定。

12.【答案】 B

【解析】《会计基础工作规范》规定，从外单位取得的原始凭证，必须盖有填制单位的公章；从个人取得的原始凭证，必须有填制人员的签名或盖章。

13.【答案】 B

【解析】 会计机构和会计人员审核原始凭证。

14.【答案】 A

【解析】《会计法》规定中有“会计机构负责人（会计主管人员）”，所以会计主管人员就是指会计机构负责人。

15.【答案】 C

【解析】 会计工作岗位可以一人一岗，一人多岗，一岗多人。

16.【答案】 C

【解析】 出纳不得登记收入、费用、债权债务明细账。

17.【答案】 C

【解析】《会计法》第三十六条规定，各单位应当根据会计业务的需要，设置会计机构，或者在有关机构中设置会计人员并指定会计主管人员；不具备设置条件的，应当委托经批准设立从事会计代理记账业务的中介机构代理记账。

18.【答案】 D

【解析】 会计软件及其生成的会计资料应当符合国家统一的会计制度的规定，要求打印出纸质材料。

19.【答案】 C

【解析】《会计档案管理办法》第十四条规定，会计档案的保管期限，从会计年度终了后的第1天算起。

20.【答案】 C

【解析】 会计处理方法可以变更的情形包括：①法律、行政法规或国家统一的会计制度等要求变更；②会计政策变更能提供更可靠、更相关的会计信息。

21.【答案】 A

【解析】《会计法》第三十三条规定，财政、审计、税务、中国人民银行、证券监管、保险监管等部门应当依照有关法律、行政法规规定的职责，对有关单位的会计资料实施监督检查。

22.【答案】 A

【解析】 有涂改的，单价高于市场价的原始凭证是不真实的原始凭证。

23.【答案】 A

【解析】 县级以上地方各级政府财政部门管理本行政区域的会计工作。

24.【答案】 B

【解析】 担任单位会计机构负责人（会计主管人员）的，应当具备会计师以上专业技术资格或者从事会计工作3年以上经历。

25.【答案】 A

【解析】 企业会计准则第15号为建造合同。

26.【答案】 D

【解析】 出纳人员不得兼管稽核、会计档案保管和收入、支出、费用、债权债务账目的登记工作。

27.【答案】 D

【解析】 单位内部会计监督的要求包括：①记账人员与经济业务事项或会计事项的审批人员、经办人员、财物保管人员的职责权限应当明确，并相互分离、相互制约；②重大对外投资、资产处置、资金调度和其他重要经济业务事项的决策和执行的相互监督、相互制约的程序应当明确；③财产清查的范围、期限和组织程序应当明确；④对会计资料定期进行内部审计的办法和程序应当明确。

28.【答案】 B

【解析】 可比性要求企业提供的会计信息应当具有可比性，即同一企业不同时期发生的相同或相似的交易或事项，应当采用一致的会计政策。

29.【答案】 D

【解析】《会计法》第四十四条规定，对故意销毁依法应当保存的会计凭证、会计账簿、财务会计报告，尚不构成犯罪的，对单位处以5 000元以上10万元以下的罚款。

30.【答案】 B

【解析】 会计行政法规是指由国务院（最高行政机关）制定并发布，或者由国务院有关部门拟定并经国务院批准发布，调整经济生活中某些方面会计关系的法律规范。

31.【答案】 B

【解析】《会计法》第四十二条规定，对随意变更会计处理方法的直接责任人员处以2 000元以上2万元以下的罚款。

32.【答案】 B

【解析】 完整性不属于会计信息质量要求。

33.【答案】 B

【解析】 原始凭证是经济业务事项发生时，由经办人员取得或填制的。

34.【答案】 D

【解析】 法的时间效力包括生效时间、终止时间和溯及力。

35.【答案】 A

【解析】《会计基础工作规范》规定，国家机关、国有企业、事业单位任用会计人员应当实行回避制度。

36.【答案】 A

【解析】《会计法》是调整我国经济生活中会计关系的总规范，是会计法律制度中层次最高的法律规范。

37.【答案】 A

【解析】 国务院财政部门主管全国的会计工作。

38.【答案】 C

【解析】 会计档案包括会计凭证、会计账簿、财务报告和其他会计资料（包括会计移交清册、保管清册、销毁清册、银行对账单等）。月度财务计划属于文书档案。

39.【答案】 B

【解析】《会计档案管理办法》规定，会计档案定期保管的期限一般分为10年和30年。

40.【答案】 A

【解析】 内部控制是指经济单位和各个组织在经济活动中建立的一种相互制约的业务组织形式和职责分工制度。实际上内部控制是一个单位内部的管理控制系统。

41.【答案】 C

【解析】 医院门诊收费员、住院处收费员、药房收费员、药品库房记账员、商场收费（银）员所从事的工作，均不属于会计岗位。单位内部审计、社会审计、政府审计工作也不属于会计岗位。

42.【答案】 D

【解析】 随意变更会计处理方法的行为是违法行为。

43.【答案】 C

【解析】《会计法》第四十五条规定，授意、指使、强令会计机构、会计人员及其他人员伪造、变造会计凭证、会计账簿，编制虚假财务会计报告或者隐匿、故意销毁依法应当保存的会计凭证、会计账簿、财务会计报告，构成犯罪的，依法追究刑事责任；尚不构成犯罪的，可以处5 000元以上5万元以下的罚款；属于国家工作人员的，还应当由其所在单位或有关单位依法给予降级、撤职、开除的行政处分。

44.【答案】 A

【解析】 移交人员对移交的会计凭证、会计账簿、会计报表和其他有关资料的真实性、合法性承担法律责任。

45.【答案】 C

【解析】 账证相符是指账簿与凭证相符。

46.【答案】 B

【解析】 审计部门有权对有关单位而不是全部单位的会计资料进行监督检查，如民营企业就在审计部门的监督检查范围之外。银行保险监管部门不能对投保人的会计资料进行监督检查。证券监管部门是对上市公司及证券公司而不是全部的股份有限公司的会计资料进行监督检查。

47.【答案】 C

【解析】 会计机构和会计人员是内部会计监督的主体。

48.【答案】 D

【解析】 出纳不得兼任稽核、会计档案保管和收入、费用、债权债务登记工作。

49.【答案】 A

【解析】 担任会计机构负责人的，应当具备会计师以上专业技术职务资格或从事3年以上会计工作经历。

50.【答案】 B

【解析】 对有检举线索或者在财政管理工作中发现有违法嫌疑的单位进行重点检查。

51.【答案】 B

【解析】《会计法》第三十七条规定，会计机构内部应当建立稽核制度。

二、多项选择题

1.【答案】 BCD

【解析】 选项A对单位并处以3 000元以上5万元以下的罚款。

2.【答案】 ABCD

【解析】《会计基础工作规范》第六十七条规定，会计报表应当根据登记完整、核对无误的会计账簿记录和其他有关资料编制，做到数字真实、计算准确、内容完整、说明清楚。

3.【答案】 AD

【解析】 商业银行提供虚假的或者隐瞒重要事实的财务会计报表，中国人民银行有权责令其改正；商业银行有违法所得的，没收违法所得，并处以违法所得1倍以上5倍以下罚款；商业银行没有违法所得的，处以10万元以上50万元以下罚款；情节特别严重或者逾期不改正的，中国人民银行可以责令其停业整顿或者吊销其经营许可证；构成犯罪的，依法追究刑事责任。

4.【答案】 BCD

【解析】 实行会计电算化的单位应当将打印出的纸质资料、电子数据及会计软件均作为会计档案管理。

5.【答案】 AD

【解析】 选项BC尚不构成犯罪的，可以对单位处5 000元以上10万元以下的罚款。

6.【答案】 AB

【解析】 会计档案包括会计凭证、会计账簿、财务报告及其他会计档案。

7.【答案】 AC

【解析】 会计部门规章由国务院财政部门制定。

8.【答案】 AC

【解析】 会计部门规章由国务院财政部门制定,制定依据是《会计法》和会计行政法规。

9.【答案】 ABCD

【解析】 单位内部会计控制的方法有不相容职务相互分离控制、授权批准控制、会计系统控制、预算控制、财产保全控制、风险控制、内部报告控制、电子信息技术控制等。

10.【答案】 AC

【解析】 我国目前会计工作的自律管理组织主要有中国注册会计师协会和中国会计学会。

11.【答案】 ABCD

【解析】 登记账簿的基本要求包括:①必须依据经过审核的会计凭证登记会计账簿;②各种账簿要按页次顺序连续登记,不得跳行、隔页;③需要结出余额的,应当定期结出余额;④登记账簿时,应当将会计凭证编号、日期、业务摘要、金额和其他相关资料逐项记入账内。

12.【答案】 CD

【解析】 委托代理记账的委托人的义务包括:①对本单位发生的经济业务事项,应当填制或者取得符合国家统一的会计制度规定的原始凭证;②应当配备专人负责日常货币收支和保管;③及时向代理记账机构提供真实、完整的原始凭证和其他相关资料;④对于代理记账机构退回的要求按照国家统一的会计制度的规定进行更正、补充的原始凭证,应当及时予以更正、补充。

13.【答案】 ABD

【解析】 选项C是会计基础工作管理制度。

14.【答案】 ACD

【解析】 选项A,原始凭证由经办人员填写,不一定由会计人员填写;选项C,对不真实、不合法的原始凭证的处理方法是不予接受并向单位负责人报告;选项D,除结账和更正错账外,其他的记账凭证都应附原始凭证。

三、判断题

1.【答案】 ×

【解析】《企业会计制度》是会计部门规章,由国务院财政部门发布。

2.【答案】 ×

【解析】 根据规定,企业对外提供的财务会计报告应当由企业负责人、主管会计工作的负责人、会计机构负责人(会计主管人员),以及总会计师签名并盖章。

3.【答案】 √

【解析】 略。

4.【答案】 √

【解析】 略。

5.【答案】 ×

【解析】 对于账实不符的情况,会计机构、会计人员要查明原因,对于无权自行处理的,应当及时报请单位负责人查明原因后处理。

6.【答案】 ×

【解析】 内部控制可分为会计控制和内部管理控制。

7.【答案】 ×

【解析】 单位在收回公出借款时,原借款借据不得退还原借款人,应当另开收据或者退还借款副本。

8.【答案】 ×

【解析】 以人民币以外的货币作为记账本位币的单位,其编报的财务会计报告必须折算为人民币。

9.【答案】 √

【解析】 略。

10.【答案】 ×

【解析】 主管代理记账业务的负责人必须具有会计师以上职称。

11.【答案】 ×

【解析】 财务会计报告需要单位负责人、总会计师、会计机构负责人(会计主管人员)签名并盖章,经办人员不用签名并盖章。

12.【答案】 √

【解析】 略。

13.【答案】 ×

【解析】 按照谨慎性要求,企业对可能发生的各项资产损失计提资产减值准备,但并不意味着企业可以随意提取资产减值准备,否则,就属于滥用谨慎性要求。

14.【答案】 √

【解析】 略。

15.【答案】 ×

【解析】 内部审计是在单位内部另立审计机构，由审计人员对会计机构的会计活动进行的审计监督。

16.【答案】 ×

【解析】 国有企业和国有资产占控股地位或主导地位的大中型企业必须设置总会计师。

17.【答案】 √

【解析】 略。

四、案例分析题

(一)

1.【答案】 BC

【解析】 根据《会计法》第四十一条的规定，一般的会计人员办理交接手续，由单位的会计机构负责人(会计主管人员)负责监交。刘某与张某办理会计工作交接的手续时由财务科一名会计负责监交的做法不符合规定。交接过程中，刘某发现存在“白条抵库”问题，应由移交人员张某在规定期限内负责查清处理。

2.【答案】 ACD

【解析】 刘某对3张更改的发票予以报销的做法不符合规定。根据《中华人民共和国发票管理办法》第二十一条的规定，对于不符合规定的发票，不得作为财务报销凭证，任何单位和个人都有权拒收。刘某应对发票的合法性、真实性和有效性进行全面审核，有权拒收不符合规定的发票，不予报销。

3.【答案】 BD

【解析】 原出纳张某的观点不符合规定。

4.【答案】 ABC

【解析】 一般会计人员办理交接手续，由会计机构负责人(会计主管人员)监交。如所属单位负责人与办理交接手续的会计机构负责人有矛盾，交接时需要主管单位派人会同监交，以防可能发生单位负责人借机刁难的情况等。接管人员应继续使用移交前的账簿，不得擅自另立账簿，以保证会计记录前后衔接，内容完整。移交清册一般应填制一式三份，交接双方各执一份，存档一份。

5.【答案】 ABCD

【解析】 原始凭证上的金额，是反映经济业务事项情况的最重要数据，若随意更改，容易导致舞弊，不利于确保原始凭证的质量。原始凭证金额错误的，只能由原始凭证出具单位重新开具。原始凭证开具单位对于填制有误的原始凭证负有更正和重新开具的义务，不得拒绝。

(二)

1.【答案】 B

【解析】 根据《会计法》第四十五条的规定，授意、指使、强令会计机构、会计人员及其他人员伪造、变造会计凭证、会计账簿，编制虚假财务会计报告，尚不构成犯罪的，可处以5 000元以上5万元以下的罚款，故选项B正确。

2.【答案】 A

【解析】 根据《刑法》第二百五十五条的规定，公司、企业、事业单位、机关、团体的领导人，对依法履行职责、抵制违反《会计法》行为的会计人员实行打击报复，情节恶劣的，构成打击报复会计人员罪，处3年以下有期徒刑或拘役，故选项A正确。

3.【答案】 ABC

【解析】 根据《会计法》第四十六条的规定，对受打击报复的会计人员，应当恢复其名誉和原有职务、级别，故选项ABC符合题意。

4.【答案】 BD

【解析】 根据《会计法》第三十八条的规定，担任单位会计机构负责人的，应当具备会计师以上专业技术职务资格或者从事会计工作3年以上经历，故选项B正确。根据《会计基础工作规范》第十六条的规定，国家机关、国有企业、事业单位任用会计人员应当实行回避制度，单位领导人的直系亲属不得担任本单位的会计机构负责人，故选项D正确。

5.【答案】 C

【解析】 会计工作交接完毕后，移交人员所移交的会计凭证、会计账簿、财务会计报告和其他会计资料在其经办会计工作期间内发生的，原移交人员应当对这些会计资料的真实性、完整性承担法律责任。即使接替人员在交接时因疏忽没有发现所交接会计资料存在真实性、完整性方面的问题，如事后发现仍然应由原移交人员负责。原移交人员不应以会计资料已移交而推脱责任，接替人员不对移交过来材料的真实性、完整性负法律上的责任，故选项C正确。

(三)

1.【答案】 D

【解析】 单位负责人对财务会计报告的真实性、完整性负责，因此单位负责人是财务会计报告的责任主体。

2.【答案】 B

【解析】 签发空头支票或者签发与其预留的签章不符的支票，不以骗取财物为目的的，由中国人民银行处以票面金额5%但不低于1 000元的罚款。本题中，中国人民银行对甲公司的罚款＝15 000×5%＝750(元)＜1 000(元)，故选项B正确。

3.【答案】 C

【解析】 出票人签发空头支票的，持票人有权要求出票人赔偿支票金额2%的赔偿金。本题中，乙公司可向甲公司要求的赔偿金额＝15 000×2%＝300(元)，故选项C正确。

4.【答案】 D

【解析】 根据《会计法》第四十二条的规定，不依法设置会计账簿、私设会计账簿的，由县级以上人民政府财政部门责令限期改正，可以对单位并处3 000元以上5万元以下的罚款；对其直接负责的主管人员和其他直接责任人员，可以处2 000元以上2万元以下的罚款，故选项D正确。

5.【答案】 B

【解析】 坚持准则是指会计人员在处理业务过程中，严格按照会计法律制度办事，不为主观或他人意志所左右，故选项B正确。

(四)

1.【答案】 BD

【解析】 《会计法》第三十七条规定，出纳人员不得兼任稽核、会计档案保管和收入、支出、费用、债权债务账目的登记工作。

2.【答案】 AC

【解析】 对于保管期满的会计档案，需要销毁时，应由单位档案管理机构提出销毁意见，会同会计机构共同鉴定，严格审查，编造销毁清册，报单位负责人批准后，由单位档案管理机构和会计机构共同派员监销；保管期满但未结清债权债务原始凭证和涉及其他未了事项的原始凭证，不得销毁，应当单独抽出立卷，保管到未了事项完结时为止。

3.【答案】 BC

【解析】 《会计法》第三十八条规定，担任单位会计机构负责人(会计主管人员)的，应当具备会计师以上专业技术职务资格或者从事会计工作3年以上经历。

4.【答案】 CD

【解析】 根据《会计档案管理办法》的规定，保管期满的会计档案，除特殊规定外，可以按照程序予以销毁。

5.【答案】 AC

【解析】 《刑法》第一百六十二条规定，隐匿或者故意销毁依法应当保存的会计凭证、会计账簿、财务会计报告，情节严重的，处5年以下有期徒刑或拘役，并处或单处2万元以上20万元以下罚金。

第二章 结算法律制度

一、单项选择题

1.【答案】 A

【解析】 阿拉伯金额数字角位是“0”，分位不是“0”，中文大写金额“元”后面应写“零”字，故选项BD错误。阿拉伯数字中间连续有几个“0”时，中文大写金额中间可以只写一个“零”字，故选项C错误。

2.【答案】 C

【解析】 财政预算外资金是专用存款账户的使用范围之一。

3.【答案】 A

【解析】 存款人应于5个工作日内向开户银行提出变更申请，开户银行于2个工作日内向中国人民银行报告。

4.【答案】 B

【解析】 被背书人是指被记名受让票据或接受票据转让的人。

5.【答案】 D

【解析】 单位银行卡账户不得提取现金，不得缴存现金。

6.【答案】 B

【解析】 银行结算账户管理档案的保管期限为银行结算账户撤销后10年。

7.【答案】 C

【解析】 见票后定期付款的银行承兑汇票自出票日起1个月内提示承兑。

8.【答案】 C

【解析】 因特殊情况确需坐支现金的，单位必须事先报经开户银行审查批准，故选项C说法错误。

9.【答案】 C

【解析】 支票限于见票即付，不得另行记载付款日期；另行记载的，记载无效。

10.【答案】 A

【解析】 定日付款的商业承兑汇票，持票人应当在汇票到期日前向付款人提示承兑，故选项A正确。见票后定期付款的汇票，持票人应当自出票日起1个月内向付款人提示承兑，故选项B错误。付款人承兑汇票的，应当在汇票正面记载"承兑"字样和承兑日期并签章，故选项C错误。承兑人的票据责任不因持票人未在法定期限提示付款而解除，故选项D错误。

11.【答案】 D

【解析】 由出票人授权补记金额的支票仍然有效。

12.【答案】 D

【解析】 根据《人民币银行结算账户管理办法》的规定，存款人申请开立、变更、撤销一般存款账户、专用存款账户和临时存款账户必须出具基本存款账户开户登记证的证明文件。

13.【答案】 B

【解析】 因采购地点不固定，交通不便，生产或市场急需，抢险救灾，以及其他特殊情况必须使用现金的，开户单位应当向开户银行提出申请，由本单位财会部门负责人签字盖章，经开户银行审核后，予以支付现金。

14.【答案】 B

【解析】 商业汇票的绝对记载事项之一是确定的金额，"不超过50万元"是不确定的金额。

15.【答案】 A

【解析】 收款人取得出票人发出的汇票后，即取得票据权利，一方面，就票据金额享有付款请求权；另一方面，在该请求权不能满足时，即享有票据追索权。

16.【答案】 D

【解析】 同一持卡人单笔透支发生额，个人卡不得超过2万元，单位卡不得超过5万元。

17.【答案】 D

【解析】 背书人在汇票上记载了"不得转让"字样，其后手再背书转让的，原背书人对后手的被背书人不承担保证责任，原背书人对依次取得汇票的一切当事人将不承担票据责任。

18.【答案】 B

【解析】 背书人未记载被背书人名称即将票据交付他人的，持票人在票据被背书人栏内记载自己的名称与背书人记载具有同等法律效力。

19.【答案】 B

【解析】 汇兑结算没有金额起点。

20.【答案】 D

【解析】 基本存款账户是存款人的主要存款账户。

21.【答案】 D

【解析】 票据保证即票据债务人以外的第三人，以担保特定债务人履行票据债务为目的，而在票据上所为的一种附属票据行为。

22.【答案】 B

【解析】 银行对单位、个人在银行开立存款账户的存款，除国家法律、行政法规另有规定外，不得为任何单位或个人查询账户情况；除国家另有规定外，银行不得为任何单位或个人冻结、扣款，不得停止单位、个人存款的正常支付。

23.【答案】 A

【解析】 存款人违反规定开立银行结算账户的，对于非经营性的存款人，给予警告并处以1 000元的罚款。

24.【答案】 A

【解析】 托收承付是指根据购销合同由收款人发货后委托银行向异地付款人收取款项，由付款人向银行承认付款的一种结算方式。

25.【答案】 A

【解析】 根据《人民币银行结算账户管理办法》的有关规定，银行结算账户管理应当遵守一个基本账户的原则，即单位银行结算账户的存款人只能在银行开立一个基本存款账户，不得多头开立基本存款账户。

26.【答案】 D

【解析】 开户银行应于开户之日起5个工作日内向中国人民银行当地分支行备案。

27.【答案】 A

【解析】 临时存款账户的有效期最长不得超过2年。

28.【答案】 C

【解析】 金额和收款人名称可以由出票人授权补记，未补记之前不得背书转让和提示付款。

29.【答案】 C

【解析】 根据《支付结算办法》的规定，银行承兑汇票的承兑银行，应当按照票面金额的0.5‰向出票人收取手续费。

30.【答案】 A

【解析】 根据规定，存款人因主体资格终止后，撤销银行结算账户的，应先撤销一般存款账户、专用存款账户、临时存款账户，将账户资金转入基本存款账户后，方可办理基本存款账户的撤销。

31.【答案】 B

【解析】 单位银行卡账户一律从其基本存款账户转账存入，不得缴存现金。

32.【答案】 B

【解析】 付款请求权是指持票人对汇票的承兑人、本票的出票人、支票的付款人出示票据要求付款的权利。

33.【答案】 D

【解析】 支票出票人的预留银行签章是银行审核支票付款的依据。

34.【答案】 D

【解析】 付款人承兑商业汇票，不得附有条件；承兑附有条件的，视为拒绝承兑。

35.【答案】 A

【解析】 未填明实际结算金额和多余金额或实际结算金额超过出票金额的，银行不予受理。

36.【答案】 C

【解析】 签发现金银行汇票，申请人和收款人必须均为个人。

37.【答案】 A

【解析】 行使追索权的当事人除票据记载的收款人和最后的被背书人外，还可能是代为清偿票据债务的保证人、背书人。

38.【答案】 B

【解析】 收账通知是银行将款项确已收入收款人账户的凭据。

二、多项选择题

1.【答案】 ABCD

【解析】 阿拉伯金额数字万位或元位是“0”时，或者数字中间有几个“0”，万位、元位也是“0”，但千位、角位不是“0”时，中文大写金额中可以只写一个“零”字，也可以不写“零”字。阿拉伯金额数字角位不是“0”，但分位是“0”时，中文大写金额数字在“角”之后可以不写“整”字，也可以写“整”字。

2.【答案】 ABC

【解析】 票据和结算凭证金额以中文大写和阿拉伯数字同时记载，两者必须一致，故选项A正确。票据和结算凭证上的签章和记载事项应当真实，不得伪造、变造，故选项B正确。签发、取得和转让票据，应当遵守诚实信用的原则，具有真实的交易关系和债权债务关系，故选项C正确。单位、银行在票据上的签章和单位在结算凭证上的签章，为该单位、银行的盖章加其法定代表人或其授权的代理人的签名或盖章，故选项D错误。

3.【答案】 ABD

【解析】 银行结算账户的变更是指存款人的账户名称、单位的法定代表人或主要负责人、住址及其他信息资料发生变化或改变。

4.【答案】 ABC

【解析】 贷记卡持卡人免息还款期最长为60天，故选项A说法错误。贷记卡持卡人选择最低还款额方式还款时，不再享受免息还款期待遇，故选项B说法错误。贷记卡透支按月计收复利，准贷记卡透支按月计收单利，故选项C说法错误。透支利率为日利率0.5‰，并根据中国人民银行的此项利率调整而调整，故选项D说法正确。

5.【答案】 ACD

【解析】 保证的当事人为保证人和被保证人，故选项A正确。被保证的汇票，保证人应当与被保证人对持票人承担连带责任,故选项B错误。保证人为2人以上的,保证人之间承担连带责任,故选项C正确。保证人清偿汇票债务后,可以行使持票人对被保证人及其前手的追索权,故选项D正确。

6.【答案】 ABC

【解析】 用于支取现金的支票不可以背书转让,故选项A正确。背书未记载日期的,视为在汇票到期日前背书,故选项B正确。如果背书不连续,付款人可以拒绝向持票人付款,故选项C正确。背书附有条件的,所附条件无效,故选项D错误。

7.【答案】 ABC

【解析】 银行对单位、个人在银行开立存款账户的存款,除国家法律、行政法规另有规定外,不得为任何单位或个人查询账户情况;除国家另有规定外,银行不得为任何单位或个人冻结、扣款,不得停止单位、个人存款的止常支付。

8.【答案】 ACD

【解析】 因借款或其他结算需要而开立的银行结算账户是一般存款账户,故选项B错误。

9.【答案】 ABC

【解析】 票据的出票日期必须使用中文大写,故选项A正确。票据的出票日期未按要求规范填写的,银行可予受理,但由此造成损失的,由出票人自行承担,故选项B正确。票据上的阿拉伯小写金额数字不得连写,以便分辨,故选项C正确。票据上的中文大写金额数字间不得留有空白,故选项D错误。

10.【答案】 BC

【解析】 中国人民银行各分行可以制定统一的支付结算制度的实施细则、单项支付结算办法,并报经总行备案或批准后执行。

11.【答案】 AD

【解析】 银行结算账户按存款人不同分为单位银行结算账户和个人银行结算账户。

12.【答案】 ABCD

【解析】 支付结算是指单位、个人在社会经济活动中使用票据、信用卡和汇兑、托收承付、委托收款、电子支付等结算方式进行货币给付及其资金清算的行为。

13.【答案】 ABCD

【解析】 适用支付结算的法律制度主要有《票据法》《票据管理实施办法》《支付结算办法》《人民币银行结算账户管理办法》等。

14.【答案】 ABCD

【解析】 中国人民银行总行负责制定统一的支付结算制度,组织、协调、管理、监督全国的支付结算工作,调解、处理银行之间的支付结算纠纷。

15.【答案】 ABC

【解析】 一般存款账户主要用于办理存款人借款转存、借款归还和其他结算的资金收付,故选项D错误。

16.【答案】 AD

【解析】 票据和结算凭证的金额、出票或签发日期、收款人名称不得更改。

17.【答案】 ABCD

【解析】 银行结算账户管理应当遵守守法原则,不得利用银行结算账户进行偷逃税款、逃避债务、套取现金及其他违法犯罪活动。

18.【答案】 AB

【解析】 支付结算是指单位、个人在社会经济活动中使用票据、信用卡和汇兑、托收承付、委托收款、电子支付等结算方式进行货币给付及其资金清算的行为。

19.【答案】 ABCD

【解析】 复核人复核货币资金支付申请的批准范围、权限、程序是否正确,手续及相关单证是否齐备,金额计算是否准确,支付方式、支付单位是否妥当等。

20.【答案】 ABCD

【解析】 开户单位不准用不符合国家统一的会计制度的凭证顶替库存现金,即不得“白条抵库”;不准编造用途套取现金;不准利用账户替其他单位和个人套取现金;不准用单位收入的现金按个人储蓄方式存入银行等。

21.【答案】 ABCD

【解析】 因采购地点不确定、交通不便、生产或市场急需、抢险救灾,以及其他特殊情况必须使用现金的,开户单位可以经开户银行批准支付现金。

22.【答案】 ABCD

【解析】 单位有关部门或个人用款时,应当提前向审批人提交货币资金支付申请,注明款项的用途、金额、预算、支付方式等内容,并附有效经济合同或相关证明。

23.【答案】 ABCD

【解析】 办理货币资金支付业务的流程包括支付申请、支付审批、支付复核和办理支付。

24.【答案】 ABCD

【解析】 单位应当对货币资金业务建立严格的授权批准制度,明确审批人对货币资金业务的授权批准方式、权限、程序、责任和相关控制措施,规定经办人办理货币资金业务的职责范围和工作要求。

25.【答案】 ABC

【解析】 各单位应当建立货币资金业务的岗位责任制,明确相关部门和岗位的职责权限,确保办理货币资金业务的不相容岗位相互分离、相互制约和相互监督。

26.【答案】 ABD

【解析】 开户银行依照《现金管理暂行条例》和中国人民银行的规定,负责现金管理的具体实施,对开户单位收支、使用现金进行监督管理,故选项A正确。除向个人收购农副产品和其他物资的价款,以及出差人员必须随身携带的差旅费外,开户单位支付给个人的款项中,支付现金每人一次不得超过1 000元,故选项B正确。按照开户单位使用现金的范围,单位可用现金向个人收购农副产品和其他物资,但不能用于购买办公用品,故选项C错误、选项D正确。

27.【答案】 ACD

【解析】 银行结算账户可以在银行开立,银行是指在中国境内经中国人民银行批准经营支付结算业务的银行金融机构,如政策性银行、商业银行、城市信用合作社、农村信用合作社。

28.【答案】 ABCD

【解析】 略。

29.【答案】 ABCD

【解析】 存款人是指在中国境内开立银行结算账户的机关、团体、部队、企业、事业单位、其他组织、个体工商户和自然人。

30.【答案】 ABC

【解析】 银行为个人开立银行结算账户时,根据需要还可要求申请人出具户口簿、驾驶执照、护照等有效证件。

31.【答案】 ABCD

【解析】 银行在银行结算账户的开立过程中,明知或应知是单位资金,而允许以自然人名称开立账户存储的,应给予警告,并处以5万元以上30万元以下罚款;对该银行直接负责的高级管理人员、其他直接负责的主管人员、直接责任人员按规定给予纪律处分;情节严重的,中国人民银行有权停止对其开立基本存款账户的核准,责令该银行停业整顿或者吊销经营金融业务许可证;构成犯罪的,移交司法机关依法追究刑事责任。

32.【答案】 ABCD

【解析】 银行在银行结算账户的使用中,应给予警告并处以5 000元以上3万元以下罚款的行为有:①提供虚假开户申请资料,欺骗中国人民银行许可开立基本存款账户、临时存款账户、预算单位专用存款账户;②开立或撤销单位银行结算账户时,未按规定在其基本存款账户开户登记证上予以登记、签章或通知相关开户银行;③违反规定办理个人银行结算账户转账结算;④为储蓄账户办理转账结算;⑤违反规定为存款人支付现金或办理现金存入;⑥超过期限或未向中国人民银行报送账户开立、变更、撤销等资料;⑦超过期限或未向中国人民银行备案基本存款账户、临时存款账户信息。

33.【答案】 ABCD

【解析】 存款人有下列情况的,可以申请开立个人银行结算账户:①使用支票、信用卡等信用支付工具的;②办理汇兑、定期借记(代付水、电、话费)、定期贷记(代发工资)、借记卡等结算业务。

34.【答案】 BC

【解析】 借款合同是存款人申请开立一般存款账户应出具的证明文件,故选项A错误。公民个人不能申请设立基本存款账户,故选项D错误。

35.【答案】 ABC

【解析】 银行应对存款人的开户申请书填写的事项和证明文件的真实性、完整性、合规性进行认真审查。

36.【答案】 AC

【解析】 票据背书时必须记载的事项有:有关事项、背书人签章、被背书人名称。

37.【答案】 ABCD

【解析】 略。

38.【答案】 ABCD

【解析】 定日付款和出票后定期付款的汇票，持票人应当在汇票到期日前提示承兑；见票后定期付款的汇票，持票人应当自出票日起1个月内提示承兑；见票即付的汇票，无须提示承兑。

39.【答案】 ABD

【解析】 银行汇票可以用于转账，填明“现金”字样的银行汇票也可以用于支取现金；银行本票可以用于转账，注明“现金”字样的银行本票可以用于支取现金；普通支票可以用于支取现金，也可以用于转账；商业汇票只能转账。

40.【答案】 ABCD

【解析】 支票的基本当事人为出票人、付款人和收款人，选项AB为出票人，选项C为付款人，选项D为收款人。

41.【答案】 BD

【解析】 签发空头支票或者签发与其预留的签章不符的支票，不以骗取财物为目的的，由中国人民银行处以票面金额5%但不低于1 000元的罚款；持票人有权要求出票人赔偿票面金额的2%的赔偿金。

42.【答案】 AC

【解析】 支票的相对记载事项包括两项内容：付款地和出票地。

43.【答案】 ABCD

【解析】 持票人委托开户银行收款时，应做委托收款背书，在支票背面背书人签章栏签章，记载“委托收款”字样、背书日期，在被背书人栏记载开户银行名称，并将支票、填制的进账单和票据目录一并送交开户银行。

44.【答案】 ABD

【解析】 银行应予退票的情况有：签发空头支票；签发与预留银行签章不符的支票；使用支付密码地区，支付密码错误的支票等。

三、判断题

1.【答案】 √

【解析】 略。

2.【答案】 ×

【解析】 单位银行卡账户一律从其基本存款账户转账存入。

3.【答案】 √

【解析】 略。

4.【答案】 √

【解析】 略。

5.【答案】 ×

【解析】 按照支付结算银行不垫款的基本原则，银行不能在结算过程中为其垫付资金。

6.【答案】 ×

【解析】 除国家另有规定外，银行不得为任何单位或个人冻结、扣款，不得停止单位、个人存款的正常支付。

7.【答案】 ×

【解析】 支付结算必须通过中国人民银行批准的金融机构进行。

8.【答案】 ×

【解析】 商业银行总行可根据统一的支付结算制度，结合本行情况，制定具体管理实施办法，报经中国人民银行总行批准后执行。

9.【答案】 ×

【解析】 单位、银行在票据和结算凭证上的签章，为该单位、银行的财务专用章或公章加其法定代表人或授权代理人的签名或盖章。

10.【答案】 √

【解析】 略。

11.【答案】 √

【解析】 略。

12.【答案】 ×

【解析】 委托收款结算方式既可用于同城结算，又可用于异地结算。

13.【答案】 ×

【解析】 票据上有伪造、变造的签章的，不影响票据上其他真实签章的效力。票据上其他记载事项被变造的，在变造之前签章的人，对原记载事项负责；在变造之后签章的人，对变造之后的记载事项负责；不能辨别是在票据被变造之前或之后签章的，视同在变造之前签章。

14.【答案】 ×

【解析】 单位、银行在票据和结算凭证上的签章，为该单位、银行的财务专用章或公章加其法定代表人或授权代理人的签名或盖章。

15.【答案】 ×

【解析】 少数民族地区和外国驻华使领馆根

据实际需要，金额大写可以使用少数民族文字或外国文字记载。

16.【答案】 ×

【解析】 票据的取得，必须给付对价，但也有例外的情况，例如，因为税收、继承、赠与可以依法无偿取得票据的，则不受给付对价的限制。

17.【答案】 √

【解析】 略。

18.【答案】 ×

【解析】 票据和结算凭证的金额、出票或签发日期、收款人名称不得更改，更改的票据无效；更改的结算凭证，银行不予受理。

19.【答案】 ×

【解析】 开户单位的库存现金使用限额由开户银行核定。

20.【答案】 ×

【解析】 开户银行对没有在银行单独开立账户的附属单位也要实行现金管理，并对其必须保留的现金核定限额，其限额包括在开户单位的库存现金限额之内。

21.【答案】 ×

【解析】 开户单位现金收入应当于当日送存开户银行。当日送存确有困难的，由开户银行确定送存时间。

22.【答案】 √

【解析】 略。

23.【答案】 √

【解析】 略。

24.【答案】 ×

【解析】 单位办理货币资金业务，应当配备合格的人员，并根据单位具体情况进行岗位轮换。

25.【答案】 ×

【解析】 一般情况下，开户单位支付给个人的款项中，支付现金每人一次不得超过 1 000 元，超过限额部分，根据提款人的要求在指定的银行转为储蓄存款或以支票、银行本票支付。

26.【答案】 ×

【解析】 开户单位之间的经济往来，除按规定的范围可以使用现金外，应当通过开户银行进行转账结算。

27.【答案】 ×

【解析】 开户单位之间的经济往来，在法律规定的范围可以使用现金。

28.【答案】 √

【解析】 略。

29.【答案】 √

【解析】 略。

30.【答案】 ×

【解析】 存款人应在注册地或住所地开立银行结算账户，按规定可以在异地（跨省、市、县）开立银行结算账户的除外。

31.【答案】 ×

【解析】 银行对 1 年未发生收付活动且未欠开户银行债务的单位银行结算账户，应通知单位自发出通知之日起 30 日内办理销户手续，逾期视同自愿销户，未划转款项列入久悬未取专户管理。

32.【答案】 √

【解析】 略。

33.【答案】 ×

【解析】 机关、实行预算管理的事业单位开立基本存款账户、临时存款账户和专用存款账户应经财政部门批准并经中国人民银行核准，另有规定的除外。

34.【答案】 √

【解析】 略。

35.【答案】 √

【解析】 略。

36.【答案】 ×

【解析】 个体工商户凭营业执照以字号或经营者姓名开立的银行结算账户，纳入单位银行结算账户管理。

37.【答案】 √

【解析】 略。

38.【答案】 ×

【解析】 财政预算外资金、证券交易结算资金、期货交易保证金和信托基金专用存款账户不得支取现金。

39.【答案】 √

【解析】 略。

40.【答案】 √

【解析】 略。

41.【答案】 √

【解析】 略。

42.【答案】 √

【解析】 略。

43.【答案】 √

【解析】 略。

44.【答案】 √

【解析】 略。

45.【答案】 √

【解析】 略。

46.【答案】 ×

【解析】 支票的持票人应当自出票日起10日内提示付款。

47.【答案】 √

【解析】 略。

48.【答案】 ×

【解析】 支票的存款账户结清时，存款人必须将全部剩余空白支票交回银行销毁。

49.【答案】 √

【解析】 略。

50.【答案】 ×

【解析】 票据的出票，是出票人签发票据并将其交付给收款人的票据行为。

51.【答案】 ×

【解析】 票据出票人作出的付款承诺是无条件的。

52.【答案】 √

【解析】 略。

四、案例分析题

(一)

1.【答案】 ABD

【解析】 票据基本当事人包括出票人、付款人和收款人，故选项ABD正确。

2.【答案】 CD

【解析】 签发支票必须记载下列事项，欠缺下列事项之一的，支票无效：①表明“支票”的字样；②无条件支付的委托；③确定的金额；④付款人名称；⑤出票日期；⑥出票人签章，故选项CD正确。

3.【答案】 D

【解析】 支票的持票人自出票日起10日内提示付款，故选项D正确。

4.【答案】 B

【解析】 签发空头支票不以骗取财物为目的的，由中国人民银行处以票面金额5%但不低于1 000元的罚款，持票人有权要求出票人赔偿金额的2%的赔偿金。本题中材料供应商有权要求W企业赔偿的金额为100 000×2%＝2 000(元)，故选项B正确。

5.【答案】 D

【解析】 签发空头支票不以骗取财物为目的的，由中国人民银行处以票面金额5%但不低于1 000元的罚款，持票人有权要求出票人赔偿金额的2%的赔偿金。本题中银行有权要求W企业赔偿的金额为100 000×5%＝5 000(元)，故选项D正确。

(二)

1.【答案】 C

【解析】 银行存款账户按用途划分为基本存款账户、一般存款账户、专用存款账户、临时存款账户。

2.【答案】 BCD

【解析】 因借款或其他结算需要设立的银行结算账户是一般存款账户，故选项A错误。

3.【答案】 BC

【解析】 银行汇票属于见票即付票据，自出票日起，提示付款期限最长不得超过1个月。在本案例中，汇票上记载的提示付款期限为6个月，超过了法定的1个月，故选项B说法错误；汇票出票时，必须记载出票日期，该记载事项为绝对记载事项，未记载时，银行汇票无效，故选项C说法错误。

4.【答案】 C

【解析】 持票人以转让汇票权利或授予他人一定的汇票权利为目的，而在汇票背面或粘单上记载有关事项并签章的票据行为称为背书。

5.【答案】 D

【解析】 申请人或收款人为单位的，不得在“银行汇票申请书”上填明“现金”字样，乙公司和B公司均为单位，所以不得使用现金银行汇票，故选项A错误。银行汇票可以用于转账，填明“现金”字样的银行汇票也可以用于支取现金，故选项B错误、选项D正确。银行汇票属于见票即付的汇票，自出票日起1个月内向付款人提示付款，本案例中的银行汇票出票日为3月20日，持票人应该在4月20日前提示付款，而D公司是在9月4日向代理付款银行提示付款的，故选项C错误。

（三）

1.【答案】 D

【解析】 金额和收款人名称可以由出票人授权补记。

2.【答案】 ABCD

【解析】 月为壹、贰和壹拾的，日为壹至玖和壹拾、贰拾和叁拾的，应在其前加“零”。

3.【答案】 ACD

【解析】 该出票日期的填写不符合规定，应当是“贰零壹玖年零壹月壹拾捌日”，故选项B错误。

4.【答案】 ABC

【解析】 票据和结算凭证的金额、出票或签发日期、收款人名称不得更改，更改的票据无效；更改的结算凭证，银行不予受理。

5.【答案】 C

【解析】 原记载人可以更改付款人名称，更改时应当由原记载人在更改处签章证明。

（四）

1.【答案】 D

【解析】 信用卡账户2年以上未发生交易的，可以办理销户。

2.【答案】 A

【解析】 单位卡在使用过程中，需要向其账户结存资金的，一律从基本存款账户转入，不得缴存现金，不得将销货收入的款项存入其账户，故选项A正确。

3.【答案】 ABCD

【解析】 单位卡不得用于10万元以上的商品交易、劳务供应款项的结算，故选项A做法错误。公司信用卡不得转借给其子公司，故选项B做法错误。单位卡在使用过程中，需要向其账户结存资金的，一律从基本存款账户转入，不得支取现金，故选项C做法错误。无综合授信额度可参照的单位，其月透支余额不得超过10万元人民币，故选项D做法错误。

4.【答案】 AD

【解析】 贷记卡的首月最低还款额不得低于其当月透支余额的10%，故选项B错误。信用卡透支利率为日利率0.5‰，故选项C错误。

5.【答案】 C

【解析】 办卡银行给予持卡人一定的信用额度，持卡人可以在信用额度内先消费、后还款的信用卡是贷记卡。

第三章 税收法律制度

一、单项选择题

1.【答案】 D

【解析】 最高开票限额是指单份专用发票开具的销售额合计数不得达到上限额度。

2.【答案】 C

【解析】 发票应以真实的经济活动为基础开具，不得虚构经营业务，虚开发票。

3.【答案】 A

【解析】 单位和个人在发生经营业务、确认营业收入时开具发票。

4.【答案】 C

【解析】 税收保全措施主要有以下两种：书面通知纳税人开户银行冻结纳税人的金额相当于应纳税款的存款；扣押、查封纳税人的价值相当于应纳税款的商品、货物或其他财产，通知出境管理机关阻止其出境。

5.【答案】 B

【解析】 已开具的发票存根联和发票登记簿等应当保存5年。

6.【答案】 C

【解析】 税务登记包括：开业登记、变更登记、注销登记、停复业登记、跨区域涉税事项报验登记。

7.【答案】 D

【解析】 应缴纳增值税＝12.36÷(1＋3%)×3%＝0.36(万元)。

8.【答案】 C

【解析】 工商登记号不属于发票的内容。

9.【答案】 C

【解析】 欠税在前，税先；抵押等在前，抵押先。所以先还贷款50万元，再缴税30万元，最后将剩余的归还乙企业。

10.【答案】 A

【解析】 烟、酒、涂料、电池、成品油、木制一次性筷子、实木地板、化妆品、贵重首饰及珠宝玉石、鞭炮、焰火、小汽车、摩托车、高尔夫球及球具、高档手表、游艇需缴纳消费税。

11.【答案】 B

【解析】 固定性是指国家征税以法律形式预先规定征税范围和征收比例，便于征纳双方共同遵守。

12.【答案】 A

【解析】 可以抵扣的增值税＝20 000×9%＋6 000×9%＝2 340(元)。

13.【答案】 B

【解析】 工资薪金所得适用3%至45%的七级超额累进税率。

14.【答案】 B

【解析】 税务机关采用一种方法不足以正确核定应纳税额时，可以同时采用两种以上的方法核定，故选项A错误、选项B正确。纳税人对税务机关核定的应纳税额有异议的，纳税人应当提供相关证据证明故选项C错误。经税务机关认定后，税务机关可以调整应纳税额故选项D错误。

15.【答案】 B

【解析】 采用预收货款方式销售货物，增值税的纳税义务发生时间为货物发出的当天。

16.【答案】 B

【解析】《税务行政处罚听证程序实施办法(试行)》第十二条规定，当事人或其代理人应当按照税务机关的通知参加听证，无正当理由不参加的，视为放弃听证权利。

17.【答案】 A

【解析】 负有纳税义务的单位和个人为纳税人。

18.【答案】 D

【解析】 最高开票限额由区县级税务机关审批。

19.【答案】 B

【解析】 纳税人遗失税务登记证件的，应当在15日内书面报告主管税务机关。

20.【答案】 D

【解析】 会计记录文字应当使用中文，可以同时使用一种民族文字或外国文字。

21.【答案】 C

【解析】 关联企业之间的业务往来应以独立企业的要求进行确认。

22.【答案】 D

【解析】 申请领购增值税专用发票的单位和个人，除了提供经办人身份证明、税务登记证件或其他有关证明，以及财务印章或发票专用章的印模外，还应当提供加盖有“增值税一般纳税人”确认专用章的税务登记证副本。

23.【答案】 C

【解析】 纳税人按照规定的期限办理纳税申报确有困难，需要延期的，应在规定的期限内向税务机关提出书面延期申请，经税务机关核准可以延期纳税申报。

24.【答案】 C

【解析】 进项税额＝100 000×13%＋800×9%＝13 072(元)。

25.【答案】 B

【解析】 订货单不属于发票。

26.【答案】 C

【解析】 因税务机关的责任致使纳税人、扣缴义务人未缴或少缴税款的，税务机关在3年内追征，不加收滞纳金。

27.【答案】 D

【解析】 应缴纳消费税＝16.95÷(1＋13%)×9%×300＝405(万元)。

28.【答案】 D

【解析】 增值税一般纳税人兼营不同增值税税率的货物，未分别核算不同税率货物销售额的，从高适用税率。

29.【答案】 B

【解析】 增值税专用发票以外的其他发票由省级税务机关指定企业印制。

30.【答案】 C

【解析】 税务机关除责令限期缴纳税款外，从滞纳税款之日起，按日加收滞纳税款0.5‰的滞纳金。

31.【答案】 B

【解析】 单位和个人在开具发票时，应在发票联和抵扣联加盖发票专用章。

32.【答案】 B

【解析】 对于账册不健全、财务管理水平低的企业，税款征收采用查定征收方式。

33.【答案】 C

【解析】 从事生产、经营的纳税人应当自领取税务登记证件之日起15日内，将其财务、会计制度或财务、会计处理办法报送主管税务机关备案。

34.【答案】 A

【解析】 纳税人因有特殊困难，不能按期缴纳税款的，经省、自治区、直辖市国家税务局、地方税务局批准，可以延期缴纳税款，但是最长不得超过3个月。

35.【答案】 C

【解析】 税务稽查局在行使查账权时，经批准可以将以前年度有关的账簿等调回税务稽查局检查，并开付清单，但必须在3个月内完整归还。

36.【答案】 C

【解析】 应纳消费税＝7 000×(1＋5%)÷(1－30%)×30%＝3 150(元)。

37.【答案】 C

【解析】 纳税人因住所、经营地点变动，涉及改变税务登记机关的，应当办理注销登记。

38.【答案】 D

【解析】 税务机关扣押商品、货物或其他财产时，必须开付收据；税务机关查封商品、货物或其他财产时，必须开付清单。

39.【答案】 A

【解析】 传统的方式是上门申报(直接申报)。

40.【答案】 C

【解析】 查验征收是指由税务机关对纳税申报人的应税产品进行查验后征税，并贴上完税证、查验证或盖查验戳，并据以征税的一种税款征收方式。

41.【答案】 B

【解析】 应缴纳个人所得税＝10 000×(1－20%)×10%－210＝590(元)。

42.【答案】 D

【解析】 代开的增值税专用发票是六联专用发票，自己开的是三联专用发票。

43.【答案】 C

【解析】 增值税专用发票的第三联是发票联。

44.【答案】 C

【解析】 税务登记的主要内容，主要通过纳税人填写税务登记表来体现。

45.【答案】 A

【解析】 税收的特点有无偿性、固定性、强制性。

46.【答案】 C

【解析】 税务机关依法加收东强公司的滞纳金＝滞纳金额×滞纳天数×5÷10 000＝12×20×5÷10 000＝0.12(万元)。

47.【答案】 B

【解析】 采取直接收款方式销售货物的，不论货物是否发出，增值税纳税义务发生时间均为收到销售款或取得索取销售款凭据的当天。

48.【答案】 D

【解析】 采用直接收款销售方式的，增值税专用发票开具时间是收到货款的当天。

49.【答案】 D

【解析】 车辆购置税属于行为税类。

50.【答案】 D

【解析】 增值税扣缴义务发生时间为增值税纳税义务发生时间。

51.【答案】 B

【解析】 只有增值税一般纳税人可以领购增值税专用发票。

52.【答案】 A

【解析】 纳税人采取欺骗、隐瞒的手段进行虚假纳税申报或不申报，逃避缴纳税款数额较大并且占应纳税额10%以上的，处3年以下有期徒刑或拘役，并处罚金。

二、多项选择题

1.【答案】 ABCD

【解析】 应缴纳企业所得税的收入包括：销售货物收入；提供劳务收入；转让财产收入；股息、红利等权益性投资收益；利息收入；租金收入；特许权使用费收入；接受捐赠收入；其他收入。

2.【答案】 AD

【解析】 将个人所得税的纳税义务人分为居民纳税人和非居民纳税人的标准是住所标准和居住时间标准。

3.【答案】 ACD

【解析】 未发生经营业务不可开具发票，故选项A说法错误。发票专用章或财务专用章一般不得在印制发票时套印，有些可以套印，如电信话费自印发票，故选项C说法错误。任何单位和个人不得转借、转让、代开发票，故选项

D说法错误。

4.【答案】 ABC

【解析】 罚款支出属于营业外支出，不能扣除。

5.【答案】 ABC

【解析】 略。

6.【答案】 ACD

【解析】 税务机关应当依照法律、行政法规的规定征收税款，不得违反法律、行政法规的规定开征、停征、多征、少征、提前征收、延缓征收或摊派税款，不包括不征。

7.【答案】 ABC

【解析】 采用邮寄申报方式纳税应使用统一的纳税申报专用信封，以邮政部门收据作为申报凭据，以寄出的邮戳日期为实际申报日期。

8.【答案】 ABC

【解析】 中央税包括：关税，海关代征的进口环节消费税和增值税，消费税，铁道部门、各银行总行、各保险总公司集中缴纳的城市维护建设税等。

9.【答案】 BC

【解析】 按照税法功能作用的不同，税法分为税收实体法和税收程序法。

10.【答案】 ABC

【解析】 数据电文申报是指以税务机关确定的电话语音、电子数据交换和网络传输等电子方式进行纳税申报。

11.【答案】 BC

【解析】 劳务报酬所得、稿酬所得、特许权使用费所得、财产租赁所得，每次收入不超过4 000元的，减除费用800元；4 000元以上的，减除20%的费用，其余额为应纳税所得额。利息、股息、红利所得，偶然所得和其他所得，以每次收入额为应纳税所得额。

12.【答案】 ABCD

【解析】 任何单位和个人不得转借、转让、介绍他人转让发票、发票监制章和发票防伪用品；不得拆本使用发票；不得扩大发票使用范围；不得以其他凭证代替发票使用。

13.【答案】 BCD

【解析】 增值税专用发票分为三联：记账联、抵扣联和发票联。

14.【答案】 ABC

【解析】 本题考核税务机关的权利。选项D属于市场监督管理部门的权限。

15.【答案】 ABC

【解析】 选项D属于行政法规。

16.【答案】 ABCD

【解析】 办理注销登记的情形包括：从事生产经营的纳税人解散、撤销；纳税人被工商行政管理机关吊销营业执照；从事生产经营的纳税人撤销、破产等。

17.【答案】 ABD

【解析】 税法最基本的构成要素为：纳税义务人、征税对象、税率。

18.【答案】 ABCD

【解析】 发票的内容、种类、联次和使用范围由国家税务总局规定。

19.【答案】 ABCD

【解析】 发票具有合法性、真实性、时效性、共享性、传递性等特征。

20.【答案】 ABC

【解析】 注销登记的情况有：解散、破产、撤销等。

21.【答案】 ABD

【解析】 非居民企业在中国境内未设立机构、场所的，或者虽设立机构、场所但与其所设机构、场所没有实际联系的所得，以扣缴义务人所在地为纳税地点。

22.【答案】 ABC

【解析】 采取预收货款方式销售货物的，开具增值税专用发票的时限为货物发出的当天；但对于生产工期超过12个月的大型机械设备、船舶、飞机等货物，为收到预收款或者书面合同约定的收款日期的当天。委托其他纳税人代销货物的，开具增值税专用发票的时限为收到代销单位的代销清单或收到全部或部分货款的当天；未收到代销清单及货款的，为发出代销货物满180天的当天。

23.【答案】 ACD

【解析】 采用预收货款、托收承付、委托银行收款结算方式的，开具增值税专用发票的时限为货物发出的当天。采用分期付款的，开具增值税专用发票的时限为合同约定的收款日期的当天。

24.【答案】 AB

【解析】 工资、薪金所得,是指个人因任职或受雇而取得的工资、薪金、奖金、年终加薪、劳动分红、津贴、补贴,以及与任职或受雇有关的其他所得,独生子女费、误餐补贴不属于此类。

25.【答案】 ABC

【解析】 按税法的相关规定,个人通过非营利性的社会团体和国家机关进行的下列公益、救济性捐赠支出,在计算缴纳个人所得税时,准予在税前的所得额中全额扣除:①向红十字事业的捐赠;②向农村义务教育的捐赠;③向公益性青少年活动场所(其中包括新建)的捐赠;④向汶川地震灾区的捐赠,允许在当年个人所得税前全额扣除。

26.【答案】 ABCD

【解析】 工商税类主要包括:增值税、消费税、资源税、企业所得税、个人所得税、城市维护建设税、房产税、车船税、土地增值税、城镇土地使用税、印花税等。

27.【答案】 CD

【解析】 税务违法行政处罚的项目有:责令限期改正、罚款、没收财产、收缴未用发票和暂停供应发票、停止出口退税权。

28.【答案】 AB

【解析】 所得税税收的特点为:征税对象不是一般收入,而是总收入减除准予扣除项目后的余额,征税数额受成本、费用、利润高低的影响较大。

29.【答案】 BD

【解析】 增值税是以商品(含应税劳务)在流转过程中产生的增值额作为计税依据向纳税义务人征收的一种流转税,故选项A错误。增值税的纳税人按其经营规模大小,分为一般纳税人和小规模纳税人,故选项C错误。

30.【答案】 BD

【解析】 消费税=5×220=1 100(元);增值税组成计税价格=成本+利润+消费税=200 000×(1+10%)+220×5=221 100(元);增值税销项税额=增值税组成计税价格×税率=221 100×13%=28 743(元)。

31.【答案】 ABCD

【解析】《税务登记管理办法》第十三条规定,纳税人在申报办理税务登记时,应当根据不同情况向税务机关如实提供以下证件和资料:①工商营业执照或其他核准执业证件;②有关合同、章程、协议书;③组织机构统一代码证书;④法定代表人或负责人或业主的居民身份证、护照或其他合法证件;⑤其他需要提供的有关证件、资料,由省、自治区、直辖市税务机关确定。

32.【答案】 ABC

【解析】 当事人对税务机关的处罚决定、税收强制执行措施、税收保全措施不服的,可以依法申请行政复议,也可以依法向人民法院起诉。

33.【答案】 ABCD

【解析】 生产经营规模小又确无建账能力的纳税人,经批准可以聘请经批准从事会计代理记账业务的专业机构或者经税务机关认可的财会人员代为建账和办理账务;聘请上述机构或人员有实际困难的,经县级以上税务机关批准,可以按照税务机关的规定,建立收支凭证粘贴簿、进货销货登记簿或者使用税控装置。

三、判断题

1.【答案】 √

【解析】 略。

2.【答案】 √

【解析】 略。

3.【答案】 √

【解析】 略。

4.【答案】 ×

【解析】 在税收法律关系中,征纳双方法律地位平等,但因双方是行政管理者与被管理者的关系,双方权利与义务不对等。

5.【答案】 √

【解析】 略。

6.【答案】 ×

【解析】 实行定期定额征收方式的个体工商户需要停业的,应当在停业前向税务机关申报办理停业登记,纳税人的停业期限不得超过1年。

7.【答案】 √

【解析】 略。

8.【答案】 ×

【解析】 财政拨款为不征税收入。国债利息收入，符合条件的居民企业之间的股息、红利等权益性投资收益为免税收入。

9.【答案】 ×

【解析】 征税对象的数额超过规定数额的，就其超过免征额以上的部分征税，在免征额以下(含)的，不征税。

10.【答案】 ×

【解析】 应税消费品若是用外购(或委托加工收回)已缴纳消费税的应税消费品连续生产出来的，在对这些连续生产出来的应税消费品征税时，应当按生产领用数量计算准予抵扣的外购(或委托加工收回)应税消费品已缴纳的消费税税款。

11.【答案】 √

【解析】 略。

12.【答案】 ×

【解析】 从事生产经营的纳税人，税务登记内容发生变更的，自工商行政管理机关办理变更登记之日起30日内持有关证件向税务机关办理变更税务登记。

13.【答案】 √

【解析】 略。

14.【答案】 √

【解析】 略。

15.【答案】 ×

【解析】 契税属于行为税类。

16.【答案】 √

【解析】 略。

17.【答案】 ×

【解析】 除法律另有规定之外，税收优先于无担保债权，但破产企业的应付工资优先于税款支付。

18.【答案】 ×

【解析】 资源税采用从量征收、从价征收的征收方式，印花税采用按比例税率或按件定额计算应纳税额。

19.【答案】 √

【解析】 略。

20.【答案】 ×

【解析】 扣缴义务人应当自扣缴义务发生之日起30日内，向所在地的主管税务机关申报办理扣缴税款登记，领取扣缴税款登记证件；税务登记机关对已办理税务登记的扣缴义务人，可以只在其税务登记证件上登记扣缴税款事项，不再发给扣缴税款登记证件。

21.【答案】 √

【解析】 略。

22.【答案】 ×

【解析】 除国家机关、个人和无固定生产经营场所的流动性农村小商贩外，其他纳税人都应当按规定办理税务登记。

23.【答案】 √

【解析】 略。

四、案例分析题

(一)

1.【答案】 D

【解析】 实际销售额为100×4 000+50×3 500=575 000(元)，根据《增值税若干具体问题的规定》，纳税人采用以旧换新方式销售货物的，计算增值税的销售额仍应为全额，即(100+50)×4 000=600 000(元)。

2.【答案】 AD

【解析】 根据《国家税务总局关于纳税人折扣折让行为开具红字增值税专用发票问题的通知》的相关规定，纳税人销售货物并向购买方开具增值税专用发票后，由于购货方在一定时期内累计购买货物达到一定数量，或者由于市场价格下降等原因，销货方给予购货方相应的价格优惠或补偿等折扣、折让行为，销货方可按现行《增值税专用发票使用规定》的有关规定开具红字增值税专用发票，故选项A正确。根据《增值税若干具体问题的规定》的相关规定，纳税人采取以旧换新方式销售货物，应按新货物的同期销售价格确定销售额，不得扣减旧货物的收购价格；纳税人采取还本销售方式销售货物，其销售额就是销售价格，不得从销售额中减除还本支出，故选项BC错误。采取以物易物方式交易的双方都应作购销处理，以各自发出的货物核算销售额并计算销项税额，以各自收到的货物按有关规定核算购货额并计算进项税额，故选项D正确。

3.【答案】 A

【解析】 纳税人销售或进口货物，以及提供加工、修理修配劳务的，一般按基本税率计征增值税，基本税率为13%。小规模纳税人增值税征收率为3%，特殊行业为5%。

4.【答案】 B

【解析】 开具普通发票销售货物取得含税销售额需换算为不含税销售额，B超市该月不含税销售额＝含税销售额÷(1＋税率)＝1 130 000÷(1＋13%)＝1 000 000(元)，因此，B超市2019年6月应缴纳增值税的销售额为200 000＋1 000 000＝1 200 000(元)。

5.【答案】 A

【解析】 小规模纳税人按照规定其增值税征收率为3%，因此，小规模纳税人C该月应缴纳增值税的销售额＝含税销售额÷(1＋征收率)＝51 500÷(1＋3%)＝50 000(元)。

(二)

1.【答案】 ABC

【解析】 根据《税收征收管理法》及其实施细则的相关规定，纳税义务人必须在法律、行政法规规定，或者税务机关依照法律、行政法规的规定确定的申报期限、申报内容如实办理纳税申报。纳税人在纳税期内没有应纳税款的，也应当按照规定办理纳税申报；纳税人享受减税、免税待遇的，在减税、免税期间应当按照规定办理纳税申报，故选项AB说法错误。纳税人未按照规定的期限办理纳税申报和报送纳税资料的，由税务机关责令限期改正，可以处2 000元以下的罚款；情节严重的，可以处2 000元以上1万元以下的罚款，故选项C说法错误、选项D说法正确。

2.【答案】 B

【解析】 根据《增值税暂行条例实施细则》第三十八条的规定，采取托收承付和委托银行收款方式销售货物的，为发出货物并办妥托收手续的当天开具增值税专用发票，故选项B正确。

3.【答案】 A

【解析】 纳税人未按规定期限缴纳税款的，税务机关除责令限期缴纳外，从滞纳税款之日起，按日加收滞纳税款0.5‰的滞纳金。因此，税务机关可以对丽晶公司加收200 000×0.5‰×5＝500(元)的滞纳金。

4.【答案】 ABC

【解析】 根据《税收征收管理法》第六十三条的规定，对纳税人的偷税行为，由税务机关追缴其不缴或少缴的税款、滞纳金，并处不缴或少缴的税款50%以上5倍以下的罚款；构成犯罪的，依法追究其刑事责任。

5.【答案】 B

【解析】 税收优先于无担保债权；纳税人发生欠税在前的，税收优先于抵押权、质权和留置权的执行，故选项B正确。

(三)

1.【答案】 ABC

【解析】 工资、薪金所得是指个人因任职或受雇而取得的工资、薪金、奖金、年终加薪、劳动分红、津贴、补贴及与任职或受雇有关的其他所得。但是独生子女补贴、执行公务员工资制度未纳入基本工资总额的补贴、津贴差额和家属成员的副食补贴、托儿补助费、差旅费津贴、误餐补贴不属于工资、薪金性质的补贴，不予征收个人所得税。

2.【答案】 AD

【解析】 大病医疗专项附加扣除是纳税人发生的与基本医保相关的医药费用支出，扣除医保报销后个人负担累计超过15 000元的部分，张某负担部分未达到标准，因此不得扣除。非首套住房贷款利息支出，纳税人不得扣除，张某为其第二套房支付房贷，因此不得扣除。

3.【答案】 D

【解析】 应纳税所得额＝(10 000＋500＋400＋1 000)×12＋(1 000＋2 000)×(1－20%)＋10 000×(1－20%)×70%－60 000－1 800×12－12 000－24 000＝33 200(元)，应纳税额＝33 200×3%＝996(元)。

4.【答案】 BC

【解析】 国债利息收入、保险赔款属于免予缴纳个人所得税的收入项目。

5.【答案】 D

【解析】 个人出租住房取得的所得暂减按10%的税率征收，个人出租住房收入大于4 000元，减除20%的费用；收入小于4 000元，扣除800元的费用，因此张某7月份出租住房取得的租金收入应缴纳个人所得税的计算公式为(2 000－800)×10%。

第四章　财政法规制度

一、单项选择题

1.【答案】 D
【解析】 政府采购的主体，即采购人，是指使用财政性资金采购依法制定的集中采购目录以内的或者限额标准以上的货物、工程和服务的国家机关、事业单位和团体组织。

2.【答案】 D
【解析】 特设专户是经国务院和省级人民政府批准或授权财政部门开设的特殊过渡性专户，用于记录、核算和反映预算单位的特殊专项支出活动，并用于与国库单一账户清算。

3.【答案】 C
【解析】《政府采购法》规定，政府采购应当遵循公开透明原则、公平竞争原则、公正原则和诚实信用原则。

4.【答案】 C
【解析】 各级政府审计部门对本级各部门、各单位和下级政府的预算执行和决算实行审计监督。

5.【答案】 B
【解析】 各级政府在预算调整中应编制的资料是预算调整方案。

6.【答案】 A
【解析】 县级以上地方各级人民代表大会审查本级总预算草案及本级总预算执行情况的报告。

7.【答案】 C
【解析】 我国国家预算共分为五级，具体包括：①中央预算；②省级（省、自治区、直辖市）预算；③地市级（设区的市、自治州）预算；④县市级（县、自治县、不设区的市、市辖区）预算；⑤乡镇级（乡、民族乡、镇）预算。

8.【答案】 C
【解析】 各部门对所属各单位的决算草案，应当审核并汇总编制本部门的决算草案，在规定的期限内报本级政府财政部门审核。各级政府财政部门对本级各部门决算草案审核后发现有不符合法律、行政法规规定的，有权予以纠正。

9.【答案】 B
【解析】 公开招标是政府采购的主要采购方式。

10.【答案】 B
【解析】 财政部门零余额账户用于财政直接支付和与国库单一账户清算。

11.【答案】 B
【解析】 竞争性谈判方式，是指要求采购人就有关采购事项，与不少于 3 家供应商进行谈判。

12.【答案】 D
【解析】《预算法》在调整社会关系时，强调的是全过程调整。

13.【答案】 D
【解析】 国务院财政部门负责定期向国务院报告中央和地方预算执行情况。

14.【答案】 D
【解析】 政府采购可以采用公开招标、邀请招标、竞争性谈判、单一来源、询价，以及国务院政府采购监督管理部门认定的其他采购方式，故选项 A 错误。未纳入集中采购目录的政府采购项目，可以自行采购，也可以委托集中采购机构在委托的范围内代理采购，故选项 B 错误。政府采购当事人包括采购人、供应商和采购代理机构，故选项 C 错误。

15.【答案】 A
【解析】 政府采购要求公平竞争，选项 A 违背这一原则，故选项 A 不属于政府采购中供应商的权利。

16.【答案】 D
【解析】 预算单位零余额账户用于财政授权支付和清算。该账户每日发生的支付，于当日营业终了前由代理银行在财政部批准的用款额度内与国库单一账户清算；营业中单笔支付额 5 000 万元以上的，应及时与国库单一账户清算。

二、多项选择题

1.【答案】 ACD
【解析】 预算调整方案由各级政府财政部门负责具体编制，故选项 B 错误。

2.【答案】 BC
【解析】 全国人民代表大会常务委员会负责

审查和批准中央预算的调整方案，故选项B错误。国务院负责监督中央和地方预算的执行，故选项C错误。

3.【答案】 ABCD

【解析】 预算调整方案应当列明调整的原因、项目、数额、措施及有关说明，经本级政府审定后，提请本级人民代表大会常务委员会审查和批准。

4.【答案】 AB

【解析】 中央返还或补助地方的支出属于地方预算的收入。

5.【答案】 ABCD

【解析】 各单位的预算职权包括：①编制本单位预决算草案；②接受国家有关部门的监督；③按照国家规定上缴预算收入；④安排预算支出。

6.【答案】 ABCD

【解析】《预算法》规定的地方各级政府财政部门的职权包括：①具体编制本级预决算草案；②具体编制本级预算的调整方案；③具体组织本级总预算的执行；④提出本级预算预备费动用方案；⑤定期向本级政府和上级政府财政部门报告本级总预算的执行情况。

7.【答案】 ABCD

【解析】《预算法》规定的乡、民族乡、镇人民代表大会的职权包括：①审查和批准本级预算和本级预算执行情况的报告；②审查和批准预算的调整方案；③审查和批准本级决算；④撤销本级政府关于预决算的不适当决定和命令；⑤监督本级预算的执行。

8.【答案】 BCD

【解析】 国务院应当及时下达关于编制下一年度预算草案的指示。编制预算草案具体事项由财政部门负责部署。

9.【答案】 ABD

【解析】 国家预算的作用主要包括三个方面：财力保证作用、调节制约作用、反映监督作用。

10.【答案】 ABCD

【解析】 地方预算由各省、自治区、直辖市总预算组成，故选项A正确；各级政府总预算由本级政府预算和汇总的下一级政府总预算组成，故选项B正确。中央预算由中央各部门的预算组成，包括地方向中央上解的收入数额和中央对地方返回或给予补助的数额，故选项CD正确。

11.【答案】 AD

【解析】 邀请招标采购方式适用情形包括：①具有特殊性，只能从有限范围的供应商处采购的；②采用公开招标方式的费用占政府采购项目总价值的比例过大的。

12.【答案】 ABCD

【解析】 我国的政府采购法律制度由《政府采购法》、国务院各部门特别是财政部颁布的一系列部门规章，以及地方性法规和政府规章组成。

13.【答案】 ABCD

【解析】 实行集中采购的优点包括：取得规模效益、降低采购成本、保证采购质量，便于实施统一的管理和监督。

14.【答案】 ABCD

【解析】 供应商参与政府采购活动应当具备以下条件：①具有独立承担民事责任的能力；②具有良好的商业信誉和健全的财务会计制度；③具有履行合同所必需的设备和专业技术能力；④有依法缴纳税收和社会保障资金的良好记录；⑤参加政府采购活动前3年内，在经营活动中没有重大违法记录；⑥法律、行政法规规定的其他条件。

15.【答案】 ABCD

【解析】 政府采购中采购人的义务包括：①遵守政府采购的各项法律、法规和规章制度；②接受和配合政府采购监督管理部门的监督检查，同时还要接受和配合审计机关的审计监督及监察机关的监察；③尊重供应商的正当合法权益；④遵守采购代理机构的工作秩序；⑤在规定时间内与中标供应商签订政府采购合同；⑥在指定媒体及时间向社会发布政府采购信息、招标结果；⑦依法答复供应商提出的疑问和质疑；⑧妥善保存每项采购活动的采购文件；⑨其他法定义务。

16.【答案】 AB

【解析】 财政性资金的集中支付实行财政直接支付和财政授权支付两种方式。

17.【答案】 ABCD

【解析】 财政部门零余额账户用于财政直接支付和与国库单一账户清算；预算单位零余额

账户用于财政授权支付和清算，故选项A正确。小额现金账户是财政部门为预算单位在代理银行开设的，用于记录、核算和反映预算单位的小额零星支出，并用于与国库单一账户进行清算，故选项B正确。特设专户用于记录、核算和反映预算单位的特殊专项支出活动，并用于与国库单一账户清算，故选项C正确。预算外资金财政专户用于记录、核算和反映预算外资金的收入和支出活动，并用于预算外资金日常收支清算，故选项D正确。

18.【答案】 ABCD

【解析】 国库单一账户体系是指以财政国库存款账户为核心的各类财政性资金账户的集合，所有财政性资金的收入、支付、存储及资金清算活动均在该账户体系中运行。

19.【答案】 AD

【解析】 财政直接支付是指由财政部门向中国人民银行和代理银行签发支付指令，代理银行根据支付指令通过国库单一账户体系将资金直接支付到收款人或用款单位账户。

20.【答案】 ABD

【解析】 预算单位按照财政部门的授权，自行向代理银行签发支付指令，代理银行根据支付指令，在财政部门批准的预算单位的用款额度内，通过国库单一账户体系将资金支付到收款人账户。

21.【答案】 ABCD

【解析】 预算单位零余额账户可以办理转账、提取现金等结算业务，也可以向相应账户划拨工会经费、住房公积金及提租补贴，以及经财政部门批准的特殊款项。

三、判断题

1.【答案】 √

【解析】 略。

2.【答案】 √

【解析】 略。

3.【答案】 ×

【解析】 公平性原则是实现采购目标的重要保证。

4.【答案】 √

【解析】 略。

5.【答案】 √

【解析】 略。

6.【答案】 √

【解析】 略。

7.【答案】 √

【解析】 略。

8.【答案】 √

【解析】 略。

9.【答案】 √

【解析】 略。

10.【答案】 √

【解析】 略。

11.【答案】 √

【解析】 略。

12.【答案】 √

【解析】 略。

13.【答案】 √

【解析】 略。

14.【答案】 ×

【解析】 各级政府预算经本级人民代表大会批准之后，本级政府财政部门应当及时向本级各部门批复预算。

15.【答案】 √

【解析】 略。

16.【答案】 √

【解析】 略。

17.【答案】 ×

【解析】 地方各级预算中的直属单位是指与本级政府财政部门直接发生预算缴款、拨款关系的企业和事业单位，而不是间接。

18.【答案】 √

【解析】 略。

19.【答案】 √

【解析】 略。

20.【答案】 ×

【解析】 诚实信用原则要求政府采购各方都要诚实守信，不得有欺骗背信的行为，应以善意的方式行使权利，尊重他人利益和公共利益，忠实地履行约定义务。

21.【答案】 ×

【解析】 采购机构应当向不同的投标人提供相同的信息。

22.【答案】 √

【解析】 略。

23.【答案】 ×

【解析】 设区的市、自治州以上人民政府根据本级政府采购项目组织集中采购的需要设立集中采购机构。

24.【答案】 ×

【解析】 政府集中采购目录和采购限额标准由省级以上人民政府确定并公布。

25.【答案】 ×

【解析】 采购人或其委托的政府采购代理机构以招标公告的方式邀请不特定的供应商参加投标竞争，从中择优选择中标供应商的采购方式是公开招标的政府采购方式。

26.【答案】 ×

【解析】 政府采购中，属于中央预算的政府采购项目，其集中采购目录和政府采购限额标准由国务院确定并公布。

27.【答案】 √

【解析】 略。

28.【答案】 √

【解析】 略。

29.【答案】 √

【解析】 略。

30.【答案】 √

【解析】 略。

31.【答案】 ×

【解析】 直接缴库是指由缴款单位或缴款人按有关法律法规规定，直接将应缴收入缴入国库单一账户或预算外资金财政专户。

32.【答案】 √

【解析】 略。

四、案例分析题

(一)

1.【答案】 ABD

【解析】 预算草案是指各级政府、各部门、各单位编制的未经法定程序审查和批准的预算收支计划，故选项 ABD 说法错误。

2.【答案】 ABCD

【解析】 选项 ABCD 都属于各级政府编制年度预算草案的依据。

3.【答案】 ABCD

【解析】 选项 ABCD 都属于各部门、各单位编制年度预算草案的依据。

4.【答案】 A

【解析】 根据《预算法》的规定，负责审查和批准中央预算的是全国人民代表大会。

5.【答案】 D

【解析】 根据《预算法》的规定，负责具体编制预算调整方案的是政府财政部门。

(二)

1.【答案】 ABCD

【解析】 政府采购的方式有公开招标、邀请招标、竞争性谈判、单一来源和询价。

2.【答案】 D

【解析】 政府采购中的单一来源采购是指采购人在法定情况下采购不具备竞争条件的物品，只能从唯一的供应商直接购买的采购方式。

3.【答案】 AB

【解析】 邀请招标采购方式的适用情形包括：①具有特殊性，只能从有限范围的供应商处采购；②采用公开招标方式的费用占政府采购项目总价值的比例过大的。

4.【答案】 ABCD

【解析】 竞争性谈判采购方式的适用情形包括：①招标后没有供应商投标或者没有合格标的或者重新招标未能成立的；②技术复杂或性质特殊，不能确定详细规格或具体要求的；③采用招标所需时间不能满足用户紧急需要的；④不能事先计算出价格总额的。

5.【答案】 ACD

【解析】 单一来源采购方式的适用情形包括：①只能从唯一供应商处采购的；②发生了不可预见的紧急情况不能从其他供应商处采购的；③必须保证原有采购项目一致性或服务配套的要求，需要继续从原供应商处添购，且添购资金总额不超过原合同采购金额10%的。

第五章　会计职业道德

一、单项选择题

1.【答案】 A

【解析】 爱岗敬业要求会计人员热爱会计工作，安心本职岗位，忠于职守，尽心尽力，尽职尽责。

2.【答案】 A

【解析】 诚实守信要求会计人员对于工作中知悉的商业秘密应依法保密,不得泄露。

3.【答案】 B

【解析】 坚持准则要求会计人员熟悉法律法规,始终保持按法律、法规和国家统一的会计制度的要求进行会计核算。

4.【答案】 D

【解析】 强化服务要求会计人员树立服务意识,提高服务质量,努力维护和提升会计职业的良好社会形象。

5.【答案】 D

【解析】 廉洁自律既是会计人员必须具备的行为品德,也是会计职业道德的灵魂。

6.【答案】 B

【解析】 廉洁自律要求会计人员分私分明,不贪不占。

7.【答案】 C

【解析】 廉洁自律要求会计人员公私分明,不贪不占。

8.【答案】 D

【解析】 坚持准则要求会计人员按法律制度办事,谢某的做法违反了坚持准则的会计职业道德要求。

9.【答案】 B

【解析】 坚持准则要求会计人员严格按照会计法律办事,不为主观或他人意志左右。

10.【答案】 D

【解析】 客观公正要求会计人员实事求是,不偏不倚,保持应有的独立性。

11.【答案】 D

【解析】 会计法律制度是会计职业道德的最低要求,违反会计职业道德不一定违反会计法律制度,故选项D说法错误。

12.【答案】 A

【解析】 会计职业道德不仅调整内在精神世界,也调整外在行为,故选项B错误。会计职业道德也有成文的规定,故选项C错误。违反会计职业道德也可能受到法律制裁,故选项D错误。

13.【答案】 C

【解析】 会计法律制度由国家执法机关来保障实施。

14.【答案】 B

【解析】 会计职业道德规范教育是会计职业道德教育的核心内容,并贯穿于会计职业道德教育的始终。

15.【答案】 D

【解析】 会计职业道德保护不属于会计职业道德范畴。

16.【答案】 A

【解析】 会计职业道德教育形式为接受教育和自我教育。

17.【答案】 D

【解析】 会计专业技术资格考试不属于会计职业道德教育的途径。

18.【答案】 B

【解析】 专业理论教育不属于会计职业道德教育的内容。

19.【答案】 A

【解析】 职业法制教育是被动的会计职业道德教育内容。

20.【答案】 C

【解析】 会计人员经常会对自己的工作进行评价,对工作中的不足进行评判、剖析,这种自我教育的方式属于自我解剖法。

21.【答案】 C

【解析】 保持应有的独立性是对注册会计师的职业道德要求。

22.【答案】 D

【解析】 会计职业道德的主要作用体现在:规范会计行为的基础,实行会计目标的重要保证,对会计法律制度的重要补充,会计人员提高素质的内在要求。

23.【答案】 C

【解析】 广义的职业道德是指从业人员在职业活动中应遵守的行为准则。

24.【答案】 B

【解析】 狭义的职业道德是指在一定职业活动中应遵循的、体现一定职业特征的和调整一定职业关系的职业行为准则和规范。

25.【答案】 C

【解析】 职业道德的本质是由社会经济关系决定的。

26.【答案】 B

【解析】 职业道德具有职业性、继承性和实践性。

27.【答案】 B

【解析】《公民道德建设实施纲要》中提出的职业道德主要内容有：爱岗敬业、诚实守信、办事公道、服务群众、奉献社会。

28.【答案】 B

【解析】 诚实守信是做人的基本准则，也是职业道德的精髓。

29.【答案】 D

【解析】 奉献社会既是职业道德的出发点，也是职业道德的归宿。

30.【答案】 B

【解析】 会计职业道德是指在会计职业活动中应当遵循的、体现会计职业特征的和调整会计职业的职业行为准则和规范。

31.【答案】 B

【解析】 会计职业道德中的爱岗敬业的“岗”是指会计工作岗位。

32.【答案】 A

【解析】 爱岗敬业要求会计人员热爱会计工作，安心本职岗位，忠于职守，尽心尽力，尽职尽责。

33.【答案】 C

【解析】 坚持准则要求会计人员按法律制度办事。

34.【答案】 B

【解析】 提高技能要求会计人员要有不断提高会计技能的意识和愿望；要有勤学苦练，刻苦钻研的精神和科学的学习方法。

35.【答案】 C

【解析】 执业谨慎，信誉至上是诚实守信基本要求中侧重对注册会计师提出的要求。

36.【答案】 B

【解析】 参与管理要求会计人员努力钻研相关业务，熟悉财经法规和相关制度，提高业务技能，为参与管理奠定坚实的基础；熟悉服务对象的经营活动和业务流程，使提出的合理化建议更具针对性和有效性。

37.【答案】 A

【解析】 爱岗敬业是职业道德的基础。

38.【答案】 A

【解析】 爱岗敬业是职业道德的基础，是判断会计从业人员是否具有职业道德的首要标准。

39.【答案】 B

【解析】 会计职业道德是对会计从业人员行为的最高限度的要求，故选项 A 错误。会计职业道德具有很强的自律性、一定的强制性，故选项 C 错误。会计职业道德在时间上和空间上对会计人员的影响比会计法律制度更广泛、持久，故选项 D 错误。

40.【答案】 A

【解析】 道德与法律是相互联系的。

41.【答案】 C

【解析】 会计职业道德与会计法律制度两者的作用范围不同，会计法律制度仅调整人们的外在行为及结果合法性；会计职业道德既调整外在行为，也调整内心精神世界。

42.【答案】 C

【解析】 无人监督也不犯错是自律慎独法的自我教育方法。

43.【答案】 C

【解析】 对会计职业道德进行监督检查的部门主要是财政部门。

44.【答案】 B

【解析】 对会计职业道德进行自律管理与约束的机构是会计行业组织。

45.【答案】 B

【解析】 财政部门负责组织和推动会计职业道德建设，并对相关工作依法行政。

46.【答案】 C

【解析】 选项 C 的做法符合社会主义道德要求。

47.【答案】 A

【解析】 这是《会计法》对会计人员的规定。

48.【答案】 C

【解析】 法律惩罚和道德惩罚并行不悖。

49.【答案】 C

【解析】 会计行业组织对会计人员遵守职业道德情况进行检查，并根据检查结果进行表彰或惩戒的机制属于自律机制。

50.【答案】 D

【解析】 选项 A，违背了坚持准则的要求；选项 B，违背了参与管理的要求；选项 C，在特殊情况下，会计人员应配合相关机关提供单位会计信息。

二、多项选择题

1.【答案】 AC

【解析】 廉洁自律要求会计人员公私分明，不贪不占。

2.【答案】 AB

【解析】 客观公正要求会计人员依法办事，实事求是、不偏不倚，保持应有的独立性。

3.【答案】 ABD

【解析】 强化服务要求会计人员强化服务意识，树立文明服务形象，提高服务质量。保持谨慎性是诚实守信的要求，故选项C错误。

4.【答案】 ABCD

【解析】 参与管理要求会计人员努力钻研相关业务，熟悉财经法规和相关制度，提高业务技能，为参与管理奠定坚实的基础；熟悉服务对象的经营活动和业务流程，使提出的合理化建议更具针对性和有效性。

5.【答案】 BC

【解析】 提高技能要求会计人员有不断提高会计技能的意识和愿望；有勤学苦练，刻苦钻研的精神和科学的学习方法。

6.【答案】 ABCD

【解析】 廉洁自律要求会计人员树立正确的人生观和价值观，公私分明，不贪不占。

7.【答案】 ABCD

【解析】 客观公正要求会计人员依法办事，实事求是、不偏不倚，保持应有的独立性。

8.【答案】 ABCD

【解析】 提高技能包括会计理论水平、会计实务能力、职业判断能力、自动更新知识能力、沟通交流能力及职业经验等。

9.【答案】 ABCD

【解析】 强化服务要求会计人员强化服务意识，树立文明服务形象，提高服务质量。

10.【答案】 ABC

【解析】 岗前职业道德教育是指对将要从事会计职业的人所进行的道德教育，教育的重点是会计职业观念、会计职业情感和会计职业规范等。

11.【答案】 ABCD

【解析】 四个选项都是会计职业道德观念教育的目的。

12.【答案】 AB

【解析】 会计职业道德观念教育的途径有岗前职业道德教育和会计继续教育。

13.【答案】 ABCD

【解析】 会计继续教育的内容包括形势教育、专业理论教育、品德教育和法制教育。

14.【答案】 ABCD

【解析】 财政部门在开展会计执法检查，会计人员评优表彰，初、中级会计师资格考试工作时，可将会计人员职业道德情况纳入检查与考核内容。

15.【答案】 ABCD

【解析】 四个选项均为会计人员泄露本单位商业秘密可能导致的后果。

16.【答案】 BD

【解析】 选项AC符合会计职业道德要求中参与管理的要求。

17.【答案】 ABCD

【解析】 会计人员自我教育与修养的方法有自我解剖法、自重自省法、自警自励法、自律慎独法等。

18.【答案】 ABCD

【解析】 四个选项均为我国在会计专业技术资格考评、聘用中涉及会计职业道德方面的要求。

19.【答案】 AB

【解析】 有与会计职务有关的违法行为的，按照规定不能参加高级会计师评审。

20.【答案】 BD

【解析】 自律组织给予的处罚可以是罚款和批评，选项AC是财政部门的职权。

21.【答案】 ABCD

【解析】 四个选项均属于企事业单位会计职业道德建设组织与实施内容。

22.【答案】 ABC

【解析】 财政部门组织和推动会计职业道德建设，不包括税务、工商、审计等部门。

23.【答案】 ABC

【解析】 广义的职业道德涵盖了从业人员与服务对象、职业与职工、职业与职业之间的关系。

24.【答案】 ABD

【解析】 狭义的职业道德是在一定职业活动

中应遵循的、体现一定职业特征的、调整一定职业关系的职业行为准则和规范。

25.【答案】 ABC
【解析】 职业道德的特征为职业性、继承性和实践性。

26.【答案】 AB
【解析】 职业道德的主要内容有爱岗敬业、诚实守信、办事公道、服务群众、奉献社会。

27.【答案】 BD
【解析】 会计职业道德特征为具有一定的强制性和较多关注公众利益。

28.【答案】 ABC
【解析】 选项D属于职业道德的范畴。

29.【答案】 ABCD
【解析】 会计职业道德规范的内容包括爱岗敬业、诚实守信、廉洁自律、客观公正、坚持准则、提高技能、参与管理和强化服务。

30.【答案】 ABCD
【解析】 爱岗敬业要求会计人员安心本职工作,忠于职守,尽心尽力,尽职尽责。

31.【答案】 ABD
【解析】 公私分明,不贪不占是廉洁自律的基本要求,故选项C错误。

32.【答案】 ACD
【解析】 忠于职守,尽心尽力,尽职尽责是对会计人员的要求。忠于职守要求会计人员忠实于国家、服务主体、社会公众。

33.【答案】 ABD
【解析】 参与管理要求会计人员努力钻研相关业务,熟悉财经法规和相关制度,提高业务技能,为参与管理奠定坚实的基础;熟悉服务对象的经营活动和业务流程,使提出的合理化建议更具针对性和有效性。

34.【答案】 ABC
【解析】 会计职业道德规范中的"坚持准则"中的"准则"不仅指会计准则,还包括会计法律、国家统一的会计制度,以及与会计工作相关的法律。

35.【答案】 ACD
【解析】 爱岗敬业要求会计人员热爱会计工作、敬重会计职业。参与管理要求会计人员努力钻研相关业务,熟悉财经法规和相关制度,提高业务技能,为参与管理奠定坚实的基础;熟悉服务对象的经营活动和业务流程,使提出的合理化建议更具针对性和有效性。强化服务要求会计人员强化服务意识,树立文明服务形象,提高服务质量。

36.【答案】 ABC
【解析】 会计职业道德调整对象并非与会计有关的所有关系。

37.【答案】 ABCD
【解析】 注册会计师职业道德内容包括职业品德、职业纪律、专业胜任能力和职业责任。

38.【答案】 ABC
【解析】 会计法律制度具有他律性,会计职业道德具有自律性。

39.【答案】 ABCD
【解析】 会计职业道德与会计法律制度的区别为两者性质不同、作用范围不同、表现形式不同、实施保障机制不同。

40.【答案】 AC
【解析】 会计职业道德教育的形式:一是接受教育,二是自我教育。

41.【答案】 CD
【解析】 会计职业道德教育形式的接受教育是对会计人员进行以职业责任和职业义务为核心的正面教育。

42.【答案】 ABCD
【解析】 会计人员自我教育与修养要求会计人员提高会计职业道德认识,培养自己的会计职业道德情感,在履行义务时,克服困难、排除障碍,磨炼会计职业道德意志,树立坚定的会计职业道德信念。

43.【答案】 ACD
【解析】 会计职业道德修养的环节一般包括道德认知、道德情感、道德信念和道德行为等方面。

44.【答案】 ABCD
【解析】 对认真执行《会计法》,忠于职守,坚持原则,作出显著成绩的会计人员进行奖励的方式有晋升工资、发放奖金、授予荣誉称号、颁发荣誉证书等。

45.【答案】 ABCD
【解析】 财政部门、会计职业团体、社会各界对会计职业道德建设的组织和实施需健全制度和机制,齐抓共管,保证会计职业道德建设的各项任务和要求落到实处。

46.【答案】 ABCD

【解析】 会计职业道德规范的实施途径主要有自我修养与外部监督相结合，宣传教育与检查惩戒相结合，行业自律与政府监督相结合，道德规范与法律监管相结合。

47.【答案】 ABCD

【解析】 财政部门、业务主管部门、行业自律组织和所在单位可以对违反职业道德的会计人员进行处罚。

48.【答案】 BCD

【解析】 他律是会计职业道德的最重要形式。

49.【答案】 ABCD

【解析】 会计人员继续教育中，品德教育主要包括会计职业信念教育、会计职业义务教育、会计职业荣誉教育、会计职业节操教育和会计职业尊严教育。

50.【答案】 ABD

【解析】 建立会计职业道德检查与奖惩机制有利于杜绝不遵守会计职业道德的现象，但是不可能彻底杜绝。

三、判断题

1.【答案】 √

【解析】 略。

2.【答案】 √

【解析】 略。

3.【答案】 ×

【解析】 会计职业道德不仅调整人的内在精神世界，还调整外在行为。

4.【答案】 √

【解析】 略。

5.【答案】 √

【解析】 略。

6.【答案】 √

【解析】 略。

7.【答案】 ×

【解析】 会计职业道德以善恶为标准来判定其行为是否违背职业道德。

8.【答案】 √

【解析】 略。

9.【答案】 √

【解析】 略。

10.【答案】 √

【解析】 略。

11.【答案】 √

【解析】 略。

12.【答案】 ×

【解析】 注册会计师保持独立性是指注册会计师应当恪守职业良心，保持实质上的独立和形式上的独立。

13.【答案】 ×

【解析】 会计职业道德无权威机构保障实施。

14.【答案】 √

【解析】 略。

15.【答案】 ×

【解析】 会计行为的规范性主要依赖于会计法律制度来实现。

16.【答案】 √

【解析】 略。

17.【答案】 ×

【解析】 违反会计职业道德的行为不一定违反会计法律制度。

18.【答案】 ×

【解析】 会计法律制度的各种规定是会计职业关系得以维系的最基本条件，是对会计从业人员行为的最低限度的要求。

19.【答案】 ×

【解析】 社会实践是会计职业道德修养的根本途径。

20.【答案】 √

【解析】 略。

21.【答案】 √

【解析】 略。

22.【答案】 ×

【解析】 会计职业道德是一种职业规范，由财政部门、会计行业组织、所在单位对不遵守会计职业道德的会计人员(会员)进行惩戒。

23.【答案】 ×

【解析】 会计行业自律机制和制度由会计行业协会组织建立。

24.【答案】 √

【解析】 略。

25.【答案】 √

【解析】 略。

26.【答案】 √

【解析】 略。

27.【答案】 ×

【解析】 变造、伪造会计资料，提供虚假财务会计报告，违反了会计法律制度。

28.【答案】 √

【解析】 略。

29.【答案】 ×

【解析】 在现阶段，社会处于转型时期，会计职业环境十分复杂，能够按照会计制度办事的会计人员只是合格的会计人员。

30.【答案】 ×

【解析】 会计职业道德教育的途径有接受教育和自我教育。

31.【答案】 ×

【解析】 狭义的职业道德是指在一定职业活动中应遵循的、体现一定职业特征的、调整一定职业关系的行为准则和规范。

32.【答案】 √

【解析】 略。

33.【答案】 √

【解析】 略。

34.【答案】 √

【解析】 略。

35.【答案】 √

【解析】 略。

36.【答案】 ×

【解析】 会计职业道德与会计法律制度具有相同的调整对象，承担着相同的职责。

37.【答案】 √

【解析】 略。

38.【答案】 ×

【解析】 会计职业道德具有自律性。

39.【答案】 √

【解析】 略。

40.【答案】 √

【解析】 略。

41.【答案】 ×

【解析】 会计职业道德规范中的“坚持准则”的“准则”不仅指会计准则，而且包括会计法律、国家统一的会计制度，以及与会计工作相关的法律制度。

42.【答案】 ×

【解析】 财政部门在会计职业道德建设中可以依法行政。

43.【答案】 √

【解析】 略。

44.【答案】 √

【解析】 略。

45.【答案】 √

【解析】 略。

46.【答案】 √

【解析】 略。

47.【答案】 ×

【解析】 实事求是，不偏不倚是体现会计职业道德规范的“客观公正”原则的要求。

48.【答案】 √

【解析】 略。

49.【答案】 ×

【解析】 会计人员对企业经营活动的参与不是作出决策，而是参与决策。

50.【答案】 ×

【解析】 参与管理是对会计人员职业道德规范的要求之一。

51.【答案】 √

【解析】 略。

52.【答案】 √

【解析】 略。

53.【答案】 ×

【解析】 加强理论学习是会计职业道德教育自我教育的重要途径，而不是唯一途径。

54.【答案】 ×

【解析】 会计职业道德检查的目的是促进会计人员遵守职业道德，同时为奖惩提供依据。

55.【答案】 √

【解析】 略。

56.【答案】 ×

【解析】 会计人员违反会计职业道德不一定受到法律惩戒。

57.【答案】 √

【解析】 略。

58.【答案】 √

【解析】 略。

四、案例分析题

(一)

1.【答案】 ABC

【解析】 选项D是会计职业道德规范教育的内容，不是观念教育。

2.【答案】 D

【解析】 会计行为的规范化不仅要以会计法律规范作为保障，还要依赖会计人员的道德信念和道德品质来实现。

3.【答案】 AD

【解析】 李某伪造会计报表，属于违法会计行为，违反了坚持准则与诚实守信要求。

4.【答案】 ABC

【解析】 选项D为客观公正的基本要求。

5.【答案】 ACD

【解析】 坚持准则的基本要求为熟悉准则、遵循准则、敢于同违法行为作斗争。

(二)

1.【答案】 ABCD

【解析】 财政部门对会计职业道德进行检查的途径主要有：采用多种形式开展会计职业道德宣传教育；会计职业道德建设与会计专业技术资格考评、聘用相结合；会计职业道德建设与会计执法检查相结合；会计职业道德建设与会计人员表彰奖励制度相结合。四个选项均为财政部组织实施会计职业道德建设的形式。

2.【答案】 C

【解析】 会计职业道德教育的核心内容为会计职业道德规范教育。

3.【答案】 D

【解析】 会计职业道德与会计法律制度联系为：在实施上相互作用、相互促进，在地位上相互转变、相互吸收，在内容上相互渗透、相互重叠，在作用上相互补充、相互依托。

4.【答案】 AC

【解析】 会计法律制度侧重于调整会计人员的外在行为和结果的合法化；会计职业道德不仅要调整会计人员的外在行为，还要调整会计人员内在的精神世界。

5.【答案】 B

【解析】 会计职业道德规范的主要内容包括爱岗敬业、客观公正、坚持准则、提高技能、参与管理、廉洁自律、强化服务、诚实守信。

综合模拟试卷一

一、单项选择题

1.【答案】 A

【解析】 填明“现金”字样的银行汇票、银行本票和用于支取现金的支票不得背书转让。

2.【答案】 C

【解析】 会计人员对记载不准确、不完整的原始凭证予以退回，并要求经办人员按规定进行更正、补充。

3.【答案】 D

【解析】 支票的基本当事人为出票人、付款人和收款人。

4.【答案】 D

【解析】 伪造会计凭证、会计账簿是指以虚假的经济业务事项为前提编造不真实的会计凭证、会计账簿。

5.【答案】 C

【解析】 中国人民解放军总后勤部可以依照《会计法》和国家统一的会计制度制定军队实施国家统一的会计制度的具体办法，报国务院财政部门备案。

6.【答案】 A

【解析】 银行撤销单位银行结算账户时应在其基本存款账户开户登记证上注明销户日期并签章，同时于撤销银行结算账户之日起2个工作日内，向中国人民银行报告。

7.【答案】 A

【解析】 开证银行若受理申请人的开证申请，应收取不少于开证金额20%的保证金。

8.【答案】 B

【解析】 我国会计工作管理体制遵循的是“统一领导，分级管理”的原则。

9.【答案】 B

【解析】 诚实守信是做人的基本准则，是人们在古往今来的交往中产生出的最根本的道德规范，也是会计职业道德的精髓。

10.【答案】 D

【解析】 我国《会计法》规定，单位负责人负责单位内部的会计工作管理。

11.【答案】 A

【解析】 存款人日常经营活动的资金收付只能通过基本存款账户支取。

12.【答案】 C

【解析】《支付结算办法》第七十条规定，申请人缺少解讫通知要求退款的，出票银行应于银行汇票提示付款期满1个月后办理。

13.【答案】 A

【解析】 纳税人已在工商行政管理机关办理变更登记的，应当自变更登记之日起30日内，申报办理变更登记。

14.【答案】 C

【解析】 临时存款账户的有效期最长不得超过2年。

15.【答案】 A

【解析】 邮寄申报以寄出的邮戳日期为实际申报日期。

16.【答案】 B

【解析】 现金收入应于当日及时交存开户银行。

17.【答案】 C

【解析】 税收征收管理工作的中心环节是税款征收，首要环节是税务登记。

18.【答案】 D

【解析】 库存现金限额一般是企业3～5天的零星开支，所以最多是30 000元。

19.【答案】 B

【解析】 该商场应缴纳消费税额＝18.08÷(1＋13%)×30%＝4.8(万元)。

20.【答案】 D

【解析】 我国各级预算都要采用收支平衡原则。

21.【答案】 C

【解析】 当经济主体利益与国家利益和社会公众利益出现矛盾时，会计人员应把社会公众利益放在首位。

22.【答案】 D

【解析】 只要是独立核算的单位均可以开立基本存款账户，非独立核算的单位不得开立基本存款账户。

23.【答案】 A

【解析】 会计记录文字可以同时使用少数民族文字，记账本位币只能选其一，故选项B错误。会计账簿不能账外设账，故选项C错误。企业不能随意改变资产、负债、所有者权益的确认标准或计量方法，不能虚列、多列、不列或少列资产、负债，故选项D错误。

24.【答案】 A

【解析】 基本存款账户是存款人的主办账户。

25.【答案】 A

【解析】 会计职业道德不仅调整会计人员的外在行为，还调整会计人员的内在精神世界，故选项B错误。会计职业道德既有成文规定，又有具体的表现形式，故选项C错误。违反会计职业道德也有可能受到法律制裁，故选项D错误。

26.【答案】 D

【解析】《会计法》第三十三条规定，财政、审计、税务、中国人民银行、证券监管、保险监管等部门应当依照有关法律、行政法规规定的职责，对有关单位的会计资料实施监督检查。

27.【答案】 D

【解析】 形成正确的会计职业道德认知是会计职业道德修养的前提和首要环节；树立坚定的会计职业道德信念是会计职业道德修养的核心内容；养成良好的会计职业道德行为是会计职业道德修养的最终目的。

28.【答案】 C

【解析】 少数民族地区和外国驻华使领馆根据实际需要，金额大写可以使用少数民族文字或外国文字记载，但不是必须使用，故选项C说法错误。

29.【答案】 A

【解析】 国务院财政部门及其派出机构可以对有重大违法嫌疑的被监督单位开立账户的金融机构进行查询。

30.【答案】 C

【解析】 扣缴义务人未按规定期限解缴的，税务机关除责令限期缴纳外，从滞纳税款之日起，按日加收滞纳税款0.5‰的滞纳金。

31.【答案】 D

【解析】 一般企事业单位销毁会计档案时，应当由档案机构和会计机构共同派员监销。

32.【答案】 C

【解析】 根据《税收征收管理法实施细则》第九十条的规定，纳税人未按照规定办理税务登记证件验证或换证手续的，由税务机关责令限期改正，可以处2 000元以下的罚款；情节严重的，可以处2 000元以上1万元以下的罚款。

33.【答案】 D

【解析】 "依法建账"中的"法"泛指《会计法》《会计基础工作规范》和其他一些法律、行政法规。

34.【答案】 C

【解析】 年中开业的企业的会计年度为自公历开业之日起至12月31日止。

35.【答案】 A

【解析】 单位、个人和银行办理支付结算必须遵守的原则有：恪守信用，履约付款；谁的钱进谁的账，由谁支配；银行不垫款。

36.【答案】 B

【解析】 国务院财政部门主管全国会计工作，县级以上财政部门管理本行政区域内的会计工作。

37.【答案】 D

【解析】 采用直接收款结算方式的，增值税专用发票开具时限是收到货款的当天。

38.【答案】 B

【解析】 银行汇票是按实际结算金额支付，银行本票是按确定的金额支付。

39.【答案】 A

【解析】 银行汇票绝对记载事项包括：出票日期、出票金额、出票人签章、收款人、付款人、注明"银行汇票"字样、无条件支付承诺。

40.【答案】 B

【解析】 参与管理要求会计人员努力钻研相关业务，熟悉财经法规和相关制度，提高业务技能；熟悉服务对象的经营活动和业务流程，使提出的合理化建议更具有针对性和有效性。

41.【答案】 A

【解析】 一张原始凭证所列支出需要几个单位共同负担的，应当将其他单位负担的部分，开给对方原始凭证分割单进行结算，故选项B错误。登记会计账簿不得以未经审核的会计凭证为依据核算，故选项C错误。会计档案的销毁应当由单位负责人签字，故选项D错误。

42.【答案】 C

【解析】 票据上的记载事项中票据金额、出票日期和收款人名称不得更改，其他事项可以更改。

43.【答案】 D

【解析】 根据我国《会计法》的规定，作为记账凭证的编制依据必须是经过审核的原始凭证和有关资料。

44.【答案】 A

【解析】 会计工作交接完毕后，监交人员、移交人员、接交人员应在移交清册上签名或签章。

45.【答案】 C

【解析】 选项C属于国务院的职权。

46.【答案】 A

【解析】 上市公司适用的税款征收方式是查账征收。

47.【答案】 A

【解析】 税收是国家组织财政收入的主要形式。

48.【答案】 C

【解析】 小型微利企业实行的企业所得税税率为20%，故该企业应缴的企业所得税＝(35－20)×20%＝3(万元)。

49.【答案】 C

【解析】《会计法》第二十七条规定，记账人员与经济业务事项和会计事项的审批人员、经办人员、财物保管人员的职责权限应当明确，并相互分离、相互制约。

50.【答案】 A

【解析】 使用托收承付结算方式的款项，必须是商品交易，以及因商品交易而产生的劳务供应的款项。代销、寄销、赊销商品的款项，不得办理托收承付结算。

二、多项选择题

1.【答案】 ABCD

【解析】 预算执行的主体包括各级政府、各级政府财政部门、预算收入征收部门、国家金库、各有关部门和有关单位。

2.【答案】 BCD

【解析】 按照《税收征收管理法》及其实施细则和《税务登记管理办法》的有关规定，除国家机关、个人（自然人）和无固定生产、经营场所的流动性农村小商贩外，纳税人都应当申报办理税务登记。国家机关所属事业单位有经营行为，取得应税收入、财产、所得的，也应当办理税务登记。

3.【答案】 ABD

【解析】 注销税务登记的适用范围包括：①纳税人因经营期限届满而自动解散；②企业由于改组、分立、合并等原因而被撤销；③企业资不抵债而破产；④纳税人因住所、经营地址迁徙而涉及改变原主管税务机关；⑤纳税人被工商行政管理部门吊销营业执照；⑥纳税人依法终止履行纳税人义务的其他情形。

4.【答案】 AB

【解析】 选项C是注册会计师的工作内容；选项D是财政部门监督的内容。

5.【答案】 ABC

【解析】 预算单位零余额账户可以办理转账、提取现金等结算业务，可以向按规定保留的相应账户划拨工会经费、住房公积金及提租补贴，以及经财政部门批准的特殊款项；不得违反规定向本单位其他账户和上级主管单位、所属下级单位账户划拨资金。

6.【答案】 AD

【解析】 保管期满的会计档案不得销毁的情形有：①对于保管期满但未结清的债权债务原始凭证及涉及其他未了事项的原始凭证，不得销毁；②项目正在建设期间的建设单位，其保管期满的会计档案不得销毁，必须妥善保管。

7.【答案】 ABCD

【解析】 单位内部会计控制的内容主要包括对货币资金、实物资产、对外投资、工程项目、采购与付款、筹资、销售与收款、成本费用、担保九大经济业务的会计控制。

8.【答案】 ABC

【解析】 可以办理支付结算的金融机构是经过中国人民银行批准的金融机构，包括银行、城市信用合作社、农村信用合作社。邮政储蓄机构只能办理现金支取，不能办理转账结算。

9.【答案】 BCD

【解析】 结账分为月结、季结、半年结、年结四种方式。

10.【答案】 ABD

【解析】 纳税人有下列情形之一的，税务机关有权核定其应纳税额：①依照法律、行政法规的规定可以不设置账簿的；②依照法律、行政法规的规定应当设置但未设置账簿的；擅自销毁账簿或拒不提供纳税资料的；③虽设置账簿，但账目混乱或成本资料、收入凭证、费用凭证残缺不全，难以查账的；④发生纳税义务，但未按照规定的期限办理纳税申报，经税务机关责令限期申报，逾期仍不申报的；⑤纳税人申报的计税依据明显偏低，又无正当理由的。

三、判断题

1.【答案】 √

【解析】 略。

2.【答案】 √

【解析】 略。

3.【答案】 ×

【解析】 小规模纳税人购进货物不得抵扣进项税额。

4.【答案】 ×

【解析】 单位在结算凭证上的签章为该单位的公章或财务专用章加其法定代表人或其授权代理人的签名或盖章。

5.【答案】 √

【解析】 略。

6.【答案】 ×

【解析】 接替人员不能另立新账，只能使用移交的会计账簿。

7.【答案】 ×

【解析】 《会计法》规定，虽未被追究刑事责任，但有严重违法违纪行为的会计人员，5年内不得从事会计工作。

8.【答案】 ×

【解析】 出纳人员兼管收入的记账工作，违反的是内部牵制制度，而不是内部稽核制度。

9.【答案】 √

【解析】 略。

10.【答案】 ×

【解析】 经省级税务机关批准才可以延期纳税。

11.【答案】 √

【解析】 略。

12.【答案】 ×

【解析】 一般企事业单位销毁会计档案时，应当由档案机构和会计机构共同派员参加监销。国家机关销毁会计档案时，应当由同级财政部门、审计部门派员参加监销。财政部门销毁会计档案时，应当由同级审计部门派员参加监销。

13.【答案】 √

【解析】 略。

14.【答案】 √

【解析】 略。

15.【答案】 ×

【解析】 保证不得附有条件；附有条件的，不影响对票据的保证责任。

16.【答案】 √

【解析】 略。

17.【答案】 √

【解析】 略。

18.【答案】 ×

【解析】 会计行政法规是指由国务院制定并发布，或者由国务院有关部门拟定并经过国务院批准发布，调整经济生活中某些方面会计关系的法律规范。

19.【答案】 √

【解析】 略。

20.【答案】 ×

【解析】 属于中央预算的政府采购项目，其集中采购目录和政府采购限额标准由国务院确定并公布。

四、案例分析题

(一)

1.【答案】 ABC

【解析】 可以申请开立临时存款账户的情形有：①设立临时机构；②异地临时经营活动；③注册验资；④境外(含中国港澳地区)机构在境内从事经营活动。

2.【答案】 AC

【解析】 注册验资的临时存款账户在验资期间只收不付。

3.【答案】 C

【解析】 企业银行结算账户，自开立之日起即可办理收付款业务。

4.【答案】 D

【解析】 存款人可以申请开立一般存款账户，没有数量限制。

5.【答案】 BC

【解析】 存款人日常经营活动的资金收付及其工资、奖金和现金的支取，应通过基本存款账户办理。

(二)

1.【答案】 AC

【解析】 该企业根据单位经营管理的需要作出撤并会计机构的决定是正确的。会计机构是单位内部设置的办理会计事务的职能部门，一个单位是否需要设置会计机构，一般取决于三个方面的因素：一是单位规模的大小；二是经济业务和财务收支的繁简；三是经营管理的要求。故选项 A 正确。该企业任命张某为会计主管人员有违法之处。根据《会计法》第三十八条规定，担任单位会计机构负责人(会计主管人员)的，应当具备会计师以上专业技术职务资格或者从事会计工作 3 年以上经历。张某既无会计师以上专业技术职务资格，又无会计从业经验，不能担任会计主管人员。故选项 B 错误。张某的女儿担任出纳工作，也是违法的。根据《会计基础工作规范》第十六条的规定，国有企业任用会计人员应当实行回避制度，会计机构负责人、会计主管人员的直系亲属不得在本单位会计机构中担任出纳工作。张某作为会计主管人员，其女儿不能在本单位担任出纳工作，故选项 C 正确、选项 D 错误。

2.【答案】 B

【解析】 该企业销毁会计档案过程有违法之处。根据《会计档案管理办法》第十九条规定，对于保管期满但未结清的债权债务原始凭证和涉及其他未了事项的原始凭证，不得销毁，应当单独抽出立卷，保管到未了事项完结时为止。项目正在建设期间的建设单位，其保管期满的会计档案不得销毁。所以，并非保管期满的会计档案一律销毁。根据《会计档案管理办法》第十八条的规定，单位负责人应在会计档案销毁清册上签署意见；销毁会计档案时，应当由单位档案机构和会计机构共同派员监销，而不仅仅由档案管理机构一方进行销毁。

3.【答案】 BD

【解析】 该企业对购买原材料的发票的处理不符合法律规定。原始凭证金额有错误的，应当由出具单位重开，不得在原始凭证上更正。该企业购买原材料的发票金额有错误，不能更正而应重开。

4.【答案】 ACD

【解析】 该企业向业务往来单位借出会计档案的做法不符合规定。根据《会计档案管理办法》第十三条的规定，各单位保存的会计档案一般不得对外借出；确因工作需要且根据国家有关规定必须借出的，应当严格按照规定办理相关手续。

5.【答案】 A

【解析】 根据《会计档案管理办法》第十一条的相关规定，当年形成的会计档案在会计年度终了后，可由单位会计管理机构临时保管1年，期满后再移交单位的档案管理机构；因工作需要确需推迟移交的，应当经单位档案管理机构同意。

综合模拟试卷二

一、单项选择题

1.【答案】 A

【解析】 全国人民代表大会常务委员会的预算管理职权包括：审查和批准中央预算的调整方案，审查和批准中央决算，撤销国务院制定的同宪法、法律相抵触的关于预算、决算的行政法规、决定和命令。

2.【答案】 B

【解析】 略。

3.【答案】 C

【解析】 我国《预算法》规定的预算收入形式包括：依法应当上缴的国有资产投资产生的股息收入；征收排污费收入；规费收入。

4.【答案】 D

【解析】 略。

5.【答案】 D

【解析】 税务违法行政处罚的项目有：责令限期改正、没收财产、收缴未用发票和暂停供应发票。

6.【答案】 B

【解析】 该厂当月应纳增值税税额＝15 000÷(1＋3%)×3%＝436.89(元)。

7.【答案】 A

【解析】 纳税人在纳税期间没有应纳税款的，应当按规定办理纳税申报。

8.【答案】 C

【解析】 因纳税人、扣缴义务人计算错误等失误，未缴或少缴税款的，税务机关在3年内可以追征税款、滞纳金；有特殊情况的，追征期可以延长到5年。因此，甲公司因财务人员张某计算错误，少缴税款2万元，税务机关可以追征税款、滞纳金的时限为3年。

9.【答案】 D

【解析】 《会计法》规定，会计核算以人民币为记账本位币。业务收支以人民币以外的货币为主的单位，可以选定其中一种货币作为记账本位币，但是编制的财务会计报告应当折算为人民币。

10.【答案】 D

【解析】 为防止变造票据的出票日期，在用中文大写填写年、月、日时，月为壹、贰、壹拾的，应在前面加“零”。

11.【答案】 B

【解析】 选项B属于爱岗敬业的基本要求。

12.【答案】 C

【解析】 《注册会计师法》规定，财政部对注册会计师、会计师事务所和注册会计师协会进行监督指导。

13.【答案】 A

【解析】 “站得住的顶不住，顶得住的站不住”的现象反映了会计从业环境不利于会计人员形成良好的会计职业道德。

14.【答案】 B

【解析】 银行汇票的付款人为出票银行。

15.【答案】 A

【解析】 定日付款的商业汇票，持票人应当在汇票到期日前向付款人提示承兑。

16.【答案】 C

【解析】 该公司的行为属于编制虚假的财务会计报告。

17.【答案】 B

【解析】 发票是原始凭证，故选项CD不正确。本题中小王的发票拿到会计部门报销是不合法的。

18.【答案】 D

【解析】 《企业所得税核定征收办法(试行)》规定，纳税人实行核定应税所得率方式的，主管税务机关根据纳税人应纳税额的大小确定纳税人按月或按季预缴，年终汇算清缴。预缴方法一经确定，一个纳税年度内不得改变。

19.【答案】 B

【解析】 邮政储蓄机构办理银行卡业务开立的银行结算账户纳入个人银行结算账户管理。

20.【答案】 A

【解析】 公司、企业、事业单位、机关、团体的领导人对依法履行职责、抵制违反《会计法》规定行为的会计人员实行打击报复，情节恶劣，构成打击报复会计人员罪的，处 3 年以下有期徒刑或拘役。

21.【答案】 A

【解析】 税收强制执行措施是指税务机关在纳税人、扣缴义务人或纳税人的担保人欠缴税款，经责令限期缴纳或扣押、查封其商品、货物及其他财产后仍未按期缴纳税款的情况下，采取强制的手段从其存款中扣缴，或者依法拍卖或变卖其价值相当于应纳税款的商品、货物或其他财产，以其所得抵缴税款、滞纳金、罚款的一种措施。

22.【答案】 A

【解析】 具有特殊性，只能从有限范围的供应商处采购的货物或服务；采用公开招标方式的费用占政府采购项目总价值的比例过大的货物或服务，可以采用邀请招标方式采购。

23.【答案】 B

【解析】 单位和个人只有在发生经营业务、确认营业收入时，才能开具发票，故选项 A 错误。发票专用章或财务专用章一般情况下不得在印制发票时套印，故选项 C 错误。任何单位和个人不得转借、转让、代开发票，故选项 D 错误。

24.【答案】 B

【解析】 背书是指在票据背面或粘单上记载有关事项并签章的票据行为。《票据法》中的相关条文规定，背书由背书人签章并记载背书日期；背书未记载日期的，视为在汇票到期日前背书。汇票以背书转让或者以背书将一定的汇票权利授予他人行使时，必须记载被背书人名称。背书不得附有条件；背书时附有条件的，所附条件不具有汇票上的效力。将汇票金额的一部分转让的背书或者将汇票金额分别转让给 2 人以上的背书无效。

25.【答案】 D

【解析】 现金使用的范围包括：①支付职工个人的工资、奖金、津贴；②支付职工的抚恤金、丧葬补助费以及各种劳保、福利，国家规定的对个人的其他支出；③支付个人劳务报酬；④根据国家规定发给个人的科学技术、文化艺术、体育等各种奖金；⑤支付向个人收购农副产品和其他物资的价款；⑥出差人员必须随身携带的差旅费；⑦结算起点（1 000 元）以下的零星支出；⑧经中国人民银行确定需要支付现金的其他支出。

26.【答案】 C

【解析】 销售额的范围包括向购买方收取的全部价款和价外费用，其中价款和价外费用均为不含增值税的金额。

27.【答案】 C

【解析】 消费税组成计税价格＝(30 000＋5 000)÷(1－30%)＝50 000(元)，应代扣代缴的消费税＝50 000×30%＝15 000(元)。

28.【答案】 D

【解析】 任何单位和个人不得转借、转让、代开发票。已开具的发票存根联和发票登记簿应当保存 5 年。

29.【答案】 D

【解析】 从事生产、经营的纳税人，应当自领取营业执照之日起 15 日内，将其财务、会计制度或者财务、会计处理办法和会计核算软件，报送税务机关备案。

30.【答案】 C

【解析】 财政授权支付程序适用于未纳入工资支出、工程采购支出，物品、服务采购支出管理的购买支出和零星支出，包括单件物品或单项服务购买额不足 10 万元人民币的购买支出，投资额不足 50 万元人民币的工程项目支出，以及特别紧急的支出。

31.【答案】 C

【解析】 出票人在付款人处的存款足以支付支票金额时，付款人应当在见票后当日足额付款。

32.【答案】 A

【解析】 应缴纳的消费税＝100×30%＝30(万元)。

33.【答案】 D

【解析】 企业年度财务报告(决算)的保管期限为永久。

34.【答案】 D

【解析】 根据《企业所得税法》的规定,在计算企业所得税应纳税所得额时,应计入收入总额的是转让固定资产取得的收入、出租固定资产取得的租金收入、固定资产盘盈收入。财政拨款不计入收入总额。

35.【答案】 D

【解析】 我国国家预算体系,按照“一级政权,一级财政”的原则,我国《预算法》规定,国家实行一级政府一级预算;我国国家预算共分为五级,具体包括:中央预算、省级预算、地市级预算、县市级预算、乡镇级预算;对于不具备设立预算条件的乡、民族乡、镇,经省、自治区、直辖市政府确定,可以暂不设立预算。

36.【答案】 C

【解析】 企业的月度、季度财务报告保管期限为10年。

37.【答案】 A

【解析】 会计职业道德建设是一项复杂的系统工程,要抓好会计职业道德建设,关键在于加强和改善会计职业道德建设的组织和领导,并切实贯彻和实施。

38.【答案】 C

【解析】 会计资料最基本的质量要求是真实性和完整性。

39.【答案】 B

【解析】 现金支票、转账支票和普通支票均属不定额支票,由出票人根据经济活动的需要确定出票金额。

40.【答案】 C

【解析】 开户银行对已开户1年,但未发生任何业务且未欠银行债务的账户,应通知存款人自发出通知之日起30日内到开户银行办理销户手续,逾期视同自愿销户。

41.【答案】 C

【解析】 税务机关应加收的滞纳金＝550 000×0.5‰×15＝4 125(元)。

42.【答案】 D

【解析】 会计人员的技能水平是会计人员职业道德水平的保证,作为一名会计工作者必须不断地提高职业技能。

43.【答案】 D

【解析】 仓库保管员不属于会计岗位。

44.【答案】 B

【解析】 划线支票只能用于转账,不能支取现金。

45.【答案】 B

【解析】 在单位内部会计监督中,会计机构、会计人员行使监督权利的关键是拒绝来自任何方面伪造、变造会计凭证、会计账簿及其他会计资料和提供虚假财务会计报告的任何要求。

46.【答案】 D

【解析】 接替人员在交接时因疏忽没有发现所交接会计资料在合法性、真实性方面的问题而在事后发现的,应由原移交人员负责。

47.【答案】 D

【解析】 物流辅助服务属于现代服务业。

48.【答案】 A

【解析】 实行手工记账时,总账、现金日记账和银行存款日记账应当采用订本式账簿。

49.【答案】 D

【解析】 税务机关征收税款时,必须向纳税人开具完税凭证。

50.【答案】 D

【解析】 职业道德是道德在职业实践活动中的具体体现,除了具有道德的一般特征之外,还具有职业性、实践性、继承性、多样性的特征。

二、多项选择题

1.【答案】 ABC

【解析】 权利与义务是对称的,会计法律关系主体除享有经济权利外,还应承担相应的经济义务,这种经济义务包括:①义务主体必须为或不为一定行为,这一行为的目的在于达到国家法律法规的要求或满足权利主体的利益需要;②义务主体实施的义务行为是在法定的范围内进行的。超越法律规定的范围,义务主体不受限制和约束;③义务主体不依法履行经济义务,就要承担相应的法律责任,受到法律的制裁。

2.【答案】 ACD

【解析】 银行结算账户一般分为基本存款账户、一般存款账户、临时存款账户、专用存款账户。

3.【答案】 ABCD

【解析】 凡是具有民事权利能力和民事行为能力，并依法独立享有民事权利和承担民事义务的法人和其他组织，均可以开立基本存款账户。

4.【答案】 ABD

【解析】 年度财务报告、会计档案销毁清册、会计保管清册应永久保管。

5.【答案】 AD

【解析】 银行卡中，贷记卡、储值卡不计付利息。

6.【答案】 ABCD

【解析】 国库集中收付制度下，财政部门代表政府设置国库单一账户体系；所有的财政性资金均纳入国库单一账户体系收缴、支付和管理；大大提高了财政资金收付管理的规范性和安全性；能有效地防止利用财政资金牟取私利等腐败现象的发生。

7.【答案】 ABCD

【解析】 国库单一账户体系包括预算外资金财政专户、预算单位零余额账户、财政部门零余额账户、国库单一账户。

8.【答案】 AB

【解析】 财政收入收缴方式主要有直接缴库和集中汇缴。

9.【答案】 AB

【解析】 责令限期改正、罚款属于行政处罚。

10.【答案】 AC

【解析】 纳税人采取隐匿或擅自销毁账簿、记账凭证的手段，不缴或少缴应纳税款，偷税数额占应纳税额的10%以上但不满30%的，偷税数额在1万元以上但不满10万元的，或者因偷税被税务机关给予两次行政处罚又偷税的，应追究的刑事责任为处3年以下有期徒刑或拘役，并处偷税数额的1倍以上5倍以下的罚金。

三、判断题

1.【答案】 ×

【解析】 根据《支付结算办法》的规定，托收承付结算每笔的金额起点为1万元，新华书店系统每笔的金额起点为1 000元。

2.【答案】 ×

【解析】 职工公出借款凭据，应当附在记账凭证之后，收回借款时，应当另开收据或退还借据副本，不得退还原借款收据。

3.【答案】 √

【解析】 略。

4.【答案】 √

【解析】 略。

5.【答案】 ×

【解析】 会计监督体系包括单位内部监督、政府监督和社会监督。

6.【答案】 ×

【解析】 在我国，会计工作管理体制主要包括会计工作的行政管理、会计工作的自律管理和单位会计工作的管理等内容。

7.【答案】 ×

【解析】 原始凭证，又称单据，是在经济业务发生时，由业务经办人员直接取得或填制，用以表明某项经济业务已经发生或完成情况并明确有关经济责任的一种凭证。记账凭证是对经济业务按其性质加以归类，确定会计分录，并据以登记会计账簿的凭证。

8.【答案】 ×

【解析】 会计档案销毁后，监销人应当在会计档案销毁清册上签章，并将监销情况报告本单位负责人。

9.【答案】 ×

【解析】 根据国家对现金使用范围的一般规定，银行结算起点定为1 000元。结算起点的调整，由中国人民银行确定，报国务院备案。

10.【答案】 √

【解析】 略。

11.【答案】 ×

【解析】 纳税人被工商行政管理机关吊销营业执照的，应自营业执照被吊销之日起15日内，向原税务机关申报办理注销税务登记。

12.【答案】 ×

【解析】 与财政部门直接发生预算缴款、拨款关系的国家机关、军队、政党组织、社会团体等各部门的预算职权主要包括：①编制本部门预算、决算草案；②组织和监督本部门预算的执行;③定期向本级政府财政部门报告预算的执行情况。

13.【答案】 ×

【解析】 预算收入划分为中央预算收入、地方预算收入、中央和地方预算共享收入。

14.【答案】 √

【解析】 略。

15.【答案】 ×

【解析】《税收征收管理法实施细则》为税收规章。

16.【答案】 ×

【解析】 中文大写金额数字前应标明“人民币”字样,大写金额数字紧接“人民币”字样填写,不可留有空白。

17.【答案】 √

【解析】 略。

18.【答案】 ×

【解析】 信用证一般指国内信用证。国内信用证只能用于转账结算,不能支取现金。

19.【答案】 ×

【解析】 如果纳税人不能提供纳税担保,经县级以上税务局(分局)局长批准,税务机关可以采取下列税收保全措施:①书面通知纳税人开户银行或其他金融机构冻结纳税人的金额相当于应纳税款的存款;②扣押、查封纳税人的价值相当于应纳税款的商品、货物或其他财产。

20.【答案】 √

【解析】 略。

四、案例分析题

(一)

1.【答案】 D

【解析】 根据《财政部门实施会计监督办法》的规定,县级以上各级人民政府财政部门是本行政区域内各单位会计工作的监督检查部门,对各单位会计工作行使监督权,并依法对违法会计行为实施行政处罚。

2.【答案】 AD

【解析】 会计人员临时离职或因病不能工作且需要接替或代理的,会计机构负责人、会计主管人员或单位领导人必须指定有关人员接替或代理,并办理交接手续,故选项A正确、选项B错误。出纳人员不得监管稽核、会计档案保管和收入、支出、费用、债权债务账目的登记工作,故选项C错误、选项D正确。

3.【答案】 BD

【解析】 原始凭证金额有错误的,应当由出具单位重开,不得在原始凭证上更正。

4.【答案】 AC

【解析】 担任会计机构负责人(会计主管人员),应具备会计师以上专业技术职务资格或从事会计工作3年以上经历。

5.【答案】 ABCD

【解析】 授意、指使、强令会计机构、会计人员及其他人员伪造、变造会计凭证、会计账簿,编制虚假的财务会计报告或者隐匿、故意销毁依法应当保存的会计凭证、会计账簿、财务会计报告,对违法行为人处以5 000元以上5万元以下的罚款。伪造、变造会计凭证、会计账簿,编制虚假的财务会计报告,由县级以上人民政府财政部门予以通报;对单位并处5 000元以上10万元以下罚款;对直接负责的主管人员和责任人处3 000元以上5万元以下罚款;国家工作人员由其所在单位给予行政处分。

(二)

1.【答案】 C

【解析】 (147.6+41.4)÷(1-10%)×13%=27.3(万元)。

2.【答案】 C

【解析】 根据规定,纳税人进口应税消费品,应当自海关填发海关进口消费税专用缴款书之日起15日内缴纳税款。

3.【答案】 B

【解析】 (147.6+41.4)÷(1-10%)×10%=21(万元)。

4.【答案】 A

【解析】 (13.6+4.4)÷(1-10%)×10%=2(万元)。

5.【答案】 B

【解析】 116×10%=11.6(万元)。

综合模拟试卷三

一、单项选择题

1.【答案】 C

【解析】 消费税的纳税期限为1日、3日、5日、10日、15日、1个月或1个季度。

2.【答案】 A

【解析】 企业所得税的征税对象是企业的生产经营所得、其他所得和清算所得。

3.【答案】 B

【解析】 会计档案保管期限分为永久和定期两类。会计档案定期保管的期限一般分为10年和30年,所以会计档案定期保管的最短期限为10年。

4.【答案】 B

【解析】 土地增值税实行超率累进税率。

5.【答案】 C

【解析】 会计档案由会计机构整理立卷归档。

6.【答案】 B

【解析】 各级政府在预算调整中应编制的资料是预算调整方案。

7.【答案】 A

【解析】 见票后定期付款的汇票,持票人应当自出票日起1个月内向付款人提示承兑;付款人承兑汇票的,应当在汇票正面记载"承兑"字样和承兑日期并签章;票据承兑后,持票人未在法定期限提示付款的,承兑人仍应承担票据责任。

8.【答案】 B

【解析】 商业汇票的持票人没有在规定期限内提示付款的,在作出说明后,承兑人或付款人仍然应当承担票据责任。

9.【答案】 D

【解析】 银行向宾馆、餐饮、娱乐、旅游等行业办理银行卡收单业务收取的结算手续费不得低于交易金额的2%。

10.【答案】 C

【解析】 选项C属于流转税类。

11.【答案】 D

【解析】 金银首饰、钻石及钻石饰品在零售环节征收消费税。

12.【答案】 B

【解析】 划分增值税一般纳税人和小规模纳税人的主要标准是应税销售额。

13.【答案】 C

【解析】 单位确需坐支现金的,必须事先报经开户银行审查批准。

14.【答案】 D

【解析】 除企业外,存款人申请开立、变更、撤销一般存款账户、专用存款账户和临时存款账户必须出具基本存款账户开户登记证的证明文件。

15.【答案】 A

【解析】 汇票金额是外币的,如无另外约定,应当折合为人民币支付,折合的汇率是付款日的市场汇价。

16.【答案】 A

【解析】 纳税人从事运输业务,其增值税纳税地点是机构所在地或居住地主管税务机关。

17.【答案】 A

【解析】 偷税是指纳税人以不缴或少缴税款为目的,采取伪造、变造、隐匿、擅自销毁账簿、记账凭证,在账簿上多列支出或不列、少列收入,或者采取各种不公开的手段或进行虚假的纳税申报的手段,隐瞒真实情况,不缴或少缴税款,欺骗税务机关的行为。

18.【答案】 B

【解析】 增值税一般纳税人购进农产品,除取得增值税专用发票或者海关进口增值税专用缴款书外,按照农产品收购发票或者销售发票上注明的农产品买价和9%的扣除率计算进项税额。

19.【答案】 C

【解析】 账证核对的主要目的是及时发现错账予以更正。

20.【答案】 B

【解析】 按照发票管理规定,使用电子计算机开具发票必须报经主管税务机关批准。

21.【答案】 A

【解析】 会计工作的政府监督主要是指财政部门代表国家对单位和单位中相关人员的会计行为实施的监督检查,以及对发现的违法会计行为实施的行政处罚。

22.【答案】 A

【解析】 应纳税所得额＝(80 000＋60 000)×(1－20%)×70%－60 000＝18 400(元)，应纳税额＝18 400×3%＝552(元)。

23.【答案】 D

【解析】 现金的内部控制规范的主要依据是《内部会计控制规范——货币资金》。

24.【答案】 D

【解析】 增值税专用发票的式样由国家税务总局确定。

25.【答案】 D

【解析】《会计法》不是国家宪法。

26.【答案】 B

【解析】 当记账人员或会计机构负责人、会计主管人员调动工作时，需要在“启用表”上注明交接日期、接办人员和监交人员姓名，并由交接双方签字或盖章。

27.【答案】 A

【解析】 内部会计控制包括八个主要方法：不相容职务分离控制、授权批准制度、会计系统控制、预算控制、财产保全控制、风险控制、内部报告控制和电子信息技术控制。

28.【答案】 D

【解析】 坚持准则要求会计人员在处理业务过程中，始终坚持按法律、法规和国家统一的会计制度的要求进行会计核算，不为主观或他人意志所左右。

29.【答案】 C

【解析】 见票后定期付款的汇票，持票人应自出票日起1个月内向付款人提示承兑。

30.【答案】 D

【解析】 职工公出借款收据，必须附在记账凭证之后。收回借款时，应当另开收据或者退还借据副本，不得退还借款收据。

31.【答案】 C

【解析】 托收承付结算每笔的金额起点为1万元。

32.【答案】 C

【解析】 现金银行汇票仅限于银行汇票的申请人和收款人为个人，且必须缴存现金的，才可以办理。对于申请人、收款人中有一个不是个人的，不得为其办理现金银行汇票。

33.【答案】 B

【解析】 填写票据和结算凭证时，中文大写金额数字应用正楷或行书填写，不得自造简化字，故选项A错误。阿拉伯小写金额数字中有“0”时，中文大写应按照汉语语言规律、金额数字构成和防止涂改的要求进行书写，故选项CD错误、选项B正确。

34.【答案】 D

【解析】 会计账簿记录发生错误或隔页、缺号、跳行的，应当按照国家统一的会计制度规定的方法更正，并由会计人员和会计机构负责人(会计主管人员)在更正处盖章，以明确责任。

35.【答案】 C

【解析】 政府采购应当遵循公开透明原则、公平竞争原则、公正原则和诚实信用原则。

36.【答案】 B

【解析】 税法的作用包括：是组织财政收入、宏观调控经济的法律手段；维护经济秩序、有效地保护纳税人的合法权益、维护国家权益；是促进国际经济交往的可靠保证。

37.【答案】 B

【解析】 杨教授应缴纳的个人所得税＝(9 000×12－60 000)×10%－2 520＝2 280(元)。

38.【答案】 C

【解析】 申请设立除会计师事务所以外的代理记账机构，应当经所在地的县级以上人民政府财政部门批准。

39.【答案】 C

【解析】 下列进项税额准予从销项税额中抵扣：①从销售方取得的增值税专用发票上注明的增值税额；②从海关取得的海关进口增值税专用缴款书上注明的增值税额；③购进农产品，除取得增值税专用发票或海关进口增值税专用缴款书外，按照农产品收购发票或销售发票上注明的农产品买价和9%的扣除率计算的进项税额；④购进或销售货物以及在生产经营过程中支付运输费用的，按照运输费用结算单据上注明的运输费用金额和9%的扣除率计算的进项税额。

40.【答案】 D

【解析】 纳税人自产自用的应税消费品，用于连续生产应税消费品的，不纳税；用于其他方面的，于移送使用时纳税。

41.【答案】 B

【解析】 预算的批复是指各级政府预算经过本级人民代表大会的批准之后，本级政府财政部门应当及时向本级政府各部门批复预算。

42. 【答案】 C

【解析】 选项C属于中央预算的组成部分。

43. 【答案】 B

【解析】 选项A属于资源税类，选项C属于行为税类，选项D属于所得税类。

44. 【答案】 D

【解析】《预算法》是我国第一部财政基本法律，是我国国家预算管理工作的根本性法律以及制定其他预算法规的基本依据。

45. 【答案】 B

【解析】 会计工作的社会监督主要是指由注册会计师及其所在的会计师事务所依法对委托单位的经济活动进行审计、鉴证的一种监督制度。

46. 【答案】 B

【解析】 坚持准则是会计职业道德的核心、诚实守信是会计职业道德的精髓、爱岗敬业是会计职业道德的基础、客观公正是会计职业道德的追求目标、廉洁自律是会计职业道德的前提。

47. 【答案】 C

【解析】 贴现是指汇票持有人将未到期的商业汇票交给银行，银行受理后，按票面金额扣除贴现日到汇票到期前一日的利息后的净额交给贴现申请人。

48. 【答案】 C

【解析】 选项C属于工资、薪金所得。

49. 【答案】 D

【解析】 偶然所得以每次的收入额为计税依据计征个人所得税，因此李某应缴纳的个人所得税＝(300 000＋500 000)×20%＝160 000(元)。

50. 【答案】 B

【解析】 财政部是管理国库单一账户体系的职能部门，任何单位不得擅自设立、变更或撤销国库单一账户体系中的各类银行账户。

二、多项选择题

1. 【答案】 ABCD

【解析】 就会计职业而言，提高技能要求会计人员增强提高专业技能的自觉性和紧迫感，勤学苦练，刻苦钻研，不断进取，提高业务水平。会计职业技能包括会计理论水平、会计实务能力、职业判断能力、自动更新知识能力、提供会计信息的能力、沟通交流能力、职业经验等。

2. 【答案】 BCD

【解析】《会计法》第二十六条规定，公司、企业进行会计核算不得有下列行为：①随意改变资产、负债、所有者权益的确认标准或计量方法，虚列、多列、不列或少列资产、负债、所有者权益；②虚列或隐瞒收入，推迟或提前确认收入；③随意改变费用、成本的确认标准或计量方法，虚列、多列、不列或少列费用、成本；④随意调整利润的计算、分配方法，编造虚假利润或隐瞒利润；⑤违反国家统一的会计制度规定的其他行为。

3. 【答案】 ABCD

【解析】 各单位的财务会计报告应当按照规定的对象，向本单位、本单位的有关财务关系人(如投资人、债权人)以及政府有关管理部门(如财政部门、税务部门)等提供，以便于有关的财务关系人及政府部门及时了解经营和业务活动情况，据此作出决策。

4. 【答案】 ABD

【解析】 内部会计控制的内容主要包括货币资金、实物资产、对外投资、工程项目、采购与付款、筹资、销售与收款、成本与费用、担保等经济业务的会计控制。

5. 【答案】 ABD

【解析】 助理会计师任职的基本条件包括：①掌握一般的财务会计基础理论和专业知识。②熟悉并能正确执行有关的财经方针、政策和财务会计法规、制度。③能担负一个方面或某个重要岗位的财务会计工作。④取得硕士学位，或取得第二学士学位或研究生班结业证书，具备履行助理会计师职责的能力；或者大学本科毕业，在财务会计工作岗位上见习1年期满；或者大学专科毕业并担任会计员职务2年以上；或者中等专业学校毕业并担任会计员职务4年以上。

6. 【答案】 ABCD

【解析】 会计法律制度是指国家权力机关和行政机关制定的各种会计规范性文件的总称。

我国会计法律制度的基本构成为会计法律、会计行政法规、会计部门规章和地方性会计法规。

7.【答案】 ABC

【解析】 登记账簿时发生错误，应当将错误的文字或数字划红线注销，但必须使原有字迹仍可辨认；然后在划线上方填写正确的文字或数字，并由记账人员在更正处盖章。对于错误的数字，应当全部划红线更正，不得只更正其中的错误数字；对于文字错误可只划去错误的部分。

8.【答案】 ABD

【解析】 印花税属于行为税类。

9.【答案】 ABC

【解析】 税务登记种类包括开业登记，变更登记，停业、复业登记，注销登记，跨区域涉税事项报验管理。

10.【答案】 BC

【解析】 普通发票的基本联次为三联，各联的名称和用途分别为：①第一联为存根联，由开票方留存备查；②第二联为发票联，由收执方作为付款或收款原始凭证；③第三联为记账联，由开票方作为记账原始凭证。

三、判断题

1.【答案】 ×

【解析】 增值税一般纳税人用防伪税控系统开具的增值税专用发票申请进项税额抵扣时，必须自该专用发票开具之日起 180 日内到税务机关认证，否则不予抵扣进项税额。

2.【答案】 ×

【解析】 纳税人在办理完停业登记手续后，应当由纳税机关封存保管其纳税登记证件及副本、发票领购簿、未使用完的发票和其他税务证件，防止丢失。

3.【答案】 ×

【解析】 高级会计师实行考试与评审相结合的制度。

4.【答案】 ×

【解析】 企业所得税实行按年计征，分月或分季预缴，年度终了后 5 个月内汇算清缴，多退少补的办法。

5.【答案】 ×

【解析】 《会计法》所指的“法律责任”包括行政责任和刑事责任两类，不包括民事责任。

6.【答案】 ×

【解析】 现金与转账结算具有相同的支付能力，不得只收现金而拒收汇票、本票、支票和其他转账结算凭证。

7.【答案】 √

【解析】 略。

8.【答案】 ×

【解析】 划线支票只能用于转账，不能支取现金。

9.【答案】 ×

【解析】 国家需要重点扶持的高新技术企业，减按 15% 的税率征收企业所得税。

10.【答案】 ×

【解析】 商业汇票需要承兑，并不是所有的汇票者需要承兑。

11.【答案】 ×

【解析】 各种明细账要根据原始凭证、原始凭证汇总表和记账凭证每天进行登记，也可以定期(3 天或 5 天)登记。但债权债务明细账和财产物资明细账应当每天登记，以便随时与对方单位结算，核对库存余额。

12.【答案】 ×

【解析】 按照规定，会计处理方法不可以随意变更，否则就是违法行为。

13.【答案】 ×

【解析】 《会计法》规定，业务收支以人民币以外的货币为主的单位，可以选择其中一种货币作为记账本位币，但是编制其财务会计报告应当折算成人民币。

14.【答案】 ×

【解析】 原始凭证金额错误的，应当由出具单位重开，不得在原始凭证上更正。

15.【答案】 √

【解析】 略。

16.【答案】 √

【解析】 略。

17.【答案】 √

【解析】 略。

18.【答案】 ×

【解析】 对犯罪分子只能判处一种主刑；对同一犯罪行为既可以在主刑之后判处一个或两

个以上的附加刑，也可以独立判处一个或两个以上的附加刑。

19.【答案】 ×

【解析】 单位和个人违反《人民币银行结算账户管理办法》开立和使用账户的，应按规定承担行政责任，由中国人民银行委托商业银行执行。

20.【答案】 ×

【解析】 个人银行结算账户用于办理个人转账收付和现金支取，储蓄存款账户仅限于办理现金存取业务，不得办理转账结算。

四、案例分析题

（一）

1.【答案】 BCD

【解析】 开户单位不准用不符合国家统一的会计制度的凭证顶替库存现金，即不得"白条抵库"；不准编造用途套取现金；不准利用账户替其他单位和个人套取现金；不准用单位收入的现金按个人储蓄方式存入银行；不准保留账外公款，即不得"公款私存"；不得设置"小金库"；不得未经批准坐支或者未按开户银行核定的坐支范围和限额坐支现金等。

2.【答案】 D

【解析】 银行明知或应知是单位资金，而允许以自然人名称开立账户存储的，应对银行处以5万元以上30万元以下的罚款。

3.【答案】 C

【解析】 票据的出票日期必须使用中文大写，大写日期未按要求规范填写的，银行可予受理，但由此造成的损失，由出票人自行承担。日为拾壹至拾玖的，应在其前面加"壹"。

4.【答案】 ABCD

【解析】 可以转入个人银行结算账户的包括：工资、奖金收入；稿费、演出费等劳务收入；债券、期货、信托等投资的本金和收益；个人债权或产权转让收益；个人贷款转存；证券交易结算资金和期货交易保证金；继承、赠与款项；保险理赔、保费退还等款项；纳税退还款；农、副、矿产品销售收入；其他。

5.【答案】 A

【解析】 违反规定将单位款项转入个人银行结算账户的，对于非经营性存款人，给予警告，并处以1 000元的罚款。

（二）

1.【答案】 ABC

【解析】 根据《增值税暂行条例》第二十三条规定，增值税的纳税期限分别为1日、3日、5日、10日、15日、1个月或者1个季度。

2.【答案】 B

【解析】 该企业当期销项税额＝11.3÷(1＋13%)×13%＋50×13%＝7.8(万元)。

3.【答案】 ABC

【解析】 该企业当期可以抵扣的进项税额包括：①购入原材料取得专用发票上注明的价款；②购入生产所需的配件取得专用发票上注明的价款；③购入生产所需的包装物取得专用发票上注明的价款；④购入免税农产品的价款。对于为职工幼儿园购进一批儿童桌、椅、木床用于集体福利，进项税额不得抵扣。

4.【答案】 C

【解析】 该企业当期进项税额＝(40＋2.5＋2)×13%＋3×9%＝6.055(万元)。

5.【答案】 A

【解析】 该企业当期应纳增值税额＝当期销项税额－当期进项税额＝7.8－6.055＝1.745(万元)。

综合模拟试卷四

一、单项选择题

1.【答案】 C

【解析】 纳税人在办理税务登记后，原登记的内容发生变化时向原税务机关申报办理税务登记。

2.【答案】 B

【解析】 原始凭证有错误的，应当由出具单位重开或更正。

3.【答案】 C

【解析】 国家预算是指经法定程序批准的、国家在一定期间内预定的财政收支计划，是国家进行财政分配的依据和宏观调控的重要手段。

4.【答案】 C

【解析】 会计行业组织加强会计职业道德检

查和考核，进行表彰和惩戒，这种机制属于行业自律机制。

5.【答案】 C

【解析】 银行是支付结算和资金清算的中介机构。

6.【答案】 A

【解析】 中国人民银行总行负责制定统一的支付结算法律制度。

7.【答案】 C

【解析】 开户单位现金收入应当于当日送存开户银行。

8.【答案】 D

【解析】 根据《会计法》和《注册会计师法》的规定，财政部门是会计行业和注册会计师行业的主管部门，履行相应的会计市场管理职责。

9.【答案】 A

【解析】 选项BCD属于纳税主体的义务。

10.【答案】 C

【解析】《注册会计师法》是我国中介行业的第一部法律。

11.【答案】 C

【解析】 提供虚假的财务会计报告，是指通过编造虚假的会计凭证、会计账簿及其他会计资料或直接篡改财务会计报告上的数据，使财务会计报告不真实、不完整地反映财务状况和经营成果，借以误导、欺骗财务会计报告使用者的行为。

12.【答案】 D

【解析】 该酒业公司准予抵扣的进项税额＝5 000×9%＝450(元)。

13.【答案】 D

【解析】 汇票上未记载付款日期的，为见票即付，故选项A错误。汇票上未记载付款地的，付款人的营业场所、住所或经营居住地为付款地，故选项B错误。汇票上未记载收款人名称的，汇票无效，故选项C错误。

14.【答案】 C

【解析】 74.58÷(1＋13%)×3%＝1.98(万元)。

15.【答案】 D

【解析】 托收承付的收款单位和付款单位，必须是国有企业、供销合作社及经营管理较好，并经开户银行审查同意的城乡集体所有制工业企业。

16.【答案】 C

【解析】 个体工商户的生产经营所得按照年所得5级超额累进税率征收税款。

17.【答案】 C

【解析】 区别不同税种的主要标志是征税对象。

18.【答案】 C

【解析】 税务机关对单件5 000元以下的其他生活用品，不采取税收保全措施和强制执行措施。

19.【答案】 D

【解析】“慎独”是会计职业道德修养中的一种很高的境界，其前提是职业信念和职业良心。

20.【答案】 B

【解析】 政府采购当事人有采购人、供应商和采购代理机构。

21.【答案】 B

【解析】 该商店应纳增值税＝含税销售额÷(1＋征收率)×征收率＝128×280÷(1＋3%)×3%≈1 043.88(元)。

22.【答案】 B

【解析】 该一般纳税人销售钢材的销项税额＝含税销售额÷(1＋增值税税率)×增值税税率＝29 554÷(1＋13%)×13%≈3 400(元)。

23.【答案】 A

【解析】 选项B是供应商的义务，选项C是采购人的义务，选项D既是供应商的义务又是采购人的义务。

24.【答案】 D

【解析】 根据《支付结算办法》的规定，发卡银行对贷记卡超信用额度用卡的行为，应当按照超过信用额度部分的5%收取超限费。

25.【答案】 A

【解析】 国债利息免征个人所得税。

26.【答案】 A

【解析】 各单位必须依照法律规定接受有关监督检查部门依法实施的监督检查，不得拒绝。

27.【答案】 A

【解析】 从事生产经营的纳税人未办理工商营业执照也未经有关部门批准设立的，应当自纳税义务发生之日起30日内申报办理税务登记。

28.【答案】 D

【解析】 会计档案保管期限从会计年度终了后第一天算起，即2019年1月1日，会计凭证的报告期限为30年，即2048年12月31日。

29.【答案】 D

【解析】 廉洁自律是会计职业道德的前提，也是会计职业道德的内在要求。

30.【答案】 B

【解析】 汇兑没有金额起点。

31.【答案】 A

【解析】 会计核算的内容包括：①款项和有价证券的收付；②财物的收发增减和使用；③债权债务的发生和结算；④资本基金的增减；⑤收入、支出、费用、成本的计算；⑥财务成果的计算和处理；⑦需要办理会计手续，进行会计核算的其他事项。

32.【答案】 A

【解析】 初级会计专业职务对应的是助理会计师和会计员。

33.【答案】 B

【解析】 开户单位支付现金，可以从本单位库存现金限额中支付或者从开户银行提取，不得从本单位的现金收入中直接支付。

34.【答案】 B

【解析】 汇款回单只能作为汇出银行受理汇款的依据，不作为该笔汇款已转入收款人账户的证明。

35.【答案】 C

【解析】 增值税一般纳税人向农业生产者购买的免税农产品，或者向小规模纳税人购买的农产品，准予按照买价和9%的扣除率计算进项税额。

36.【答案】 C

【解析】 卷烟、粮食白酒和薯类白酒采用复合计征。

37.【答案】 D

【解析】 销户时，单位卡账户的资金可以转入其基本存款账户，不得提取现金。

38.【答案】 D

【解析】 税务机关责令具有税法规定情形的纳税人提供纳税担保而纳税人拒绝或无力提供担保的，税务机关有权对其采取税收保全措施。

39.【答案】 A

【解析】 银行结算账户按存款人不同，分为单位银行结算账户和个人银行结算账户。

40.【答案】 B

【解析】 竞争性谈判方式，是指要求采购人就有关采购事项，与不少于3家的供应商进行谈判。

41.【答案】 A

【解析】 代销、寄销、赊销商品的款项，不得办理托收承付结算。

42.【答案】 A

【解析】 定日付款、出票后定期付款或见票后定期付款的商业汇票，自到期日起10日内向承兑人提示付款。

43.【答案】 D

【解析】 普通发票由税务机关统一对外出售。

44.【答案】 A

【解析】 票据当事人，也称为票据法律关系主体，是指票据法律关系中，享有票据权利、承担票据义务的主体，包括基本当事人和非基本当事人。基本当事人是指在票据作成和交付时就已存在的当事人；非基本当事人是指在票据作成并交付后，通过一定的票据行为加入票据关系而享有一定权利、义务的当事人，故选项B错误。基本存款账户办理存款人日常活动的资金收付及其工资、奖金和现金的支取，故选项C错误。信用证结算方式只适用于国内企业之间商品交易产生的货款结算，只能用于转账结算，不能支取现金，故选项D错误。

45.【答案】 C

【解析】 银行本票结算方式适用于同城结算。

46.【答案】 B

【解析】 除国家法律、行政法规另有规定外，银行不得为任何单位或个人冻结、扣款，不得停止单位或个人存款的正常支付。

47.【答案】 B

【解析】 应税所得率＝应纳税所得额÷销售收入＝(销售收入－成本费用支出)÷销售收入＝(销售收入－85)÷销售收入；销售收入＝85÷(1－15%)＝100(万元)；应纳税所得额＝销售收入×应税所得率＝100×15%＝15(万

元)；企业所得税＝应纳税所得额×企业所得税税率＝15×25%＝3.75(万元)。

48.【答案】 D

【解析】 个人所得税中工资、薪金所得采用超额累进税率计算应纳税额。

49.【答案】 D

【解析】 B2C网上支付是个人网上银行的功能。

50.【答案】 B

【解析】 税务机关采用一种方法不足以正确核定应纳税额时，可以同时采用两种以上的方法核定，故选项A错误、选项B正确。纳税人对税务机关核定的应纳税额有异议的，纳税人应当提供相关证据，证明定额的合理，故选项C错误。经税务机关认定后，税务机关可以调整应纳税额，故选项D错误。

二、多项选择题

1.【答案】 CD

【解析】 商业汇票按照承兑人的不同分为银行承兑汇票和商业承兑汇票。

2.【答案】 ACD

【解析】 企业发生的职工福利费支出，不超过工资薪金总额14%的部分，准予扣除。

3.【答案】 ABC

【解析】 负有扣缴税款义务的法定义务人，在向纳税人支付款项时，从所支付的款项中直接扣收税款的方式称为代扣代缴。

4.【答案】 ABC

【解析】 国家预算的作用主要包括三个方面：财力保证作用、调节制约作用和反映监督作用。

5.【答案】 ACD

【解析】 选项B属于违法行为。

6.【答案】 ABCD

【解析】 四个选项都属于会计部门规章。

7.【答案】 ABD

【解析】 选项C应开立专用存款账户。

8.【答案】 AC

【解析】 选项BD属于对会计工作的政府监督。

9.【答案】 ABD

【解析】 单位不可以由一人办理货币资金业务的全过程。

10.【答案】 BCD

【解析】 由国务院财政部门编制的中央决算草案，经国务院审定后，由国务院提请全国人民代表大会常务委员会审批，故选项A错误。

三、判断题

1.【答案】 ×

【解析】 注册验资的临时存款账户在验资期间只收不付。

2.【答案】 ×

【解析】 委托加工的应税消费品，委托方用于连续生产应税消费品的，所纳税款准予按规定抵扣。

3.【答案】 ×

【解析】 饲料、化肥、农药、农机(不包括农机零部件)、农膜均属于增值税9%低税率的适用范围。注意：农机零部件不在此范围之内。

4.【答案】 √

【解析】 略。

5.【答案】 ×

【解析】 除法律规定外，会计人员不能私自向外界提供或泄露单位的会计信息。

6.【答案】 ×

【解析】 企业发生的公益性捐赠支出，在年度利润总额12%以内的部分，准予在计算应纳税所得额时扣除。

7.【答案】 ×

【解析】 单位、个人均可使用汇兑结算方式。

8.【答案】 ×

【解析】 财政收入的收缴方式包括直接缴库和集中汇缴两种方式。

9.【答案】 ×

【解析】 个体工商户在税法规定的享有免税优惠的期限内，也要办理税务登记证。

10.【答案】 ×

【解析】 用于支取现金的支票不可以背书转让。

11.【答案】 ×

【解析】 我国会计法律制度中层次最高的法律法规是《会计法》。

12.【答案】 √

【解析】 略。

13.【答案】 ×

【解析】 我国规定的会计年度自公历1月1日起至12月31日止。

14.【答案】 √

【解析】 略。

15.【答案】 ×

【解析】 背书时必须记载被背书人名称，如果未记载，持票人在票据被背书人栏内记载自己的名称与背书人记载具有同等法律效力。

16.【答案】 √

【解析】 略。

17.【答案】 √

【解析】 略。

18.【答案】 ×

【解析】 会计工作交接，移交清册填制应一式三份，交接双方各持一份，存档一份。

19.【答案】 √

【解析】 略。

20.【答案】 ×

【解析】 会计人员不钻研业务，不加强新知识的学习，造成工作上的差错，缺乏胜任工作的能力，这是一种违反会计职业道德的行为，但并没有违反会计法律制度。

四、案例分析题

(一)

1.【答案】 A

【解析】 票据丧失后最终采取的补救措施，可通过人民法院来实现。

2.【答案】 B

【解析】 票据丧失后最终采取的补救措施有挂失止付和普通诉讼，公示催告是暂时的预防措施。

3.【答案】 B

【解析】 出票人签发空头支票，持票人有权要求出票人赔偿支票金额2%的赔偿金。

4.【答案】 D

【解析】 出票人签发空头支票，按票面金额处以5%但不低于1 000元的罚款。

5.【答案】 C

【解析】 出票人签发空头支票，中国人民银行可以对出票人进行罚款。

(二)

1.【答案】 AC

【解析】 违反会计职业道德行为的处罚依据是《会计法》《会计基础工作规范》等。

2.【答案】 ACD

【解析】 工作努力体现爱岗敬业的会计职业道德，钻研业务体现提高技能的会计职业道德，积极提供合理化建议体现参与管理的会计职业道德。

3.【答案】 ABC

【解析】 违反会计职业道德的行为可由财政部门、会计职业团体、本单位给予处罚。

4.【答案】 B

【解析】 诚实守信要求会计人员保守秘密，不为利益所诱惑。

5.【答案】 ABCD

【解析】 选项ABCD都属于会计工作岗位，故周丽都不能担任。

综合模拟试卷五

一、单项选择题

1.【答案】 B

【解析】 选项B是税务部门的管理职权。

2.【答案】 B

【解析】 各单位应当根据会计业务的需要，设置会计机构，故选项A错误。根据回避制度，单位负责人的直系亲属不可在本单位担任会计机构负责人，故选项C错误。一般会计人员办理交接手续，由会计机构负责人负责监交，故选项D错误。

3.【答案】 C

【解析】 对会计违法行为的行政处分形式有警告、记过、记大过、降级、撤职、开除等。

4.【答案】 D

【解析】 开户单位增加或减少库存现金限额应向开户银行提出申请。

5.【答案】 D

【解析】 因采购地点不确定、交通不便、生产或市场急需、抢险救灾，以及其他特殊情况必须使用现金的，开户单位应当向开户银行提出申请，由本单位财会部门负责人签字盖章，并经开户银行审核后，予以支付现金。

6.【答案】 A

【解析】 托收承付是指根据购销合同由收款人发货后委托银行向异地付款人收取款项，由付款人向银行承认付款的一种结算方式。

7.【答案】 B

【解析】 将外购货物用于个人消费，其购进货物的进项税额不允许抵扣，不属于增值税视同销售货物的情形。

8.【答案】 A

【解析】 税收保全措施包括：①书面通知纳税人开户银行或其他金融机构冻结纳税人的金额相当于应纳税款的存款；②扣押、查封纳税人的价值相当于应纳税额的商品、货物或其他财产；③通知出境管理机关阻止其出境。

9.【答案】 B

【解析】 对国家税务总局作出的具体行政行为决定不服的，可以向国家税务总局申请行政复议。

10.【答案】 D

【解析】 销售额是指纳税人销售货物，向购买方收取的全部价款和价外费用，但不包括向购买方收取的销项税额。

11.【答案】 A

【解析】《政府采购法》没有将国有企业纳入政府采购的主体范围。

12.【答案】 A

【解析】 诚实守信的基本要求是保守秘密，不为利益所诱惑。

13.【答案】 B

【解析】 稽核制度不同于内部审计制度，是单位内部会计监督制度的组成部分，故选项A错误。稽核人员是会计人员，不可以由内部审计人员兼任，故选项C错误。稽核是对同一业务、资料由稽核人员进行稽查和复核，故选项D错误。

14.【答案】 C

【解析】 发卡银行对贷记卡持卡人未偿还最低还款额和超信用额度用卡的行为，应当分别按最低还款额未还部分、超过信用额度部分的5%收取滞纳金和超限费，即(100 000×10%－5 000)×5%＝250(元)。

15.【答案】 C

【解析】 单位银行卡资金、财政预算外资金、证券交易结算资金、期货交易保证金和信托基金专用存款账户不得支取现金。

16.【答案】 D

【解析】 财政部门及有关行政部门的工作人员将检举人姓名和检举材料转给被检举人个人，不构成犯罪的，由其所在单位或有关单位依法给予行政处分。

17.【答案】 B

【解析】 纳税人的子女教育专项附加扣除按照每个子女每月1 000元的标准定额扣除；大病医疗专项附加扣除累计超过15 000元的部分；住房贷款利息专项附加扣除按照每月1 000元的标准等额扣除。

18.【答案】 B

【解析】 由外单位取得的原始凭证如有遗失，如果确实无法取得证明的，由当事人写出详细情况，由经办单位会计机构负责人、会计主管人员和单位负责人批准后，代作原始凭证。

19.【答案】 A

【解析】 汇款人对汇出行尚未汇出的款项可以申请撤销。

20.【答案】 C

【解析】 同一账户月透支余额个人卡不得超过5万元，单位卡不得超过发卡银行对该单位综合授信额度的3%。

21.【答案】 C

【解析】 从单位银行结算账户支付给个人银行结算账户的款项应纳税的，税收代扣单位付款时应向其开户银行提供完税证明。

22.【答案】 A

【解析】 信用卡销户时，单位银行卡账户的资金应转入其基本存款账户。

23.【答案】 B

【解析】 背书附有条件的，所附条件不具有汇票上的效力，即不影响背书行为本身的效力。

24.【答案】 D

【解析】 选项ABC都属于县级以上地方各级人民代表大会的职权。

25.【答案】 D

【解析】《政府采购信息公告管理办法》是国务院财政部门制定的。

26.【答案】 A

【解析】 财政部负责对全国会计师事务所执业质量实施监督检查,并对违反《注册会计师法》的行为实施行政处罚。

27.【答案】 A

【解析】 外资企业驻华办事处,应出具国家登记机关颁发的登记证。

28.【答案】 C

【解析】 银行结算账户是指银行为存款人开立的办理资金收付结算的人民币活期存款账户。

29.【答案】 D

【解析】 原始凭证是记账的依据,但不是直接依据。

30.【答案】 A

【解析】 作为记录会计核算过程和结果的载体,反映单位财务状况、经营成果、现金流量,评价经营业绩、进行投资决策的主要依据是会计资料。

31.【答案】 D

【解析】 会计机构、会计人员发现会计账簿与实物、款项及有关资料不相符的,应当根据国家统一的会计制度的规定,有权自行处理的应及时处理,无权处理的应立即向单位负责人报告。

32.【答案】 C

【解析】 公开透明原则要求政府采购政策法规等对社会公开。

33.【答案】 D

【解析】 税务代理人为纳税人、扣缴义务人代理税务事宜,既不能损害纳税人、扣缴义务人的合法权益,也不能损害国家的利益,体现的是税务代理的公正性原则。

34.【答案】 C

【解析】 银行承兑汇票的承兑银行,应当按照票面金额向出票人收取0.5‰的手续费。

35.【答案】 C

【解析】 选项ABD都属于税收程序法。

36.【答案】 A

【解析】 按照税收的征收权限和收入支配权限分类,可分为中央税类、地方税类和中央地方共享税类。

37.【答案】 B

【解析】 征税对象是区分不同税种的主要标志,故选项A错误。纳税人是指税法规定的直接负有纳税义务的单位和个人,故选项C错误。征税对象包括物和行为,故选项D错误。

38.【答案】 C

【解析】 选项ABD不属于个人及其所扶养家属维持生活必需的住房和用品,故可以保全。

39.【答案】 D

【解析】 税务机关为增值税纳税人代开的专用发票应统一使用六联专用发票。

40.【答案】 A

【解析】 应缴纳的企业所得税=(460-438-20)×10 000×25%=5 000(元)。

41.【答案】 A

【解析】 小规模纳税人不能抵扣进项税额,因此该企业当月应纳增值税额=12.56÷(1+3%)×3%≈0.37(万元)。

42.【答案】 D

【解析】 在计算应纳税所得额时,下列支出不得扣除:①向投资者支付的股息、红利等权益性投资收益款项;②企业所得税税款;③税收滞纳金;④罚金、罚款和被没收财物的损失;⑤超过规定标准的公益性的捐赠支出;⑥赞助支出;⑦未经核定的准备金支出;⑧与取得收入无关的其他支出。

43.【答案】 B

【解析】 代扣代缴是依照税法规定负有代扣代缴义务的单位和个人,从纳税人持有的收入中扣取应纳税款并向税务机关解缴的一种纳税方式。

44.【答案】 A

【解析】 县级以上地方各级人民代表大会负责审查各级总预算草案及总预算执行情况的报告。

45.【答案】 A

【解析】 因纳税人、扣缴义务人计算错误等失误,未缴或者少缴税款的,税务机关在3年内可以追征税款、滞纳金;有特殊情况的,追征期可以延长到5年。

46.【答案】 B

【解析】 委托个人加工的应税消费品,由委托方向其机构所在地或居住地主管税务机关申报纳税。

47.【答案】 C

【解析】 选项AB属于免税收入，选项D应并入其他收入计算缴纳所得税。

48.【答案】 D

【解析】 增值税专用发票由国务院税务总局统一印制。

49.【答案】 A

【解析】 《票据法》规定，被拒绝承兑的、被拒绝付款的、超过付款提示期限的汇票，不得背书转让。

50.【答案】 C

【解析】 这句话反映了诚实守信的基本要求。

二、多项选择题

1.【答案】 ABC

【解析】 选项D属于全国人民代表大会常务委员会的职权。

2.【答案】 BCD

【解析】 会计职业道德不仅要求调整会计人员的外在行为，还要调整会计人员的内在的精神世界，故选项B说法错误。会计职业道德既有明确的成文规定，也有不成文规定，故选项C说法错误。违反会计职业道德的行为也有可能违反会计法律制度，这样不仅会受到道德谴责，还会受到法律制裁，故选项D说法错误。

3.【答案】 ABC

【解析】 已开具的发票存根联和发票登记簿在保存期满报经税务机关查验后销毁。

4.【答案】 ACD

【解析】 财政授权支付程序适用于单件物品或单项服务购买额不足10万元人民币的购买支出；年度财政投资不足50万元人民币的工程采购支出；特别紧急支出；经财政部门批准的其他支出。

5.【答案】 ACD

【解析】 地方各级政府预算由本级人民代表大会审查和批准。

6.【答案】 ABCD

【解析】 《会计法》是调整我国经济生活中会计关系的法律总规范，是会计法律制度中层次最高的法律规范，是指导会计工作的最高准则，是制定其他会计法规的依据。

7.【答案】 ABCD

【解析】 单位负责人是指依法代表法人单位行使职权的负责人，如公司制的董事长、国有企业的厂长、国家机关的最高行政长官、合伙企业的合伙人、个人独资企业的投资人等。

8.【答案】 ABCD

【解析】 纳税义务人有下列情况之一的，应当按照规定到主管税务机关办理纳税申报：①取得综合所得需要办理汇算清缴；②取得应税所得没有扣缴义务人；③取得应税所得，扣缴义务人未扣缴税款；④取得境外所得；⑤因移居境外注销中国户籍；⑥非居民个人在中国境内从两处以上取得工资、薪金所得；⑦国务院规定的其他情形。

9.【答案】 ABCD

【解析】 办理托收承付的收款单位和付款单位必须是国有企业、供销合作社，以及经营管理较好、并经开户银行审查同意的城乡集体所有制工业企业。

10.【答案】 ABC

【解析】 税务登记证不可以转借给他人。

三、判断题

1.【答案】 ×

【解析】 未办理工商营业执照，也未经有关部门批准设立的纳税人，应当自纳税义务发生之日起30日内，申报办理税务登记。

2.【答案】 ×

【解析】 纳税人办理停业的，停业期限不得超过1年。

3.【答案】 ×

【解析】 纳税人销售的应税消费品，如因质量等原因由购买者退回，经机构所在地或居住地主管税务机关审核批准后，可退还已缴纳的消费税税款。

4.【答案】 √

【解析】 略。

5.【答案】 ×

【解析】 在会计工作中提供上乘的服务质量，并非是无原则地满足服务主体的需要，而是在坚持原则、坚持准则的基础上尽量满足用户或服务主体的需要。

6.【答案】 ×

【解析】 提高技能是会计人员在职业活动中做到客观公正、坚持准则的基础，是参与管理的前提。

7.【答案】√

【解析】略。

8.【答案】×

【解析】单位负责人授意、指使、强令会计机构、会计人员伪造、变造会计凭证、会计账簿，提供虚假财务会计报告的，会计人员也应承担法律责任。

9.【答案】√

【解析】略。

10.【答案】×

【解析】汇兑的汇入银行对于向收款人发出取款通知后，经过2个月无法支付的汇款，应主动办理退汇。

11.【答案】√

【解析】略。

12.【答案】×

【解析】会计机构、会计人员发现会计账簿记录与实物、款项及有关资料不相符的，按照国家统一的会计制度的规定有权自行处理的，应当及时处理；无权处理的，应当立即向单位负责人报告，请求查明原因，作出处理。

13.【答案】√

【解析】略。

14.【答案】×

【解析】承兑不得附有条件，承兑附条件的，视为拒绝承兑。

15.【答案】×

【解析】税收实体法是税法的核心部分，没有税收实体法，税法体系就不能成立。

16.【答案】√

【解析】略。

17.【答案】×

【解析】我国的国家预算实行“一级政权，一级财政”的原则。

18.【答案】×

【解析】在一般情况下，原始凭证都是由经济业务事项经办人员取得或编制的。

19.【答案】×

【解析】大写日期未按要求规范填写的，银行可予受理，但由此造成损失的，由出票人自行承担。

20.【答案】×

【解析】一般存款账户在基本存款账户开户银行以外的银行营业机构开立，且没有数量限制。

四、案例分析题

(一)

1.【答案】CD

【解析】选项AB是相对记载事项。

2.【答案】AB

【解析】银行汇票自出票日起1个月内向付款人提示付款。出票日为2月4日，则最晚的提示付款期限应该是3月4日。

3.【答案】AD

【解析】支票的金额和收款人名称可以由出票人授权补记。

4.【答案】A

【解析】支票的持票人自出票日起10日内提示付款。

5.【答案】BCD

【解析】背书人背书时，必须在票据上签章，背书才能成立，否则，背书行为无效。华天公司将支票背书转让给C公司，背书人为华天公司，被背书人为C公司，因此出纳的记载不符合规定，该记载会导致票据不连续，如果背书不连续，付款人可以拒绝向持票人付款。

(二)

1.【答案】AB

【解析】独生子女津贴、差旅费津贴免予征收个人所得税。

2.【答案】D

【解析】子女教育附加专项扣除按照每个子女1 000元/月的标准定额扣除；接受职业资格继续教育，在取得相关证书的年度，按照3 600元/年定额扣除。因此，王某2019年应纳税所得额＝(12 000＋1 000)×12＋2 000×(1－20%)×12－60 000－2 250×12－1 000×12－3 600＝72 600(元)，应纳税额＝72 600×10%－2 520＝4 740(元)。

3.【答案】B

【解析】财产租赁所得，每次收入不超过4 000元的，减除准予扣除项目、修缮费用(800元为限)，再减除费用800元，对个人出租住房取得的所得暂减按10%的税率征收个人所得税。

4.【答案】 ACD

【解析】 国债利息收入免征个人所得税。

5.【答案】 ABC

【解析】 偶然所得没有减除额,适用20%的比例税率。

综合模拟试卷六

一、单项选择题

1.【答案】 C

【解析】 由国家最高行政管理机关制定、发布的规范性文件是行政法规。

2.【答案】 A

【解析】 存款人遗失密码的,应持其开户时需要出具的证明文件到中国人民银行当地分支行申请重置密码。

3.【答案】 D

【解析】 支付结算主要法律依据《票据法》《票据管理实施办法》《支付结算办法》等。

4.【答案】 A

【解析】 各单位必须建立健全现金账目,逐笔记载现金支付,账目应当日清月结,账款相符。

5.【答案】 B

【解析】 在单位内部不设会计机构,但在相关机构中设置会计人员,需指定会计主管人员。

6.【答案】 B

【解析】 根据《支付结算办法》的规定,贷记卡持卡人非现金交易,享受免息还款期,最长为60天。

7.【答案】 B

【解析】 选项A属于税收法律,选项C属于税收规章,选项D属于税收规范性文件。

8.【答案】 B

【解析】 根据《增值税暂行条例》的规定,进口货物的增值税由海关征收。

9.【答案】 D

【解析】 会计主管人员的直系亲属不得在本单位会计机构中担任出纳工作。

10.【答案】 D

【解析】 委托代征是指受托单位按照税务机关核发的代征证书的要求,以税务机关的名义征收税款,并将税款缴入国库的税款征收方式。

11.【答案】 D

【解析】 会计人员发现账实不符现象时有权自行处理的情形包括重记、漏记、计算错误、笔误。

12.【答案】 B

【解析】 总会计师协助单位主要行政领导人工作,直接对单位主要行政领导人负责,故选项A错误。财务报告的真实性、完整性由单位负责人负责,故选项C错误。会计机构负责人任免是单位负责人的职权,总会计师只有建议权,故选项D错误。

13.【答案】 B

【解析】 我国个人所得税的计算中,按税法规定,可以扣除60 000元后的金额计算应纳税额,该60 000元属于免征额。

14.【答案】 A

【解析】 付款人无条件地于当日按票据金额足额支付给持票人。

15.【答案】 D

【解析】 会计主管人员是指未单独设置会计机构而在有关人员中指定行使会计机构负责人职权的会计人员。

16.【答案】 D

【解析】 票据所记载的金额由出票人自行支付或委托付款人支付。

17.【答案】 D

【解析】 《会计基础工作规范》第五十一条规定,一张原始凭证所列支出需要几个单位共同负担的,应当将其他单位负担的部分,开给对方原始凭证分割单。

18.【答案】 A

【解析】 《票据法》第十七条规定,持票人对支票出票人的权利,自出票日起6个月内不行使而消灭。

19.【答案】 A

【解析】 存款人因迁址等需要撤销基本存款账户后,需要重新开立基本存款账户的,应在撤销其原基本存款账户后10日内申请重新开立基本存款账户。

20.【答案】 B

【解析】 背书是指收款人或持票人为将票据

权利转让给他人或者将一定的票据权利授予他人行使而在票据背面或粘单上记载有关事项并签章的行为。

21.【答案】 A

【解析】 汇票的承兑包括承兑文句、承兑日期和承兑人签章这三个记载事项。其中,承兑日期是相对记载事项;承兑文句和承兑人签章是绝对记载事项,缺一不可,否则承兑行为无效。

22.【答案】 C

【解析】 违反《会计法》的行为同时也一定违反了会计职业道德要求。会计人员若存在这种行为,不仅要承担《会计法》规定的法律责任,受到行政处罚或刑事处罚,同时还必须接受相应的道德制裁,可以采取的惩罚措施有在会计行业范围内通报批评、指令其参加一定学时的继续教育课程、在行业内部的公开刊物上予以曝光等。法律惩罚和道德惩罚两者是并行不悖、不可替代的,应同时并举。

23.【答案】 B

【解析】 纳税人停业期满未按期复业又不申请延长停业的,税务机关应当视为已恢复营业,实施正常的税收征收管理。

24.【答案】 D

【解析】 从事生产、经营的纳税人、扣缴义务人有税收违法行为,拒不接受税务机关处理的,税务机关可以收缴其发票。

25.【答案】 A

【解析】 国家预算的最根本作用是提供财力保证。

26.【答案】 D

【解析】 进口这些轿车应缴纳的消费税=(关税完税价格+关税)÷(1－消费税税率)×消费税税率=(14.3＋4.1)×100÷(1－8%)×8%=160(万元)。

27.【答案】 D

【解析】 同一持卡人单笔透支发生额,单位卡不得超过5万元人民币(含等值外币)。

28.【答案】 A

【解析】 增值税专用发票通过增值税防伪税控系统使用。

29.【答案】 A

【解析】 国家机关不可以作为纳税担保人。

30.【答案】 B

【解析】 单位内部审计不属于会计岗位。

31.【答案】 B

【解析】 对受打击报复的会计人员,应当恢复其名誉和原有职务、级别。

32.【答案】 C

【解析】 行政处分与行政处罚制裁的对象不同,作出决定的机关不同,针对的违法行为不同,制裁的种类不同,执行的程序不同。

33.【答案】 D

【解析】 银行不得为存款人垫款,也不得随意支配款项。

34.【答案】 B

【解析】 银行结算账户管理档案的保管期限为银行结算账户撤销后10年。

35.【答案】 A

【解析】 我国国家机关、社会团体、公司、企业、事业单位和其他组织都必须依照《会计法》办理会计事务。

36.【答案】 A

【解析】 会计只核算已经发生的会计业务。

37.【答案】 C

【解析】 单位内部会计监督的主体是本单位的会计机构和会计人员。

38.【答案】 B

【解析】 除增值税专用发票以外的其他发票,由省级税务机关指定企业印制。

39.【答案】 C

【解析】 对临时从事经营的纳税人,由税务机关核定其应纳税额。

40.【答案】 D

【解析】 企业所得税不得扣除的项目包括:向投资者支付的股息、红利等权益性投资收益款项;企业所得税税款;税收滞纳金;罚金、罚款和被没收财物的损失;超过规定标准的公益性捐赠支出及其他捐赠支出;赞助支出;未经核定的准备金支出;与取得收入无关的其他支出。

41.【答案】 B

【解析】 单位和个人在开具发票时,应在发票联和抵扣联加盖单位发票专用章。

42.【答案】 A

【解析】 税务登记的停业登记适用于实行定期定额征收方式的个体工商户。

43.【答案】 A

【解析】《会计档案管理办法》第十条规定，财政部门销毁会计档案时，应当由同级审计部门派员参加监销。

44.【答案】 B

【解析】 对跨省、自治区、直辖市来本辖区从事临时经营活动的单位和个人申请人领购发票的，可以要求其缴纳不超过1万元的发票保证金。

45.【答案】 B

【解析】 税务代理不属于税务机关职权。

46.【答案】 D

【解析】 预算单位零余额账户每日发生的支付，于当日营业终了前由代理银行在财政部批准的用款额度内与国库单一账户清算；营业中单笔支付额5 000万元以上的，应及时与国库单一账户清算。

47.【答案】 C

【解析】 预算单位零余额账户可以办理预算单位转账、提取现金等结算业务，并可向本单位相应账户划拨工会经费、住房公积金及提租补贴。

48.【答案】 B

【解析】 会计职业道德警示教育的主要内容和形式是典型案例讨论和剖析。

49.【答案】 D

【解析】 财政拨款属于不征税收入。

50.【答案】 B

【解析】 会计职业道德规范中，“爱岗敬业”的“岗”指的是会计工作岗位。

二、多项选择题

1.【答案】 ABC

【解析】 国有企业、国有控股企业，以及国有占主导地位的企业，应当至少每年一次向本企业的职工代表大会公布财务会计报告，并重点说明有关事项。

2.【答案】 ABC

【解析】 中央预算由中央各部门(含直属单位)的预算组成，包括地方向中央上解的收入数额和中央对地方返还或给予补助的数额预算。

3.【答案】 ABD

【解析】 需进行会计核算的内容包括：款项和有价证券的收付；财物的收发、增减和使用；债权债务的发生和结算；资本的增减；收入、支出、费用、成本的计算；财务成果的计算和处理；需要办理会计手续，进行会计核算的其他事项。

4.【答案】 AC

【解析】 变造会计凭证是指在真实的会计凭证的基础上采取挖补、篡改等手段进行非法处理的行为。

5.【答案】 AC

【解析】 选项BD的情况下存款人可以申请专用存款账户。

6.【答案】 BCD

【解析】 会计人员继续教育的自学形式包括：①参加普通院校或成人院校会计、审计、财务管理、理财学、会计电算化、注册会计师专门化、会计硕士专业学位(MPAcc)等国家承认的相关专业学历教育；②独立完成通过地(市)级以上(含地、市级)财政部门或会计学术团体认可的会计类研究课题或在省级以上(含省级)经济类报刊上发表会计类论文；③系统地接受与会计业务相关的远程教育和网上培训。

7.【答案】 ABC

【解析】 提供虚假财务报告是指通过编造虚假的会计凭证、会计账簿及其他会计资料或直接篡改财务会计报告上的数据，使财务会计报告不真实、不完整地反映真实财务状况和经营成果，借以误导、欺骗财务会计报告使用者的行为，即以假乱真。

8.【答案】 ABCD

【解析】 我国已初步形成了一个包含初级、中级、高级会计专业技术资格，正高级会计师资格(含全国会计领军人才)的具有梯度发展级次的会计人才培养评价体系。对会计人员的表彰奖励也属于会计人才评价范畴。

9.【答案】 ACD

【解析】 出具审计报告属于会计师事务所的业务范围。

10.【答案】 CD

【解析】 按照税收征收的分工体系，可以将税收分为工商税类、关税类。

三、判断题

1.【答案】 √
【解析】 略。
2.【答案】 √
【解析】 略。
3.【答案】 ×
【解析】 我国国家预算分为五级预算。
4.【答案】 √
【解析】 略。
5.【答案】 √
【解析】 略。
6.【答案】 ×
【解析】 采取税收保全措施、强制执行措施的权利,由税务机关行使。
7.【答案】 ×
【解析】 中央预算和地方各级政府预算,应当参考上一年预算执行情况和本年度收支预测进行编制。
8.【答案】 √
【解析】 略。
9.【答案】 ×
【解析】 会计行为的规范性主要依赖于会计法律制度来实现。
10.【答案】 ×
【解析】 运用控制计算法的目的,是检查发现企业经济活动的不平衡状况,以帮助检察人员进一步发现涉税问题。
11.【答案】 √
【解析】 略。
12.【答案】 ×
【解析】 纳税人在纳税期内没有应纳税款或享有减免税待遇的纳税人在减免税期间也应当办理纳税申报。
13.【答案】 ×
【解析】 国务院财政部门及其派出机构在实施会计监督中发现重大违法嫌疑时,可以向与被监督单位有经济业务往来的单位和被监督单位开立账户的金融机构查询有关情况,有关单位和金融机构应当给予支持。
14.【答案】 ×
【解析】 根据《票据法》第九十一条的规定,支票持票人超过提示付款期限的,付款人可以不予付款;付款人不予付款的,出票人仍应当对持票人承担票据责任。
15.【答案】 √
【解析】 略。
16.【答案】 √
【解析】 略。
17.【答案】 √
【解析】 略。
18.【答案】 ×
【解析】 原始凭证金额有错误的,一律不得更正,应由原出具单位重开。
19.【答案】 √
【解析】 略。
20.【答案】 ×
【解析】 税务、审计、人民银行、证券监管、保险监管等部门依照法律、行政法规规定的职责和权限,可以对有关单位的会计资料实施监督检查。

四、案例分析题

(一)

1.【答案】 ABCD
【解析】 略。
2.【答案】 C
【解析】 单位在票据上的签章,为该单位的公章或财务专用章加其法定代表人或其授权代理人的签名或盖章。
3.【答案】 A
【解析】 注册验资的临时存款账户在验资期间只收不付。
4.【答案】 B
【解析】 持票人向银行提示付款时,必须同时提交银行汇票和解讫通知,缺少任何一联,银行都不予受理。
5.【答案】 D
【解析】 票据和结算凭证的金额、出票或签发日期、收款人名称不得更改,更改的票据无效;更改的结算凭证,银行不予受理。

(二)

1.【答案】 D
【解析】 外购原材料可以抵扣的进项税额=8×13%+1×9%=1.13(万元)。

2.【答案】 C

【解析】 略。

3.【答案】 BCD

【解析】 准予在销项税额中抵扣的进项税额包括：①按增值税专用发票上注明的税额作为进项税额；②按支付的运费按比例计算增值税进项税额；③购进免税农产品的进项税额。该厂购买设备产生的增值税进项税额＝(5×13%)＋(2×9%)＝0.83(万元)。

4.【答案】 AC

【解析】 销售产品，开具增值税专用发票的增值税销项税额＝50×13%＝6.5(万元)；销售产品，开具增值税普通发票的增值税销项税额＝7.02÷(1＋13%)×13%≈0.81(万元)。

5.【答案】 B

【解析】 在建工程领用库存原材料，增值税进项税额转出的金额＝3×13%＝0.39(万元)。